AI 초개인맞춤 장기재생 혁명

AI 초개인맞춤 장기재생 혁명

현대의학의 한계를 극복하고 개척한다!

유석환 지음

창업 후 단 하루도 편한 날이 없었고
물러설 수 없는 전쟁이었지만
작아진 적이 없고 내일을 위해
행복하지 않은 날이 없었습니다.

(씨가) 더러는 좋은 땅에 떨어지매 자라
무성하여 결실하였으니 삼십 배나 육십 배나
백 배가 되었느니라 하시고
-「마가복음」 4장 8절

프롤로그

인공지능 초개인맞춤 장기재생 혁명은 이미 왔다

초개인맞춤 의료 시대가 도래했다

세계 온라인 플랫폼 시장에서 싸고 빠르게 제품을 공급하는 골든 룰은 초개인맞춤Hyper-personalization이다. 실제 초개인맞춤 서비스는 이미 대세를 이루었다. 아마존, 쿠팡, 미국의 SNS 등은 생성형 인공지능과 빅데이터 등을 활용한 예측 개인맞춤 마케팅과 서비스로 시장 주도권을 가져가고 있다. 그에 따른 우려도 없지 않다. 국제적인 차원에서 독점 문제, 국제 세금 문제, 개인정보 유출 문제 등이 심각해지고 있다.

초개인맞춤은 레거시 산업에도 지대한 영향을 미치고 있다. 반도체 산업도 대량생산 체제에서 고객 맞춤 반도체 파운드리로 급격히 변화하면서 타이완의 TSMC가 세계 1위로 도약했다. 한국의 반도체 회사들은 과거 대량생산 패러다임에 묶여 있다 보니 개조 시도에 어려움을 겪고 있고 수출 부진의 원인으로 꼽히고 있다. 전기자동차 혁명도 2차 전지 배터리와 파워트레인 등의 하드웨어 산업이 아닌 개인맞춤 소프트웨어 모빌리티SDV, Software Derived Vehicle로 변신하고 있다. 개인 취향과 경험에 맞는 엔터테인먼트와 편안하고 유용한 앱이 모빌리티 산업의 미래를 결정하게 될 것이다.

한편 의학 바이오 분야는 이러한 트렌드에 비추어 초개인맞춤의 영향력이 가장 두드러진 분야라 할 수 있다. 유전적으로 매우 다양한 인간을 하나의 약으로 고치겠다는 구시대 신약 개발 패러다임은 서서히 종말을 맞고 있다. 이제 반대로 초개인맞춤 정밀의학Hyper personal Precision Medicine은 자신들의 시대를 열어젖히고 있다.

일례로 코로나 팬데믹에서 대량 mRNA 백신을 초속도로 개발하고 승인받아서 큰돈을 벌었던 모더나는 코로나바이러스의 변이 문제, 인종 차이 문제, 백신 부작용 사망자 증가 문제 등을 경험한 바 있다. 최근에는 전 세계적으로 수집한 mRNA 초개인맞춤 유전체 정보 분석 기술을 기반으로 개인맞춤 mRNA 항암 백신 개발을 눈앞에 두고 있다. 그뿐만 아니다. 바이오 시밀러 대량생산 체제로 바이오 산업에 진입한 한국의 셀트리온과 삼성 바이오 로직스도 고객 맞춤 바이오 약품CDMO 시장을 주력으로 맞춤 정밀 바이오 시장을 개척하고 있다.

마찬가지로 바이오 3D 프린팅으로 세계 장기재생 플랫폼의 선두주자로 부상 중인 로킷헬스케어는 인공지능, 바이오 프린팅, 피부재생 플랫폼을 기반으로 초개인맞춤 장기재생 시장을 개척하고 있다. 로킷헬스케어는 한국 최첨단 바이오 벤처로서 원격진료와 연계한 제품들을 세계 수십 개국에 수출하여 성과를 만들고 있다.

초개인맞춤 기업의 성장은 예견된 미래이다

전통 제조업 산업을 지배한 대량생산 체제가 끝나가는 상황에서 여기에 기대온 한국, 중국, 일본, 독일 등 산업 국가들은 경제 성장률 저하를 보여주고 있다. 반면 초개인맞춤을 추구하는 경제 체제를 보유한 국가들은 폭발적인 성장을 이루고 있다. 이들 국가는 겉으로는 무질서하게 보이지만 이미 성숙한 시장을 만들어내고 있다. 사우디아라비아의 네옴시티, 인도의 혁신 바이오 지원, 미국의 맞춤 바이오와 디지털 헬스케어 의료 시장, 타이완의 맞춤 반도체 시장 등은 대표적인 초개인맞춤에 기반한 사업들이다.

이제 우리 국가도 초개인맞춤 경제 융합 혁명을 주도할 수 있는 변화를 시도해야 할 때다. 그러기 위해 두 가지 측면의 근본적 변화가 필요하다. 첫째, 지난 수십 년간 진행된 대기업 중심의 대량생산 체제에 대한 지원을 줄이고 초개인맞춤을 추구하는 중소기업과 첨단벤처기업을 지원해야 한다. 인공지능 온라인, 초개인맞춤 인공지능 바이오 프린팅, 인공지능 진단 기업, 융합 재생 기업, 우주 항공 기업 등이 그 대상이 될 것이다. 더불어 전통적인 하드웨어 중소기업 대신 바이오, 핵융합, 우주산업, 소프트웨어 벤처 등의 초개인맞춤 융합산업 생태계와 산업 다양성을 촉진할 수 있는 혁신적인 지원 체계가 필요하다. 초개인맞춤 융합 업체가 비수도권 지방에서 혁신 경제를 리드하도록 도와야 한다.

둘째, 정부의 지원 체제와 규제 체제를 근본적으로 변경해 신경제에 빠르게 대응할 수 있도록 해야 한다. 의료 분야는 현재의 규제 시스템으로는 초개인맞춤 산업을 육성하는 것이 매우 어려운 형편이다. 가능한 부분만 제시하고 나머지는 모두 금지하는 형태인 기존의 포지티브 시스템 대신 선진국형 자율 규제가 돼야 한다. 또한 금지하는 부분만 제시하고 나머지는 모두 가능하다는 형태인 네거티브 승인 시스템으로 전환해야 한다.

대한민국 산업 전반을 위해서 집단주의적 대량생산 체제와 대기업 중심의 육성 체제에서 벗어나 창의적 초개인맞춤 융합 경제 체제로 빠르게 전환하도록 달려야 한다. 초개인맞춤 시대는 기술의 발전뿐만 아니라 인간의 존엄과 개별성을 최우선으로 하는 새로운 패러다임의 시작을 가져온다. 초개인맞춤 시대란 건강, 의료, 일상생활의 모든 측면에서 진정한 맞춤형 솔루션을 추구하고 개인의 필요와 욕구를 정확히 반영하는 서비스와 제품을 요구하는 시대를 말한다. 일시적인 트렌드가 아니라 인류가 직면한 복잡한 문제에 해답을 제공함과 동시에 더 나은 미래를 만드는 필수적 패러다임이라 할 수 있다.

미래는 우리가 만들어가는 것이다. 로킷헬스케어와 같은 기업들이 선도하는 인공지능 초개인맞춤 장기재생 혁명은 모두에게 더 건강하고 행복하고 연결된 세상을 만들어줄 것이다.

퍼스트 무버 로킷헬스케어에 주목하라

로킷헬스케어는 전 세계에서 유일하게 장기재생 사업화에 성공한 퍼스트 무버이다. 이러한 성과가 입증되어 2024년 기술특례평가에서 A, A 평가를 받았다! 퍼스트 무버의 혁신은 단기적으로 과소평가되고 장기적으로 과대평가된다. 초기에는 점진적으로 확장되지만 시행착오도 겪은 어느 순간 핵폭발과 같은 변혁을 이끌어내기 때문이다.

일례로 바퀴가 4개 달린 여행 가방은 1972년 미국 특허가 나왔지만 초기에는 전혀 팔리지 않았다. 싼 짐꾼이 많고 남자 여행객들에게 바퀴 달린 가방이 필요치 않았던 것이다. 하지만 1980년 공항의 규모가 커져 이동 거리가 늘고 짐꾼이 사라지면서 바퀴가 4개 달린 여행 가방은 인기를 끌기 시작했다. 이제 표준 제품이 되어 여행 가방

중 90%를 점유하고 있다.

전문가들은 이처럼 퍼스트 무버 제품이 성장해 인정받기까지 평균 15년이 걸린다고 한다. 애플 스마트폰과 테슬라 전기자동차 등도 비슷한 형태로 같은 기간에 성장했다.

2012년 문을 연 로킷헬스케어도 어느덧 창립 13주년을 맞았다. 맞춤 장기재생과 역노화 기술도 성숙해 이제 세계를 무대로 사업을 확장하고 있다. 세계적 이슈인 노령화와 의료비 폭증은 많은 기회의 문을 열어주고 있다. 완전히 새로운 의료 혁신, 장기재생, 안티에이징, 유전자 분석 기술로 시장의 성장까지 주도할 예정이다. 시장의 변곡점에서 폭발적으로 성장하는 퍼스트 무버의 길을 가기 위해 포기하지 말고 전진할 것이다.

'올바른 일이며 신의 뜻이라면 반드시 협력자들이 나타날 것이다.'

지난날 우리들은 그러한 믿음으로 조직을 키우고 확장시켰고 할 수 있었다. 많은 사람이 책을 통해 인공지능 초개인맞춤 장기재생의 가능성을 확인하길 바란다. 다만 로킷헬스케어의 성과는 엄청난 변화를 만들어낼 혁신의 아주 작은 주춧돌에 지나지 않는다. 이후 수천의 초개인맞춤 장기재생 치료법이 개발돼 복합 난치병으로 고통받는 전 세계 수십억 환자에게 새로운 희망과 지원이 이루어지기를 간절히 바란다.

마지막으로 지난 10여 년간 우리들과 함께해주신 모든 분들께 깊은 감사의 인사를 전한다. 전 세계 각지에서 귀중한 조언과 지도를 아끼지 않으신 분들과 내부에서 혁신을 이끌어주신 팀원들 모두 진심으로 감사드린다. 아무것도 없는 시절부터 재생의학의 가능성을 믿고 지지해주신 투자자들, 영감을 주신 분들, 그리고 어려운 여건

속에서도 적극적으로 임상에 참여해주신 의료진과 환자 여러분께도 고마운 마음을 전한다. 여러분의 헌신과 열정 덕분에 오늘의 로킷헬스케어가 존재할 수 있었다. 진심으로 감사드린다.

2025년 5월
유석환

차례

프롤로그 인공지능 초개인맞춤 장기재생 혁명은 이미 왔다 • 6

1장 인공지능 초개인맞춤 장기재생의 시대가 온다 • 17

1. 인공지능 초개인맞춤 장기재생 플랫폼이 등장했다 • 19

현대 의학의 근본적 믿음이 깨졌다 • 19
고령화 시대 의료비 문제를 해결한다 • 21
개인맞춤형 치료는 치료율을 획기적으로 높인다 • 24

2. 의료시스템의 판을 뒤집는 게임체인저가 되다 • 27

인공지능 초개인맞춤 장기재생이 빅 솔루션이다 • 27
인공지능 초개인맞춤 재생이 표준 치료법이 된다 • 30

3. 의료비 혁명이 필요하다 • 32

고령화에 따른 의료비 문제가 심각해질 것이다 • 32
제약사들이 복합 만성질환 치료에서 손을 떼고 있다 • 34
빈부에 따라 건강과 수명에서도 양극화가 심해진다 • 35

4. 재생의학으로 개인맞춤 장기를 만들다 • 37

개인맞춤 정밀의료 프로젝트를 추진하다 • 37
재생의학은 개별 환자의 특성을 맞춘다 • 40
재생의학이 현대 의학의 난점을 해결한다 • 41

생명활동의 기본원칙을 알면 응용을 할 수 있다 • 43
공학도 눈으로 생명체가 살아남은 비밀을 탐구하다 • 46
생명에는 복잡 최적화, 항상성, 자가 재생 시스템이 있다 • 49

5. 현대 의학의 문제를 해결해나간다 • 54
줄기세포 씨를 심을 세포외기질 밭을 만든다 • 54
세포는 네트워크와 세포외기질이 있어야 산다 • 58
리제너레이션 니치가 장기재생을 가능하게 한다 • 59
줄기세포 치료는 효과가 적거나 부작용이 많다 • 63
세포외기질을 활용한 재생의학에 집중한다 • 66
세포외기질을 통한 재생 치료로 혁명한다 • 67
복합 만성질환이 초개인맞춤 장기재생과 만나다 • 72
초개인맞춤 재생의학이 디지털 헬스케어를 만나다 • 75

2장 인공지능 초개인맞춤 장기재생은 현실이다 • 79

1. 당뇨발을 완치하고 피부를 재생시키다 • 81
세계 최초 당뇨발 임상시험에 성공하다 • 81
피부재생의 가능성을 피부암과 화상으로 확장하다 • 88
피부재생의 글로벌 여정을 시작하다 • 93
브라질과 라틴아메리카에서 또 다른 기회를 잡다 • 94
생명의 불씨가 남미에서 피어오르다 • 95
생명 재생의 물결이 남미, 유럽, 미국으로 퍼지다 • 97
당뇨발 환자의 10분의 1이 발을 잘라야 한다 • 98
왜 기존 치료법으로는 치료를 하지 못하는가 • 104

2. 연골을 되살려 무릎 통증에 작별을 고하다 • 108
왜 의사들은 관절염 치료 때 절망하는가 • 108

불가능했던 연골재생 치료에 도전하다 • 114
하버드 메디컬 스쿨에서 전임상에 성공하다 • 116
세계정형학회의 찬사를 받다 • 120

3. 자가 조직을 이용해 신장의 건강을 되찾다 • 126
이식과 투석밖에 방법이 없는가 • 126
면역 거부반응 줄이기가 관건이다 • 130
오멘텀의 놀라운 신장 재생 효과를 확인하다 • 133
세계 최초의 신장 재생 인체 임상 현실이 되다 • 139
신장 기증 후 장기이식 기술 개발에 힘쓰다 • 140

3장 혁신 기술들이 장기재생 시대를 이끈다 • 145

1. 의료 인공지능이 모델링을 통해 처방과 진단을 한다 • 147
의료 인공지능의 발전 가능성은 무궁무진하다 • 147
인공지능과 3D 바이오 프린터가 융합을 한다 • 151
의료 인공지능이 통합되면 신세계가 펼쳐진다 • 158

2. 의료용 3D 바이오 프린팅이 인체 장기를 인쇄하다 • 165
영화 「제5원소」에서 보았던 것이 현실이 된다 • 165
모든 수술이 30분 내 3번의 버튼으로 가능하다 • 169
'닥터 인비보'를 미국식품의약청에 납품하다 • 173
언제쯤 이식용 장기를 프린팅할 수 있게 되는가 • 177

3. 바이오 잉크로 생성해낸 자가 조직으로 내 몸을 고친다 • 181

바이오 잉크는 4가지의 특성을 가져야 한다 • 181
　　　세포외기질은 세포를 자라게 하는 토양이다 • 187
　　　타가가 아닌 자가 세포외기질로 바이오 잉크를 만든다 • 191

4. 탈세포화와 재세포화를 거쳐 기증 장기로
　 새로운 장기를 만든다 • 196
　　　왜 장기이식은 가깝고도 먼 이야기인가 • 196
　　　탈세포화와 재세포화로 장기이식을 활성화하다 • 200
　　　최신 기술들이 장기이식의 허들을 낮추고 있다 • 203

5. 초개인화 시대의 장기재생 핵심원리를
　 파악한다 • 207
　　　질병은 인체의 항상성이 깨지는 것이다 • 207
　　　당뇨발 피부재생의 기본전략은 무엇인가 • 208

4장 블리츠 앤 심플로 진정한 퍼스트 무버가 되다 • 217

1. 행동원칙은 블리츠 앤 심플이다 • 219
　　　청년들의 일자리 창출을 위해 창업했다 • 219
　　　로킷의 리더십은 5E에 기반한다 • 222
　　　로킷프시케로 조직문화를 이끈다 • 226
　　　블리츠와 심플은 혁신의 두 원칙이다 • 230
　　　임상 결과를 성공적으로 발표하다 • 234

2. 로킷프시케는 로킷의 여정을 안내하는
　 나침반이다 • 236
　　　모든 여정이 도전과 혁신의 연속이었다 • 236

모든 과정이 금기를 깨는 도전이었다 • 237
선교하는 마음으로 일하라 • 240
닥터 인비보는 최고를 추구한 결과다 • 241
우수한 운영이 혁신을 만든다 • 243
NMN과 피세틴 개발을 하다 • 244
고객 가치로 크게 생각하라 • 248
워크 백워드로 고객 중심의 혁신 전략을 펼쳐라 • 249
당뇨발 재생 치료 플랫폼을 워크 백워드로 개발하다 • 250
두 가지 원칙으로 미래를 준비해나간다 • 253

에필로그　현대 의학의 한계를 극복하고 개척한다 • 256

1장

인공지능 초개인맞춤 장기재생의 시대가 온다

1
인공지능 초개인맞춤 장기재생 플랫폼이 등장했다

우리가 개발한 기술로 청년들에게 일할 곳을 만들어주고
함께 전 세계에 나가 유익을 주고 싶었다.

현대 의학의 근본적 믿음이 깨졌다

그간 현대 의학은 마음과 신체를 별개로 보고 각 장기, 조직, 세포, 단백질, DNA, RNA 등으로 분리 연구해왔다. 그러나 최근에는 인공지능, 합성생물학, 재생의학, 양자생물학, 뇌인지과학, 단일세포 RNA 시퀀싱 분석, 생체전기학 등의 첨단 분야를 융합해 인체를 분석해보는 연구가 진행됐다고 한다.

최근까지 집약된 인체에 대한 이론은 인체가 생명체를 이루는 통합 시스템에 의해 운용된다는 것이다. 인간의 몸은 신경망, 혈액, 림프계, 세포막 등을 통해 전기신호, 호르몬, 단백질, 무기물질 등의 신호전달물질을 활용해 세포와 장기의 성장, 죽음, 재생을 조절한다고 한다.

한편 인체를 생물체 통합 시스템과 디지털 데이터베이스로 보는 새로운 사고는 새로운 발전을 이루는 단초가 됐다. 초고속으로 무한 확산하는 인공지능과 만나 생명체 시스템의 비밀을 풀기 시작한 것이다.

나는 생명체 시스템을 자가 조립하고, 자가 치료 및 재생을 하고, 재생하고 번성하는 에너지 아키텍처로 정의하고 있다. 실제 우리의 인체는 나노 레벨의 정교함과 양자의 정밀도를 가지고 유전자 4개의 기본염기 A, T, C, G로 30억 개의 유전자 정보를 처리하는 초정밀 정보처리능력을 갖추고 있다. 또한 다양한 체내세포외환경 세포외기질 ECM, Extra Cellular matrix을 가지고 체외환경에서 복제하고 생존한다.

최근에는 유전자의 발현을 조절하는 형질을 후천적으로 획득하게 된다는 후생유전학적 변화도 주목을 받고 있다. DNA와 RNA 변이뿐만 아니라 신경조직을 통한 세포 간 집단지성 형성인 로컬 최적화 과정을 겪는다. 이를 종합해보면 두세 가지 주요 물질이나 신호만으로 완벽한 개인맞춤 장기재생을 이루려는 것은 많은 어려움과 오류가 생길 수밖에 없다.

완벽한 개인맞춤 장기재생을 위해서는 재생의학, 생체전기학, 양자생물학, 인공지능 등 첨단기술의 융합 시스템과 생물학적 관점에서 접근해야만 한다. 구체적으로는 염기서열을 캐스9 Cas9 효소로 편집하고 수정하는 유전자 가위 크리스퍼, 장기와 조직을 프린팅하여 장기를 재생시키는 바이오 3D 프린터, 정밀한 합성세포를 창조하는 DNA 프린터, 신체능력 및 기억력을 향상시키는 유전자 도핑, 신체물질 중 가장 중요한 단백질의 복잡한 구조를 자동으로 형상 분석 해주는 인공지능 프로그램 알파폴드2 등 첨단 바이오기술은 대량치료 시대의 종말을 빠르게 가져올 것이다. 또한 '초개인맞춤 장기재생 플랫폼'은 가까운 미래 세계의 표준 치료법으로 자리 잡게 될 것이다.

반도체 산업의 무어의 법칙은 반도체의 성능이 24개월마다 2배 성장한다고 해서 유명해졌다. 잘 알려져 있지 않지만 DNA 염기 서열 분석 비용은 2003년 10억 달러에서 2022년 1,000~500달러 미만으로 감소했다. 이러한 비용 절감 속도는 무어의 법칙보다 1,000배 이상 빠른 것이다. DNA 염기 서열 분석 비용은 급격한 감소를 칼슨 곡선The Carlson curve이라 부르기도 한다.

반도체의 비용 절감을 가져온 무어의 법칙이 중형 컴퓨터와 대형 컴퓨터의 종말을 가져오고 퍼스널컴퓨터PC의 시대를 열었듯 칼슨 곡선으로 대표되는 바이오 분야 비용 절감은 초개인맞춤 장기재생 혁명을 빠르게 진행시킬 것이다. 이 혁명은 만성적 질병 치료율을 2~5배 상승시키고 의료비도 4분의 1에서 10분의 1 수준으로 낮추는 의료혁명으로 진행될 것이다.

고령화 시대 의료비 문제를 해결한다

오래전부터 대부분의 경제협력개발기구OECD 국가에서 의료비용은 국방비를 웃돌고 있다. 이는 많은 국가에서 뜨거운 논란거리가 되고 있다. 의료 예산의 부족은 뜨거운 사회 문제로 전망되고 있다. 나아가 인간의 생명이 상상 이상으로 연장되면 의료비 부족 문제가 커질 것이라는 전망이 지배적이다.

실제 전 세계에서는 고령화가 급격히 진행되고 있다. 그에 따라 모든 정부의 의료 정책이 경제적 한계에 부딪히리라는 암울한 예고도 계속되고 있다. 각국 정부의 의료 자원 부족이 지속되면 한편으로 의사들의 빈익빈 부익부 현상이 가속화될 것으로 보인다.

예를 들어 2023년 대한민국 연간 국가예산은 약 638조 원이며 전체 의료비용은 약 100조 원이다. 의료비용이 전체 예산의 15%를 이미 넘어섰다. 특히 65세 이상 노령인구의 의료비는 그 규모가 점차 커지고 있다. 인구수는 16%를 차지하지만 의료비는 약 44%를 차지한다. 절대 금액은 약 44조 원에 달한다. 통계상 65세 이상 노령인구의 평균 의료비는 비노령자의 3배에 달한다. 이런 추세라면 2035년에는 전체 예산 800조 원 중 65세 이상 노령인구의 의료비가 약 30%를 차지할 전망이다. 전체 의료비용은 약 150조 원에 이를 것으로 예상된다. 결국 미래 대한민국은 국가예산의 20%를 의료비로 사용하는 '초고의료비 부담국가'로 전락할 가능성이 크다. 이는 국가 존립 자체를 위협하는 커다란 문제가 될 것이다. 마찬가지로 전통적인 헬스케어 시스템이나 치료방식으로는 국가의 생존 자체가 어려운 상황에 직면할 수밖에 없을 것이다.

현대 인류가 앓고 있는 주요 질병은 약 1만 5,000여 개지만 지난 100년간 개발된 신종 의약품은 약 2,000여 개에 불과하다. 그나마도 대부분 완치제가 아닌 만성 증상 완화제이다. 다시 말해 심혈관질환, 고혈압, 당뇨병, 자가면역질환, 치매 등 주요 질병에 대한 약물은 대부분 평생 복용해야 하는 증상 완화제에 불과하고 거대 제약회사들의 주요 수입원으로 정착되고 있다.

또한 이러한 제약 중심의 의료 시스템은 65세 이상 고령인구의 의료비 지출을 전 세계적으로 증가시키는 악순환을 가져오고 있다. 제약사 입장에서는 경제적으로도 새로운 의약품이나 신약 개발의 필요성을 느끼지 못하는 실정이다. 주요 질병 1만 3,000여 개를 치료하는 약을 개발하기 위해서는 개당 수조 원의 임상비용을 들여야 한다. 그나마도 성공 가능성이 낮아 수지타산이 맞지 않기 때문이다.

거대 제약회사들은 약으로 질병을 치료하는 과정을 바꿀 하등의 이유가 없다. 나아가 약을 복용하는 환자를 확대하는 정책에 각종 로비를 제공한다는 합리적 의혹도 일고 있다. 일례로 세계보건기구 WHO는 고혈압의 기준을 1999년 160수은주 밀리미터/95수은주 밀리미터에서 2024년 130수은주 밀리미터/80수은주 밀리미터로 변경했다. 이러한 기준 변화를 한국에 적용하면 고혈압 환자는 전인구의 15%에서 35%로 2.3배 늘어나며 30대 이상 성인의 50%는 고혈압 약을 복용해야 하는 환자로 분류된다. 거대 제약회사는 평생 먹는 만성질환 증상 완화제로 천문학적 수익을 올릴 것이 뻔하다. 제약회사의 다양한 연구는 각 개인 건강의 질을 획기적으로 개선하지는 못하고 의료비용만 증가시키는 결과를 가져오고 있다.

제약 유통구조 또한 약값을 줄이지 못하는 요인으로 꼽힌다. 제약 유통구조는 가장 낙후된 분야 중 하나로 유통비용이 전체 원가의 70~80%를 차지한다고 한다. 지난 30년간 유통혁명을 일으킨 이커머스가 전혀 적용되지 않은 마지막 산업이기도 하다. 하지만 각 나라의 의료재정 붕괴가 사실화된다면 의료 유통 혁신을 일으키는 요인이 될 수도 있을 것이다.

따라서 미래의 의료 체제는 증상 완화에서 완전 재생과 단축된 의료 유통 체제로 전환될 것이다. 인공지능 초개인맞춤 치료가 대안으로서 급부상할 것이다.

인공지능 초개인맞춤 치료는 전통적인 신약 개발 접근 방식 대비 부작용이나 면역 반응이 없이 안전하다. 임상 비용도 최소화할 수 있다. 자가 세포, 자가 바이오 물질 등을 활용해 개인에게 맞춤한 장기재생이 가능하다. 나아가 헬스케어 패러다임이 '완전 재생' 개념으로 전환돼 증상 완화가 아닌 완치를 달성하면 의료비용도 혁신적으로 절감할 수 있을 것이다.

개인맞춤형 치료는 치료율을 획기적으로 높인다

전 세계 81억 인구는 DNA 수준에서 모두 다른 개체이다. 그러나 지난 100년간 현대 의학은 단 하나의 약물로 모든 인류를 치료하려는 시도를 해왔다. 이를 극복하는 치료법은 초개인맞춤 장기재생 플랫폼으로 안전하고 경제적인 치료 방식으로 꼽힌다. 미래의 의료는 하나의 약물로 모든 사람을 치료하는 것이 아니라 개인에게 맞춤한 일대일 접근으로 치료율을 획기적으로 끌어올릴 전망이다.

나는 지난 10여 년간 국내외 의사, 박사, 연구원, 비즈니스맨들과 협력하며 피부, 연골, 신장을 포함해 인체 장기재생을 성공시키고 상업화를 추진해왔다. 피부, 연골, 신장이라는 세 가지 장기 모두에서 괄목할 만한 성과를 만들어냈다. 피부는 인체의 70%를 차지하는 가장 큰 장기로 우리 몸을 외부 환경으로부터 보호하고 체온 조절과 감각 수신 등 여러 중요한 기능을 한다. 연골은 우리 몸에 가해지는 충격을 흡수하고 이동을 수월하게 하는 기능을 한다. 콩팥은 한 번 망가지면 이식 외에 투석밖에 치료법이 없는 장기이다. 피부, 연골, 콩팥을 재생할 경우 전 세계적으로 수많은 환자의 생명과 삶의 질을 안전하게 보호할 수 있게 된다.

초개인맞춤 장기재생 플랫폼의 도전과 상업화는 세계 최초일 가능성이 크다. 하지만 연구 과정을 통해 초개인맞춤 장기재생 플랫폼이 성과를 내면 경제학적으로 합계가 불가능할 정도의 성공을 이루게 될 것이다. 현재는 대한민국은 물론 전 세계 의료진, 바이오 연구진, 재생의학 전문가, 생체 전기학자, 뇌인지과학자, 양자 생물학자와 각국의 식약처 연구진, 질병 관리국 연구진 등 다양한 분야 전문가의 집단지성이 로킷헬스케어와 협업해 초개인맞춤 장기재생 플랫폼 완성에 매달리고 있다.

아직 초개인맞춤 장기재생 플랫폼을 포함하는 재생의학은 연구 초기 단계지만 확장 가능성이 매우 크다. 제약 중심의 치료 패러다임과 환자가 아닌 치료자 중심의 의료 서비스는 재생의학이 환자와 의료진과 일반인에게 접근하는 데 보이지 않는 벽으로 존재한다. 초개인맞춤 장기재생 플랫폼은 현대 의학의 코페르니쿠스적 전환기를 만들게 될 것이다.

나는 초개인맞춤 장기재생 의학을 활용한 치료법을 확립하기 위해 3D 바이오 프린터는 물론 바이오 잉크와 패치의 형상을 3D로 전환시키기 위한 인공지능, 빅데이터 기술, 세포 단위에서 재생의학의 치료 기전을 확인하는 DNA 분석 등 다양한 영역의 연구와 시험을 진행해왔다. 또한 이들 연구가 개별적으로 일반인들에게 세계 최초로 적용될 수 있는 사업 영역도 개척해왔다.

물론 현재 의료 시스템 내에서 로킷헬스케어의 연구 성과와 상업화 시도가 일정 정도의 성과를 내기까지 좀 더 시일이 필요할 수도 있다. 그러나 몇 가지 변화가 뒷받침된다면 점차 빨라질 것이다.

뒷받침돼야 하는 변화는 무엇일까? 먼저 인체의 재생 기능을 가볍게 여기고 환자보다는 치료자 중심의 질병을 치료하는 기존의 의료 시스템이 바뀌어야 한다. 또한 복합 만성질환을 난치병 영역에 버려두는 현재의 치료 관행도 바뀌어야 한다. 우리의 연구 성과를 공유하는 이 책도 훌륭한 보조자의 역할을 해주리라 기대한다.

2

의료시스템의 판을 뒤집는 게임체인저가 되다

길이 이끄는 곳으로 가지 말고
대신 길이 없는 곳으로 가서 길을 만들어라.
– 랄프 왈도 에머슨

인공지능 초개인맞춤 장기재생이 빅 솔루션이다

현재 우리는 '수명 연장에 의한 복합 만성질환의 증가와 의료 재정의 악화'라는 기존의 의료 관행으로는 해결할 수 없는 커다란 문제에 직면해 있다. 제약회사 중심의 의료 시스템 때문이다. 이를 해결하기 위한 빅 솔루션이 필요하다.

나는 2012년 기존의 약물 치료 중심의 치료 시스템에서 탈피한 새로운 의료 플랫폼을 만들겠다며 닻을 올렸다. 10년간 '인공지능 초개인맞춤 장기재생 혁명'을 실현해 복합 만성질환의 완치에 도전해왔다. 2024년 기준 10여 개국의 임상을 거쳐 인공지능 장기재생 플랫폼은 유럽식약청, 미국식품의약청, 한국식약청을 비롯한 약 50

여 개국에서 각종 의료기기 승인을 받았고 수출 상업화를 진행하고 있다.

일례로 당뇨발(당뇨병성 족부궤양)은 복합 만성질환으로 전 세계적으로는 약 1억 5,000만 명의 환자가 있고 국내에는 약 50만 명의 환자가 있다. 말초 혈관과 신경이 손상돼 내부 조직 괴사가 진행된다. 당뇨발에 의해 괴사된 조직은 치료가 쉽지 않아 발가락이나 발목까지 절단하는 경우가 40%에 이른다. 게다가 절단이 진행되면 환자의 5년 내 사망률은 50%까지 치솟는다.

당뇨발은 복합적 상황에 의해 생기는 만성 난치병 중 하나이다. 로킷헬스케어에서는 당뇨발을 단 1회의 시술로 재생 치료하는 방법을 개발했다. 환자의 세포외기질ECM, Extra Cellular matrix을 추출해 3D 바이오 프린터에 넣은 후 리제너레이션 니치 패치를 만들어 환부를 채우는 방식이다. 시술 시간은 30분을 넘기지 않고 빠르면 2주 늦어도 8주 후에는 환부가 90% 이상 재생되는 것을 10여 개국의 임상을 통해 확인했다. 국내외 임상 과정에서 완치에 이른 환자가 이미 수천여 명에 이른다. 이 당뇨발 재생 치료법은 욕창, 화상, 상처, 성형, 피부암 등 모든 피부재생으로 확장 가능하다. 피부암의 임상도 국내와 일본의 성형외과 전문의와 실시하여 그 효과를 입증했다.

퇴행성 만성질환의 대표인 관절염도 3D 바이오 프린터를 활용한 재생 치료가 가능하다. 그간 관절염은 나이가 들면 자연스럽게 나타나는 질병으로 인식됐다. 재생에 필요한 혈관이 없기 때문에 완치가 불가능한 질환으로 여겨졌던 것이다. 통증으로 걸을 수 없는 최악의 경우 인공관절로 대체해야 한다. 그런데 인공관절은 재활기간이 길고 부착된 특수 폴리머의 파티클이 일으킬 수 있는 염증에 매우 취약하다. 결정적으로 수명이 20년을 넘기기 어렵다. 그러다 보니 60세 이하 환자들에게는 장래 이슈를 발생시킬 수 있다.

나는 3D 바이오 프린터를 활용해 탈락된 연골에 재생 패치를 붙이고 기존 연골의 재생을 유도하는 치료법을 개발했다. 몸의 자체적인 재생 시스템을 활용하기 때문에 상처 연골도 본래의 연골 성분으로 채워졌다. 역시 단 한 번의 시술로 완치가 가능하고 시술 후 재활 기간도 기존 인공관절 대비 8분의 1에서 10분의 1 수준으로 짧다. 이미 미국 하버드 매사추세츠 종합병원 동물 임상과 이집트 인체 임상의 재생 효과를 2021년 8월 미국정형학회에서 공식 발표하여 많은 환영을 받았다.

최근에는 만성신부전의 재생 치료로 연구 분야를 확장했다. 만성신부전은 신장이 망가져 정상으로 회복되지 못하는 질환으로 신장 기능이 정상 신장의 30% 이하로 떨어지면 투석이나 신장 이식 외에 특별한 치료법이 없다. 만성신부전 환자는 사회생활이 거의 불가능해 삶의 질이 급격히 떨어진다. 만일 만성신부전이 임박한 신장의 기능을 40~50%만이라도 원래 상태로 되돌릴 수 있다면 투석과 신장 이식은 필요치 않게 된다. 3D 바이오 프린터로 만든 패치를 부착해 신장의 재생을 유도하는 치료법을 개발했으며 동물 임상 단계에서 투석이 필요치 않은 수준으로 신장이 회복되는 결과를 확인했다. 임상 단계를 거친다면 만성신부전의 획기적인 치료법으로 자리 잡을 수 있으리라는 전문가들의 호평을 듣기도 했다.

인공지능 초개인맞춤 재생이 표준 치료법이 된다

인공지능 바이오 프린팅을 활용한 복합 만성질환은 기존 치료법 대비 3가지 특징이 있다. 첫째, 자가세포 치료제로 부작용이 없고 재생률이 평균 90%로 매우 높다. 둘째, 인공지능과 바이오 프린팅 등으로 최첨단 초개인맞춤 치료이며 수술 시간도 20~30분 내로 완료된다. 셋째, 기존 치료법 대비 10~30%의 낮은 비용으로 가능하다.

기존의 치료법으로 당뇨발이 완치되는 경우는 30%밖에 되지 않는다. 환자들은 닫히지 않는 상처를 치료하거나 발가락이나 발을 절단하는 극단적인 선택을 하게 된다. 관절염 환자의 고통도 크게 다르지 않다. 연골에 구멍을 뚫어 재생을 유도하는 방법부터 줄기세포를 이용해 연골재생을 유도하는 방법까지 다양한 치료법이 있지만 재발률이 50~80%에 이른다. 인공관절은 인간의 수명 대비 짧은 사용연한과 염증 발생의 위험 때문에 모두에게 적용하기 어렵다.

반면 로킷헬스케어의 재생 치료는 단 한 번의 시술로 모두에게 적용이 가능하고 높은 치료율을 자랑한다. 환자들이 부담해야 하는 치료비도 획기적으로 줄일 수 있다. 국내 당뇨발 환자와 연골 환자의 재생 치료비용을 3D 바이오 프린터를 활용하면 30~40% 수준으로 줄일 수 있을 것으로 추정된다. 국내 당뇨발 환자 50만 명에게 적용하면 4조 8,000억 원을 절감할 수 있고 관절염 환자 300만 명에게 적용하면 42조 3,000억 원을 절감할 수 있다.

인구가 많고 특히 고령 인구가 많은 곳일수록 국가적 비용 절감 효과는 크다. 예를 들어 미국의 당뇨발 환자는 86만 명이고 관절염 환자는 1,400만 명이다. 로킷헬스케어의 치료법은 약 80~90%의 비용 절감이 가능하므로 당뇨발에서 75조 원(685억 달러), 관절염에서 690조 원(6,270억 달러)의 치료비를 절감할 가능성이 있다. 미국에서 두 개의 복합 만성질환을 인공지능 초개인맞춤 재생 기술로 치료하면 대한민국의 한 해 예산(2021년 기준 555조 원)을 능가하는 비용을 절감할 수 있는 것이다. 그래서 나는 몇 년 내 인공지능 초개인맞춤 재생이 세계의 표준 치료법으로 자리매김할 것으로 전망한다.

3

의료비 혁명이 필요하다

의료비의 혁신은 지속가능한 사회를 위한 첫걸음이다.

고령화에 따른 의료비 문제가 심각해질 것이다

앞으로 인류의 가장 큰 문제는 세계적 고령화에 따른 의료비 문제일 것이다. 더불어 돈 있는 사람은 건강하게 오래 살고 돈 없는 사람은 오랜 고통 속에서 일찍 죽는 비극이 점점 극명해질 것이다.

미국의 의료비는 이미 실질 국민총생산GNP의 16%이고 경제협력개발기구OECD 국가의 10~13% 수준(한국은 10%)이다. 국방비의 3배가 넘는다. 한국도 세계 1위 초고령화 속도 덕분에 10년 내 국민총생산 대비 의료비 비중이 15% 수준에 도달할 것으로 예측된다. 인류에게 불어닥칠 최대 위기는 온난화, 인구 증가, 좌우 갈등, 전쟁이 아니라 바로 '질병 재앙'일 것이다. 한국의 최근 통계를 살펴보면 질병

재앙이 빠르게 닥칠 가능성이 더 커 보인다. 우리나라 국민의 기대수명은 2012년 80.87세에서 2019년 83.3세로 늘어났다. 반면에 건강수명은 65.7세에서 64.4세로 오히려 줄었다.

건강수명을 갉아먹는 대표적인 원인은 복합 만성질환이다. 고혈압, 관절염, 당뇨병, 고지혈증, 신부전증 등의 만성질환이 동시에 2개 이상 진행되는 것을 말한다. 우리나라 20세 이상 성인의 40%가 1개 이상의 만성질환을 앓고 있고 그중 20%는 2개 이상의 복합 만성질환에 시달리고 있다. 유병률은 40세부터 70세까지 급격히 증가하는데 45~64세에서는 35.6%, 65세 이상은 74.2%, 75세 이상은 89.2%까지 가파르게 상승한다.

유병장수의 문제는 단순히 육체적 고통에서 끝나지 않는다. 앞서 언급한 경제적 부담은 또 다른 재앙이다. 가계 평균 의료비는 2018년 기준 132만 6,000원이지만 만성질환자가 있는 가계 평균 의료비는 232만 9,000원으로 증가한다. 56%나 더 높다. 사회적으로 만성질환에 지출하는 의료비용도 그만큼 부담이 된다. 2020년 건강보험공단에서 지급한 급여비 약 86조 7,000억 원 중 12개 만성질환에만 약 36조 2,300억 원을 지출했다. 건강보험공단의 총지출 중 42%가 만성질환 치료에 쓰였다. 비단 우리나라만의 문제는 아니다. 미국은 복합 만성질환자의 비율이 30%나 되고 치료비를 전체 보건의료 지출액의 85%를 쓰고 있다.

제약사들이 복합 만성질환 치료에서 손을 떼고 있다

　복합 만성질환은 건강수명 연장과 의료비 부담 절감을 위해 꼭 해결해야 하는 숙제이다. 그러나 현재 의료체계에서는 그 해법을 찾기가 쉽지 않다. 복합 만성질환을 근본적으로 해결하겠다고 나서는 글로벌 제약사를 찾기 어렵기 때문이다. 이유는 크게 두 가지다. 우선 환자들이 가진 개체 이질성으로 완전한 치료가 매우 어렵고 그다음은 시장 대비 신약 개발에 들어가는 천문학적인 개발비를 감당하기 쉽지 않기 때문이다.

　기본적으로 모든 약은 부작용을 갖는다. 아픈 부위뿐만 아니라 멀쩡한 부위에까지 영향을 미친다. 우리 몸은 같은 약에도 제각각 반응한다. 누구에게는 약이지만 누구에게는 독이 된다. 대표적으로 코로나19 백신을 들 수 있다. 99%에게는 안전하지만 매우 적은 사람에게는 치명적인 부작용을 일으킨다. 개개인이 갖는 개체 이질성 때문에 건강한 사람조차 부작용으로 돌연사를 맞게 된다. 가장 안전하다는 아스피린조차 궤양과 위장 출혈을 일으킨다. 인간의 몸이 모두 다르고 모두에게 안전한 약물을 찾는다는 것은 그만큼 어렵다.

　제약사는 만성질환에 효과가 있는 새로운 물질을 발견했다고 해도 대다수 환자에게 안전하고 효과적인지를 구체적인 데이터로 입증해야 한다. 그 과정이 바로 임상시험이다. 동물에게 하는 전임상부터 임상 1상, 2상, 3상이라는 지난한 과정을 거쳐야 한다. 제약사로서는 적게는 수조 원에서 많게는 수십 조 원의 비용을 지출해야 하는 엄청난 도박이다. 기간도 평균적으로 초기 개발부터 상업화까지 10년 안팎이다.

그럼에도 불구하고 인류의 안녕을 위해 도박과 모험을 해볼 만하지 않을까? 그러나 현실은 녹록지 않다. 이미 글로벌 제약사들은 복합 만성질환자들이 최소 수십 년간 복용해야 하는 약들을 독점과 다름없는 형태로 판매하고 있다. 대다수 복합 만성질환자들은 약물에 의존한다. 검사상의 수치를 정상 범위에서 유지하게 해주는 대증요법이기 때문에 지속적으로 약을 먹어야 한다. 완치란 있을 수 없다. 황금알을 낳는 거위까지는 아니더라도 안정적인 수익을 가져오는 고객을 확보한 것은 틀림이 없다. 굳이 장기간에 걸쳐 수조 원의 비용을 써가며 모험을 걸 필요가 없다. 이미 10여 년 전부터 글로벌 제약사들이 복합 만성질환 치료에서 손을 떼고 있다는 것은 공공연한 사실이다. 대다수의 글로벌 제약사들은 말기 암과 같은 중증질환 치료제 개발에 집중하고 있다.

빈부에 따라 건강과 수명에서도 양극화가 심해진다

부자와 빈자 사이에 수명 차이가 8년이나 날 것이다. 2020년 기준으로 대한민국의 연간 의료비는 160조 원 수준이다. 개인 실비보험(40조 원)까지 고려하면 2,000조 원 중 10%가 의료비에 쓰인다. 경제협력개발기구 평균인 13%보다는 낮지만 절대 적지 않은 수준이다.

2011년을 기점으로 지난 10년간 기대수명은 3년 가까이 늘었다. 같은 기간 건강보험 재정 지출 규모는 2011년 약 38조 8,000억 원에서 2021년 86조 7,000억 원으로 223% 늘었다. 그리고 건강보험의 재정수지는 2억 3,350억 원 흑자에서 9조 5,000억 원 적자로 돌아섰다. 국민건강보험료를 지속적으로 올리고 있음에도 수입보다 지출이 빠르게 증가했기 때문이다. 개인의 연간 의료비용도 50세에 연 160만 원에서 70세에는 약 3배인 450만 원대로 급증한다.

정부가 재정 고갈로 건강보험을 유지할 수 없다면 우리 사회에는 어떤 일이 벌어질까? 가난한 자와 부자 사이에 농촌과 도시 사이에 기대수명 차이가 벌어질 것이다. 돈 있는 사람은 건강하게 오래 살고 돈 없는 사람은 오랜 고통 속에서 일찍 죽는 세상이 오고 있다는 것이다. 이미 몇 년 전 국민건강보험공단에서 지역별 기대수명 차이를 발표해 사회적 충격을 준 바 있다. 2015년 국민건강보험공단은 기대수명이 높은 상위 5개 지역과 하위 5개 지역을 발표했다. 상위 5개 지역은 서울시 강남구, 성남시 분당구, 경기도 ㅇㅇ시 등 도시에서도 생활 수준이 높은 지역이었고 하위 5개 지역은 경북 ㅇㅇ군, 전남 ㅇㅇ군, 강원 ㅇㅇ시 등 지방의 소도시였다. 상위 지역과 하위 지역의 기대수명은 84~86세와 78~79세로 최대 7.45세의 차이를 보였다.

교육, 소득, 의료 여건에 의해 기대수명의 차이가 벌어지는 상황에서 의료재정 고갈로 국민건강보험마저 위협받는다면 그 차이는 더 벌어질 수밖에 없을 것이다. 수명 연장과 정부의 의료재정 고갈은 우리 사회 구성원 모두를 불행에 빠트리는 극단적 상황을 만들 수밖에 없다.

4
재생의학으로 개인맞춤 장기를 만들다

미래는 우리가 만들어가는 것이다. 초개인화에 기반한
인공지능 장기재생 혁명은 모두에게 더 건강하고 행복하고
연결된 세상을 만들어줄 것이다.

개인맞춤 정밀의료 프로젝트를 추진하다

"현재 대부분의 치료는 평균 환자들을 위해 설계돼 있습니다. 그러나 일부 환자의 성공적인 치료가 다른 환자에게도 동일하게 적용되지는 않습니다. 정밀의학은 각각에 맞는 치료법을 제시해줄 것입니다."

2015년 1월 30일 미국 대통령 버락 오바마는 백악관의 연두교서에서 초개인맞춤 정밀의학 이니셔티브에 착수할 것임을 공표했다. 이 사업에 책정된 예산은 총 2억 1,500만 달러(약 2,560억 원)에 달했다. 당일 린제이 홀스트 백악관 공보관은 '평균 치료의 한계'를 지적하며 앞으로의 의료가 정밀의학으로 발전해야 한다고 천명했다.

과거의 의료는 의료인의 경험과 직관에 기초한 행위였다. 의료진

이 환자의 증상을 확인한 후 자신의 경험과 지식을 바탕으로 진단을 내렸다. 치료는 이 진단에 근거했다. 그러나 모든 의사가 동일한 경험과 지식을 공유하는 것이 아니기에 실수가 있을 수밖에 없었다. 환자들은 피해자가 되지 않기 위해 평판에 의지할 수밖에 없었다. 대부분의 평판은 병원의 병상 수와 의사들의 임상 경험 등으로 만들어졌다.

그러나 과학기술의 발달은 '평판'보다 나은 신뢰 방식을 만들어냈다. 의사들에게 진단에 필요한 다양한 데이터를 제공한 것뿐만이 아니다. 일종의 코호트Cohort-Based를 제공한 것이다. 코호트란 통계적으로 동일한 특색이나 행동 양식을 공유하는 집단을 말한다. 동일한 환경에 노출된 일군의 집단도 포함한다. 다른 조건에 있는 환자에게 같은 약을 처방했을 때 어떤 경과가 나왔는지 데이터화가 진행되면서 의료진들의 치료에도 근거가 마련되기 시작했다.

의료는 한층 발전했다. 정밀의학을 포함한 4P는 미래의료의 특징으로 불린 지 오래다. 4P는 Precision(정밀), Predictive(예측), Preventive(예방), Participatory(참여)를 의미한다. 캘리포니아 공과대학 시스템 생물학자 르로이 후드Leroy Hood가 1994년 의학 학술지 『사이언스』에 처음 언급했다가 미국 의학연구소에서 개념을 정리해 공표했고 널리 사용되게 됐다.

버락 오바마가 천명한 정밀의학은 4P의 근간이 되는 여러 데이터를 확보하는 과정이다. 치료 행위의 근거를 제공하는 수준에서 한 발 더 나간다. 유전자 정보를 분석하면 '체질'이라고 통칭되는 개체의 이질성을 분석해 치료에 활용할 수 있다. 여기에 혈압과 맥박 등 생체 정보를 포함시키고 음식, 운동, 수면 등 개개인의 생활 습관까지 종합해 개개인의 건강 데이터를 축적하면 4P의 충분한 근거 자료가 만들어진다. 이를 의료진에게 전달해 건강 상태는 물론 질병의 위험도를 체크할 수 있도록 초정밀·개인맞춤 의료를 제공할 수 있다.

미국의 정밀의학 이니셔티브 계획은 이러한 구상으로 '정밀의학 사전'을 만들겠다는 목표를 세우고 100만 명 이상의 자발적인 참여자를 모집하고 있다. 이들은 개개인의 유전체, 임상 진료, 생활환경 및 습관, 직업 등의 데이터를 제공한다. 이를 기초로 질병과 원인 및 치료 방법을 발굴하고 새로운 약제 개발의 기반을 마련하고자 한다. 단기적으로는 이로써 더 많은 암에 대한 예방과 치료가 가능하도록 하겠다는 계획이다.

미국의 대규모 투자 선언 이후 많은 나라에서도 국가 주도 정밀의료 프로젝트를 속속 발표하고 있다. 대표적으로 중국 정부는 2015년 3월 26일에 앞으로 약 15년 동안 미국의 40배에 달하는 600억 위안(약 11조 원) 규모를 정밀의학에 투자하는 '정준의료계획精準醫療計劃'을 언급했다. 영국은 이전부터 유전체와 임상 데이터를 연계해 암과 희귀질환에 관한 정밀의학 연구를 위해 1억 파운드(1,548억 원)를 투자하는 지노믹스 잉글랜드를 설립했다. 암과 희귀 유전 질환과 관련된 혈액 및 조직 샘플을 채취해 유전체 분석을 통한 정보를 구축하겠다는 계획이다.

현재까지 진행된 정밀의학은 암과 희귀질환 치료에 집중된 것으로 보인다. 그러나 DNA는 물론 생활환경과 개인 습관까지 하나의 의료 데이터로 묶는 데이터베이스가 만들어졌을 때 그 혜택은 단순히 중대 질환에만 국한되지 않을 것이다. 복합 만성질환을 포함한 1만 5,000개의 질환 치료도 새로운 전기를 맞고 있다.

재생의학은 개별 환자의 특성을 맞춘다

우리가 흔히 사용하는 '치료'의 사전적 의미는 '병이나 상처 따위를 잘 다스려 낫게 함'이다. 그러나 여기에 '법'이라는 글자 하나를 덧붙이면 그 내용이 실로 방대해진다. 대표적으로 내과요법이 있고 외과요법이 있다. 또 광선요법과 초음파요법처럼 이학적 방법을 활용하는 물리요법도 있다. 그런데 다양한 치료법도 최종적 목표는 대체로 동일하다. 그 형태와 기능을 복원하는 것이다.

4P 의료 시대와 함께 의료 현장에서 논의되는 주제는 다양하다. 정밀의료와 동반진단, 표적치료제, 맞춤 치료제, 최소 침습과 로봇수술 등 4차 산업혁명이 낳은 다양한 기술이 헬스케어 전반에 영향을 미치고 있다. 초개인맞춤 재생의학 역시 가장 연구와 임상이 활발한 분야 중 하나다. 초개인맞춤 재생의학은 신체를 이루는 각종 장기와 조직 그리고 세포 등을 재생시켜 원래의 형태와 기능을 복원시키거나 대체시키는 첨단 의학이다. 신체 고유의 회복 메커니즘을 활성화시키거나 손상된 조직을 교체함으로서 회복이 불가능했던 조직이나 장기들을 복원한다.

재생의학은 개별 환자의 특성에 맞는 차별화된 치료와 관리를 필요로 한다. 초정밀·개인맞춤 의료에 가장 부합하는 영역이라 할 수 있다. 치료가 어려운 질환을 앓는 환자 개개인에게 맞춤한 치료를 진행해야만 하기에 재생의학 자체가 초정밀·개인맞춤 의료의 한 형태가 될 수밖에 없다.

2000년대 초반 미국 하버드 대학교 의과대학의 앤소니 아탈라Anthony Altala 박사와 제임스 유James J. Yoo 박사는 세계 최초로 복합장기를 만들어 환자에게 이식하는 데 성공했다. 임상결과는 학술지인 『란셋』에 발표됐고 국내 YTN을 비롯한 CNN과 CBS를 통해 보도됐다. 그리고 2013년 3월 실제 인공 방광 조직을 이식받은 청년이 인기 강연 프로그램 테드TED에 출현해 다시 한번 세상을 놀라게 했다. 10년 전에 인공 방광 조직을 이식받은 루크 마살라Luke Masala는 이분척추증(척추뼈 갈림증)을 갖고 태어나 방광과 신장에 손상을 입었다. 앤소니 아탈라 박사는 루크의 방광조직에서 세포를 분리해 체외에서 배양해서 인공 방광 조직을 만들어 다시 이식했다. 이식된 방광은 체내에서 숙성하여 기존 방광의 크기와 기능을 회복시켜주었다.

재생의학은 생물학, 유전학, 재료공학, 기계공학, 전자 및 제어공학, 그리고 의학 등을 포함한 융합 학문이다. 재생의학의 핵심은 환자 자신의 세포를 채취한 후 건강한 조직과 장기를 배양하거나 만들어서 원래의 상태로 되돌려주는 것이다. 앞서 소개한 이분척추증 환자 루크처럼 장기가 심하게 손상된 환자나 신경 조직 때문에 신체의 일부가 마비된 환자들을 대상으로 한다.

재생의학이 현대 의학의 난점을 해결한다

재생의학의 장점 중 하나는 면역 거부반응과 같은 인체가 이물질에 나타나는 다양한 반응을 해결할 수 있다는 점이다. 앞서 여러 차례 강조했듯 인체는 질병의 치료 과정에서 다양한 부작용을 경험한다. 이는 인체가 가진 무한한 다양성 때문이다. 생물학적으로 인체는 다른 사람과 차이가 있는 유일무이한 존재이다. 생물학적 특성부터 차이가 있으므로 현대 의료의 '동일 질병 동일 치료'의 원칙하에서 치료 반응이 다르게 나타날 수밖에 없다. 장기이식 시 일어나는 면역 거부반응도 개체 이질성에 의한 결과이다.

인간은 자기 물질과 외부 물질을 구분하는 능력, 즉 '면역'을 갖고 있다. 외부 물질에 따른 반응을 '면역 반응'이라고 한다. 대표적으로 수혈할 때 혈액형을 맞춘다. 적혈구 표면에는 단백질이 있는데 혈액형마다 표면의 항원이 다르다. 혈액형마다 다른 항원을 갖는다. 혈액이 같지 않으면 혈전이라고 하는 핏덩어리가 생기고 뇌 쪽 모세혈관에 들어가면 혈관이 막히는 중대한 상황을 겪게 된다. 전형적인 수혈 거부반응이다. 다행히 인체에 꼭 필요한 혈액은 4종류밖에 없어서 일치시키는 것이 그나마 수월하다. 골수나 장기이식은 훨씬 어렵다. 우리 몸의 면역 세포에는 인간의 조직적합항원HLA 및 주조직접합성복합체MHC, Major Histocompatibility Complex라는 단백질이 있다. 단백질을 암호화하는 거대한 면역을 관리하는 유전자군이다. 거의 모든 사람이 서로 다른 주조직접합성복합체를 가지고 있으며 특정 면역 세포가 자기 자신의 세포인지 외부의 세포인지를 판별할 때 중요한 역할을 한다. 두 개체의 주조직접합성복합체가 일치할 확률은 1,000만 분의 1 수준이다. 오직 일란성 쌍둥이만 같다. 대다수의 사람들의 주조직접합성복합체가 일치하지 않기 때문에 외부 물질이 인체에 주입됐을 때 면역 거부반응이 나타날 수밖에 없다. 면역 거부반응이 나타나면 이식된 조직은 죽어버리고 이식받은 개체도 손상을 입는다.

다행히 초개인맞춤 장기재생의 자가세포 치료제는 환자 자신의 세포와 세포외기질ECM을 주요 재료로 한다. 자가 조직을 활용하기 때문에 이러한 면역 거부반응에서 자유롭다. 어떤 질병이든 자신의 조직이 원래의 상태로 복원되는 형태를 지향하는 과정에서 초정밀·개인맞춤 의료를 진행한다. 이만하면 현대 의학의 난제를 해결할 기본 플랫폼은 모두 갖추었다고 봐도 무방해 보인다.

생명활동의 기본원칙을 알면 응용을 할 수 있다

"생명은 스스로의 구조를 파괴하려는 경향에 대해 어떻게 저항하는가?"

1944년 물리학자 에르빈 슈뢰딩거 Erwin Schrodinger가 『생명이란 무엇인가』라는 책에서 제기한 가장 첫 번째 질문이다. DNA의 2중 나선 구조도 밝혀지지 않은 시점에서 생명현상을 물리학자 관점에서 설명하려 했다. 제임스 왓슨과 프랜시스 크릭조차 그의 논거에서 영감을 얻어 1953년 DNA의 구조를 밝혀냈다고 알려져 있다. 이후로 환원주의의 일종인 '분자생물학'이 꽃피었다.

그러나 『생명이란 무엇인가』가 갖는 기본적인 한계성도 없지 않았다. 슈뢰딩거는 생명체의 특성 중에서 번식과 유전에 집중했다. 물질적 실체로서 유전자를 추측하고 물리학적 근거를 들어 그 구조를 추정했다. 따라서 그의 논지는 방대한 생명에 대한 설명 중 유전의 메커니즘과 생명의 열역학 2가지 주제로 제한됐다. 슈뢰딩거 스스로도 "살아 있는 유기체라는 공간적 한계 안에서 일어나는 시간과 공간상의 사건들을 물리학과 화학으로 설명"하려 했다는 것을 인정했다.

그러나 이후 과학과 의학의 발달은 환원주의에서 전체론으로 변화해가고 있다. 이 부분에서 나는 『생명이란 무엇인가』에 대한 새로운 해답이 필요한 때임을 절감하게 됐다. '번식과 유전을 넘어 성장과 죽음에 이르는 긴 과정에서 생명이 따라가는 자연법칙이 존재하지 않는가?' 15년을 바이오 산업에 몸담은 이로써 드물지 않게 보아온 '탐구적 자세'로 하나의 질문에 천착하게 되었다.

각 동물과 몸무게와 대사 에너지의 상관관계

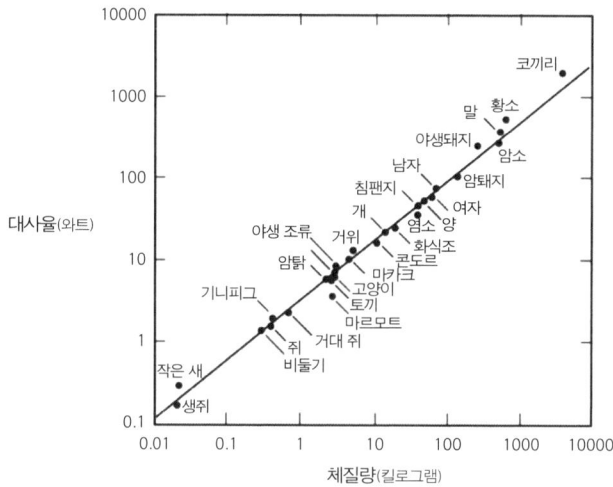

(출처: 「스케일」 참조)

복잡계 연구를 위해 설립된 산타페 연구소의 특훈 교수이며 저명한 이론물리학자인 제프리 웨스트Geoffrey West가 2017년 출간한 저서 『스케일』은 이 부분에서 많은 인사이트를 제공해주었다. 책의 부제는 '생물, 도시, 기업의 성장과 죽음에 관한 보편 법칙'으로 말 그대로 생물과 무생물을 막론하고 어디에나 존재하는 규칙성을 밝혀보여주겠다고 했고 실제 그렇게 했다.

지구에는 1조 분의 1그램도 안 되는 세균으로부터 무려 125톤에 이르는 대왕고래까지 다양한 생물이 살아간다. 800만 종이 넘는 생물은 그저 제각각의 삶을 살아가는 것으로 보인다. 그런데 각 동물의 체중, 대사율, 전 생애에 걸친 심장박동수를 분석해보면 엄정한 규칙성이 존재하는 것을 확인할 수 있다. 제프리 웨스트는 이를 통해 생명현상에 나타난 물리적 법칙을 소개한다.

체중이 불어날수록 대사율이 늘어나는데 각종 동물의 대사율/체중을 그래프에 나타내면 모든 동물들이 하나의 직선 위에 그 값을 나타낸다. 또한 생애 박동수/체중은 10의 9승과 10의 10승 사이의 수평선 위에 존재한다. 그러다 보니 저자는 생명체 사이에도 '체계적인 규모scaling의 법칙'이 존재한다고 설명한다. 가장 흥미로운 부분은 체계적인 규모의 법칙을 통해 생쥐는 2~3년밖에 못 사는 반면에 코끼리는 75년을 사는 이유를 설명한 부분이다. 저자는 동일 원리로 인간의 한계 수명이 120년인 이유도 알려준다.

동물의 평생에 걸친 심장박동수는 평균적으로 약 15억 회이다. 이 한계성 덕분에 1분에 300회 이상의 맥박이 뛰는 쥐의 수명은 2~3년을 넘기지 못하지만 20~30회밖에 뛰지 않는 코끼리는 70년이 넘도록 산다. 장수 동물로 알려진 거북의 평균 맥박은 평균 6회로 최대 250년까지 살 수 있는 것으로 알려져 있다. 인간의 맥박은 어릴 때는 빨리 뛰다가 성인이 되면 60~90회로 뛰고 70세 이상 노인이 되면 50~60회로 줄어든다. 평생 동물의 조직은 1그램을 지원하는 데 약 300칼로리를 사용한다. 1그램당 소비 에너지 총량은 모든 포유동물이 거의 같다. 심장박동수와 에너지 총량이라는 물리법칙에 의해 수명이 결정된다는 것이다.

제프리 웨스트의 저서 『스케일』이 세계적인 반향을 일으킨 이유는

인체의 혈관, 폐, 식물의 네트워크의 유사성-프랙탈 이론

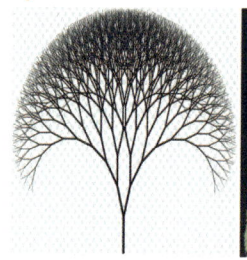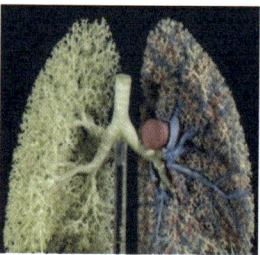

'생명활동 역시 확고한 과학적 법칙 위에 서 있다는 것'을 증명해냄으로써 '인류가 아직 밝혀내지 못한 또 다른 생명의 법칙은 없는가?' 하는 기대와 여지를 남겨두기 때문이다. '생명이란 무엇인가?'라는 오래된 질문에 대한 보다 현실적이고 좀 더 의학적인 답안을 우리가 아직 발견하지 못한 것은 아닌지 개인적으로도 조바심을 내지 않을 수 없었다.

공학도 눈으로 생명체가 살아남은 비밀을 탐구하다

'인체라는 생명체는 어떤 목표를 향해 어떤 원리로 작동하는 것일까?'

나는 지난 10년간 이 질문에 대한 답을 찾고자 했다. 그리고 그 답을 통해 재생의학이 미래 의학이라는 데 얼마간의 확신을 하게 됐다. 온전히 개인적 경험과 추론에 의한 과정을 간략하게나마 소개해 보고자 한다.

나는 대학에서 산업공학을 전공했고 20년 동안 국내 자동차 회사에서 근무했다. 당시는 내가 만난 대부분의 사람이 엔지니어였다. 기계의 생산 과정은 복잡하면서도 단순하다. 공장에서 생산된 제품은 예상 사용 연한이 있다. 고장이 나면 자체적으로 수리는 되지 않는다. 기름칠을 하고 바람을 채우는 등 잔고장은 수리를 하되 큰 고장은 부품을 교체하는 것이 가장 수월하다. 더 이상 부품 교체로도 해결이 되지 않을 때는 폐기해야 한다.

오랜 자동차 회사 근무 후 15년 동안은 글로벌 바이오 분야에 몸담게 됐다. 내 비행기 마일리지는 300만 마일이 넘고 수많은 나라의 의사, 박사, 연구원을 만났다. 바이오시밀러를 만들어 판매하는 곳과 3D 바이오 프린터를 근간으로 재생의학 플랫폼을 제공하는 곳에서 바이오 전문가들을 만났다. 이들을 통해 배운 인체는 기계와 비슷한 부분이 없지 않으나 그보다 훨씬 복잡하다. 최대 수명은 120세지만 통계적으로 90세를 넘기지 못한다. 그럼에도 그 어떤 기계보다 수명이 길다고 할 수 있다. 기계와 달리 인체는 스스로를 고치는 능력을 갖추고 있기 때문이다.

대부분의 의료 행위 역시 자가 치유라는 베이스 위에서 시작된다. 피부에 상처가 나면 흔히 연고를 바른다. 그러나 연고의 역할은 '새 살을 돋게 하기 위함'이 아니다. '새 살이 돋는 과정에서 세균 감염이 일어나지 않게 하기 위함'이다. 엄밀히 새 살을 돋게 하는 과정은 인체가 알아서 할 일이다. 이처럼 인체라는 생명체는 스스로를 고치게 설계됐다. 이 당연한 사실이 내게는 매우 새롭게 다가왔다.

'생명 유지를 가능케 하는 법칙이 있지 않을까?' '있다면 그 법칙이란 대체 무엇인가?' 나는 이러한 불손한 의문을 품게 된 후 법칙을 찾기 위해 나름의 공부를 시작했다. 그 시작점에는 오컴의 면도날

Occam's Razor이라는 단순성의 원리에 입각한 해답을 찾을 수 있으리라는 희망이 자리 잡고 있었다. 경제성의 원리Principle of economy 혹은 검약의 원리lex parsimoniae에 충실한 '생명 유지의 법칙'을 찾을 수 있으리라 기대했고 찾고 싶었다. 많은 가정이 필요 없고 적은 수의 논리만으로 설명할 수 있는 보편타당한 '생명체의 작동 원리'를 발견할 수 있기를 바랐다.

그러나 내가 가장 먼저 확인한 것은 '거시적 해석의 부재'라는 단단한 벽이었다. 그간 생명의 원리를 찾는 연구는 미시적인 부분에 천착했다. DNA를 비롯해 환원주의에 입각한 미시 연구가 대부분이었다. 인체 전체를 관통하는 공리에 대한 가정과 연구는 많지 않았다. 특히나 시스템 공학적으로 '스스로를 고치는' 인체가 가능한 원리에 대한 설명은 전무했다.

빅뱅 이후 우주 탄생, 인류 문명의 시작, 그리고 현재까지의 역사를 망라하는 『빅 히스토리』에서 우주의 역사는 138억 년이라고 한다. 직립보행이 가능한 원시인류가 400만 년 전 나타났고 수십만 년 전에는 지구상에 여섯 가지 인간 종이 살고 있었다. 그런데 10만 년 전에는 약 50만 년 전 출현한 사피엔스가 우세종이 되어 현생인류의 시초가 됐다. 인간 생명체의 역사는 이토록 오래도록 유지됐다.

여기에서 내가 가장 궁금했던 점은 인간을 포함한 생명체가 어떻게 이토록 긴 생명력을 유지할 수 있었는가이다. DNA를 통해 자손을 남기는 것은 기본적으로 생존의 시기를 유지해야 가능한 것이다. 최소 15년 이상은 생명을 유지해야 한다. 그런데 그 사이 지구에는 빙하기도 있었고 다양한 포식 동물이 득세했다. 무엇보다 무시무시한 질병이 창궐했다. 만일 인류가 한낱 기계와 같다면 고장이 나도 심각하게 나서 종 자체가 진즉에 멸종했을 것이다. 그러나 그 오랜 기간 인류는 살아남았다. 인체에 그 이유가 되는 비밀이 반드시 있으리라 추측했다.

생명에는 복잡 최적화, 항상성, 자가 재생 시스템이 있다

결론부터 이야기하겠다. 매우 불손한 공학도로서 나는 감히 다음과 같은 세 가지 생명의 법칙을 정리했다.

첫째, 생명체는 하나의 복잡 최적화 시스템이다. 정보 통신에서 주로 사용되는 시스템이란 용어는 '필요한 기능을 실현하기 위하여 관련 요소를 어떤 법칙에 따라 조합한 집합체'라는 의미를 담고 있다. 필요한 기능을 수행하기 위해 조직화된 상호작용도 필요하다.

시스템이 잘 작동되기 위해서는 규모의 경제를 잘 활용해야 하고 네트워크가 잘 발달돼 있어야 한다. 일례로 생물의 몸집은 크기가 커짐에 따라 대사율은 지수 4분의 1인 거듭제곱 법칙에 따라 줄어든다. 더 큰 동물의 세포는 작은 동물의 세포보다 에너지 처리 속도가 체계적으로 느려진다. 몸집이 커질수록 수명은 길어지는데 네트워크의 손상과도 관련이 있다. 생명체 시스템에서 네트워크란 모세혈관을 포함한 세포의 망 단위를 말한다. 그런데 큰 동물일수록 네트워크 내 이동물질의 속도도 느려져 손상도 그만큼 줄어든다. 반대로 수명은 더 늘어나게 된다. 같은 맥락으로 시스템 관점에서 생명체의 노화란 규모의 경제가 적용된 네트워크와 경제 시스템의 붕괴라 할 수 있다. 인간도 여느 동물과 다르지 않다. 네트워크와 시스템이 붕괴되면 질병이 발생하고 노화가 급격히 진행된다.

둘째, 생명체의 최적화 시스템은 신뢰도를 높이는 방향으로 진화한다. 신뢰도란 주어진 조건하에서 안정적이고 일관되게 측정되고 유지되는 것을 말한다. 기기의 경우 동일 조건하에서 동일 형태로 작동된다면 신뢰도가 높다고 표현한다. 이를 인체에 적용하면 '항상성'이라는 말로 대체할 수 있다. 생명체로서는 체온이 일정하게 유지되듯 맥박과 혈액 내 각종 수치가 일정하게 유지되는 것이 안정적이다. 이를 통해 생명체는 효율성을 높이고 수명을 연장하는 방향으로 진화할 수 있다. 한계 수명 내에서 '최적의 시스템'을 찾아가는 것이다.

일례로 신장을 연구한 초기 연구자들은 '왜 신장이 두 개여야 하는가?'에 많은 의문을 가졌다. 신장은 우리 몸의 피를 걸러서 소변을 만들어내는 장기이다. 필터의 역할을 한다고 보면 된다. 그런데 신장은 생명체가 건강하다는 조건하에서는 굳이 두 개가 있을 필요가 없다. 하루 180리터의 어마어마한 양을 걸러내기 위해 24시간 쉬지 않고 일을 해야 하지만 한 개만 있어도 크게 문제가 되지는 않는다. 설사 건강한 사람의 신장 한 개를 떼어낸다고 해도 보상작용으로 충분히 그 역할을 해낼 수 있는 이유다.

그러나 질병이 발생하면 이야기가 달라진다. 신장에 질환이 생겨서 제 역할을 하지 못하면 노폐물 배설, 수분과 전해질 조절, 호르몬 밸런스 조정의 기능이 동시에 떨어진다. 소변에 독성이 많아져 요독증이 올 수 있고 각종 노폐물로 전신에 이상 증상이 나타난다. 뼈가 약해지기도 하고 고혈압과 빈혈도 올 수 있다. 그런데 잘 알려져 있듯 콩팥은 침묵의 장기이다. 신장 질환자의 경우 신장 기능이 15%밖에 남지 않더라도 이상 증상을 느끼지 못한다. 종합적으로 학자들은 신장이 하는 역할의 중요성과 특성을 고려할 때 두 개가 존재할 이유가 충분하다는 결론을 내렸다. 생명체가 신뢰도를 높이는 데 필요한 조치를 이미 충분히 취하고 있다는 것을 받아들이게 된 것이다.

셋째, 생명체에는 합리적이고 효율적인 자가 치료 재생 시스템이 존재한다. 많은 연구자가 생명체를 거대한 기기에 비유한다. 수많은 장치와 시스템에 의해 기능이 발현되고 상태가 유지되기 때문이다. 그러나 기기는 결코 생명체와 같을 수는 없다. 그렇다면 생명체는 어떻게 긴 기간 시스템을 유지할 수 있는가? 매우 효율적이고 합리적인 자가 치료 시스템이 내재돼 있지 않다면 불가능한 일이다. 바닷속 생물인 히드라는 몸의 한 부분이 잘려나가면 마치 싹이 나는 것처럼 새로운 개체가 만들어진다. 한 마리를 둘로 나누면 두 마리가 되는 식이다. 아쿠아리움에 가면 볼 수 있는 멕시코도롱뇽은 발 하나가 잘려도 새로운 발이 만들어진다. 그뿐만 아니라 뇌와 척수까지도 재생이 가능하다고 알려져 있다.

인간 역시 자가 치료 시스템이 존재한다. 간의 경우 간세포의 단분화능으로 인해 4분의 1만 가지고도 재생이 된다. 또한 인체의 줄기세포는 모든 세포로의 변화가 가능해 치료가 필요한 곳에서 그 역할을 해낸다. 그러나 아직 줄기세포가 어떤 자극과 원리에 의해 해당 세포로 변화가 되는지, 왜 어떤 곳은 재생을 못 해내는지는 규명된 바가 많지 않다. 개인적으로는 인체가 가진 수많은 합리적이고 효율적인 자가 치료 시스템의 한 부분에 지나지 않을 것이라고 추측한다. 그 이유는 다양한 형태의 자가 치료 시스템이 없다면 다양한 장기들이 그토록 오랜 기간 기능과 형태를 유지하기가 불가능해 보였기 때문이다. 줄기세포 단일 요건으로는 도저히 불가능한 일이다.

앞서 소개한 신장은 내구성이 매우 뛰어난 대표적인 장기이다. 일반 가정에서 사용하는 수도 파이프는 5년이나 10년만 사용해도 물때가 쌓인다. 깨끗한 물이라고 하는 수돗물도 그러하다. 그러나 보통 인간의 신장은 평균 70~80년 동안 하루에 180리터의 이물이 포함된 혈액을 거르면서도 막히지 않고 작동을 한다. 신장은 양쪽 모두 주먹만 한 크기인데 둘을 합쳐도 약 150그램밖에 되지 않는다. 혈액을 거르는 일을 담당하는 곳은 수백만 개 모세혈관이 뭉쳐 있는 사구체이다. 한쪽 신장에 사구체가 약 100만 개나 있다. 사구체는 틈이 아주 작은 체와 같아서 노폐물과 수분을 혈액으로부터 분리한다. 혈액의 단백질 중 큰 입자와 적혈구는 크기가 커서 통과하지 못한다. 그래서 정상인의 소변에서는 단백질과 적혈구가 검출되지 않는다.

사구체에 문제가 생기면 신장에 질환이 진행된다. 그러나 상당수의 사람들은 신장 질환 없이 살아간다. 신장이 구조적으로 그 오랜 기간 손상을 아예 받지 않았다고 보기는 어렵다. 손상을 받되 끊임없이 치료해가면서 그 기능과 형태를 유지한다고 보는 것이 더 합리적이다. 그래서 우리 몸 곳곳에는 신장 재생을 위한 1, 2, 3차 재생 시스템이 존재한다. 이 재생 시스템을 잘 활성화시켜서 결국 재생된다. 예를 들어 이러한 재생 시스템은 혈관 내피, 골수, 그물막 및 신장 내에도 존재한다.

사람들은 불과 얼마 전까지도 히드라, 불가사리, 도롱뇽이 자신의 몸을 재생해내는지도 알지 못했다. 1950년대 일본의 어부들이 그물에 걸려 올라온 불가사리를 토막 내 바다에 던져버리는 바람에 불가사리 수가 몇 배나 증가한 일이 있었다. 그러나 최근에 불가사리 몸이 대부분 줄기세포를 가지고 있어 손상된 부분을 재생해낼 수 있다

는 것을 알아냈다. 재생 능력이 뛰어난 다른 동물들은 아체BlastEMA
나 적혈구 유전자를 가지고 있다는 것도 밝혀냈다.

개인적으로 인체가 가진 자가 치료 재생 시스템 역시 이들 존재에 대한 인식과 과학기술의 발달로 그 존재와 원리를 밝혀내게 될 것이라 기대하고 있다. 우리 몸은 모든 장기에서 재생이 이루어지고 있고 몸 곳곳에 이러한 재생 기능을 담당하는 세포를 가지고 있다. 이를 확인하고 연구하는 것은 재생의학에 던져진 중요한 과제이다. 그럼으로써 현대 의학의 한계를 극복하는 것은 물론 발전도 가능해질 것이다.

5

현대 의학의 문제를 해결해나간다

우리의 목표는 건강한 사회를 만드는 것이다.
이를 위해 끊임없이 노력해야 한다.

줄기세포 씨를 심을 세포외기질 밭을 만든다

현재까지 재생의학의 중심에 있는 것은 줄기세포 치료법이다. 생리 활성물질에 의한 재생유도와 배양된 조직이나 기관의 이식(조직공학) 등이 모두 재생의학에 포함된다. 그런데 유독 줄기세포의 이식을 통한 세포치료에만 초점이 맞춰져 있다. 이는 새로운 발견에 의한 연구의 집중화와 다른 부분에 대한 무지가 혼합된 결과라고 생각된다.

바이오 의학계에는 기본적으로 2개의 가설이 존재한다. 첫째는 루이 파스퇴르에 의해 주창된 '씨앗 이론seed hypothesis'으로 특정 병원체를 제거하면 감염병을 퇴치할 수 있다는 이론이다. 둘째는 '토양 이론soil hypothesis'으로 만성질환, 암, 당뇨병, 치매 등은 단일 병원체가 아닌 신체 내의 복잡한 상호작용으로 발생하며 특정 병원체보다는 장기의 토양 및 세포외기질ECM 등이 훨씬 중요하다는 이론이다. 나는 장기재생은 씨앗 이론보다는 토양 이론으로 접근해야 한다고 믿는 사람이다. 요새는 항암치료나 장기재생은 토양 이론 입장에서 접근하는 연구가 훨씬 많다.

2000년대 초반 줄기세포는 질병에 따른 손상은 물론 퇴화된 조직까지 새로이 재생할 수 있다는 가능성으로 인해 미래 의학의 핵심으로 꼽혔다. 의료가 신산업으로 대두되면서 세포치료와 재생의학이 바이오 산업의 성장 동력으로 자리매김한 것이다. 이는 단순히 치료적 측면만 아니라 토양 이론에 바탕을 둔 생명현상과 세포의 본질을 이해하는 패러다임의 변화였다. 그 와중에 2012년 일반 체세포를 미분화 상태로 역분화시켜 줄기세포를 만들 수 있는 유도 역분화줄기세포iPSC, induced pluripotent stem cell가 노벨상을 수상하면서 맞춤형 줄기세포가 탄생했다. 과거에는 줄기세포를 얻기 위해 난자에 체세포 핵을 치환하는 배아복제를 해야만 했다. 하지만 역분화줄기세포의 개발로 그럴 필요가 없어졌다. 이러한 기술의 발달로 줄기세포 분야의 연구가 폭발적으로 증가했다.

그러나 줄기찬 줄기세포 연구에도 불구하고 씨앗 이론 입장에서 접근함에 따라 아직 재생의학 분야에서 이렇다 할 성과를 내지 못하고 있다. 미국식품의약청FDA에서 최종 허가를 받은 줄기세포 치료제는 없다. 미국식품의약청에서는 의약품을 인체에 투여했을 때 어떻게 흡수되고 대사가 되고 배출이 되는지 증명해야 한다. 그런데 줄기세포 치료제는 아직 이를 증명하지 못하고 있다. 그러다 보니 허가를 내주기가 쉽지 않다. 2022년 기준 상당수의 줄기세포 치료제가 후

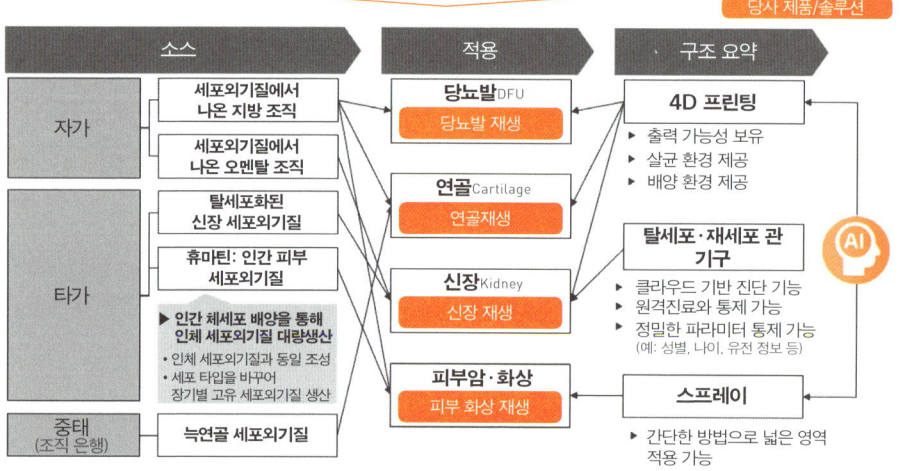

기 임상에 머물고 있다. 그 이유는 간단하다. 영양분 없는 밭(토양)에 줄기세포(씨)를 뿌려봐야 90%는 죽는다. 반대로 10배의 줄기세포를 몸 바깥에서 배양하여 넣는 순간 세포가 변이돼 발암 가능성이 제기된다.

다행인 것은 재생의학에 대한 관심이 높아지면서 조직공학기술 치료와 이종장기이식에 대한 관심도 높아졌다는 것이다. 근본적 치료가 가능하고 약물 부작용이 없으며 장기재생이 가능하다는 재생의학의 장점을 살리기 위한 새로운 접근법들이 시도되고 있다.

세포외기질 연구가 대표적이다. 세포로부터 분비되는 복합 단백질의 총칭으로써 줄기세포가 자라는 토양과 같다. 앞서 소개한 줄기세포는 성체의 모든 조직에 존재하며 균형을 통해 조직의 항상성을 유지시킨다. 조직 내에서는 특정 미세환경을 가지고 있는 니치niche라고 불리는 곳에 위치한다. 이를 구성하는 주요 요소가 세포외기질이다. 세포외기질은 줄기세포와 니치 사이 상호 신호 전달을 통해 줄기세포의 특성을 유지하도록 돕는다.

세포외기질ECM, Extra Cellular matrix의 위치와 역할은 어원을 통해 확인할 수 있다. E는 바깥쪽Extra, C는 세포Cellular, M은 매트릭스Matrix를 의미한다. 세포 바깥의 매트릭스이다. 매트릭스란 정확히 하나의 개념이나 형태나 성분들로 정의할 수 없는 복합적이고 유기적인 시스템(물리적인 체계)을 의미한다. 일반적으로 모체母體라는 의미도 있다. 생물학에서는 정확히 알 수 없는 조직을 표현할 때 흔히 사용한다.

세포외기질을 낯설어 하는 이들이 많다. 그런데 세포가 하는 대표적인 일이 세포외기질을 생산하는 것이다. 세포라는 공장에서 세포외기질이라는 제품이 만들어지는 것이다. 24종의 콜라겐과 히알루론산을 포함해 1,600여 종의 세포외기질이 세포 안에서 만들어져 세포 밖으로 운반된다. 세포외기질은 세포가 살아가고 이동하는 데 필요한 성장인자와 신호전달인자를 포함하고 있어 줄기세포를 정상적으로 불러들이고 줄기세포가 특정 세포, 즉 모세혈관이나 근육세포 등으로 분화하라는 신호를 제공하고 여기에 필요한 비상식량(성장인자)과 세포의 하이웨이 제공 등 네 가지를 제공한다.

세포외기질 연구는 1850년대부터 시작됐지만 1930년대에 와서야 공식적 용어가 받아들여지고 연구도 활발해졌다. 세포외기질은 세포가 분비해서 만들어진다는 것, 세포와 다이내믹한 상호관계를 맺는다는 것 등이 밝혀졌다. 그러나 모든 것이 다 밝혀진 것은 아니다. 세포외기질의 주요 성분 역시 현대의 단백질 분석법으로 측정 가능한 특정 요소들만이 밝혀진 상태다. 콜라겐이나 엘라스틴은 대표적인 세포외기질로 자주 거론되는 것들이다.

세포는 네트워크와 세포외기질이 있어야 산다

흔히 물이 우리 몸의 70% 이상을 차지한다고 하는데 무게로 치면 세포외기질이 24%를 차지한다. 우리 몸을 구성하는 수조 개의 세포도 상당한 무게를 차지하지만 세포외기질의 무게가 더 무겁다. 그럼에도 불구하고 '장기의 토양'인 세포외기질에 대한 연구는 많이 미흡했다. 특히 이들을 재생의학에 활용하는 부분은 논의된 바가 거의 없다. 불과 얼마 전까지 연구자들은 세포외기질의 주요 기능이 물리적, 화학적, 그리고 면역적으로 세포와 조직을 보호하는 지지체로서의 기능일 것으로 추정했다. 세포의 증식, 분화, 이동 등에 적절한 환경을 제공하는 곳이라는 것이다. 그러나 최근 세포외기질이 단순히 보호 지지체로서뿐만 아니라 세포의 행동, 생존, 발생, 기능까지 조절할 수 있다는 연구가 발표되고 있다.

세포와 세포외기질은 씨앗과 토양처럼 떼려야 뗄 수 없는 관계다. 세포는 세포외기질을 만들지만 세포외기질이 없으면 세포가 존재할 수 없다. 세포가 하나의 생명체라면 이 생명체가 할 수 있는 터전이 세포외기질인 것이다. 흔히 전문가들은 "세포외기질이라는 집 안에 세포가 살고 있다."라고 표현한다. 따라서 수백 가지 세포외기질 중 하나만 잘못돼도 우리 몸에는 질환이 일어난다. 근육위축증과 이영향성 수포성 표피박리증은 세포외기질 구성 요소의 하나를 만들어내는 유전자 이상 때문에 발생한다. 수백 가지 세포외기질 구성 성분 중 단 하나만 정상적인 기능을 하지 못해도 치명적인 유전성 질환이 생기는 것은 그만큼 기능이 중요하기 때문이다. 줄기세포는 미래 모습이 결정되지 않은 세포다. 그래서 만능세포라고도 한다. 그렇다면 이 만능세포의 미래 모습을 결정하는 것은 무엇인가? 바로 세포외기질로부터 오는 신호이다. 이를 통해 줄기세포는 뼈세포가 되기도 하고 혈관이 되기도 하고 근육세포가 되기도 한다.

인체를 시스템적으로 구분해보면 장기는 앞서 소개한 규모의 경제가 적용된 시스템이라 할 수 있다. 그런데 그 구성의 3요소가 길(네트워크), 집(터전), 그리고 사람(세포)이다. 사람이 잘살려면 길이 잘 닦여야 하고 집이 잘 만들어져야 하듯 손상된 장기가 재생을 하려면 네트워크와 세포외기질과 세포를 다 잘 살려내야 한다. 자칫 사람 혹은 줄기세포가 중요하다는 생각에 이들만 가지고 재생을 이루려 한다면 소기의 성과를 달성하기 어렵다. 길과 집이 없는 곳에서 사람이 살 수 없듯 세포도 네트워크와 세포외기질이 갖춰지지 않은 곳에서는 살 수 없기 때문이다.

리제너레이션 니치가 장기재생을 가능하게 한다

"옥수수 씨를 뿌렸다. 그런데 왜 옥수수가 잘 자라지 않는 것일까?"

원인은 크게 세 가지로 볼 수 있다. 첫째 옥수수 씨앗이 잘못됐다.

재생 생태계 개념도

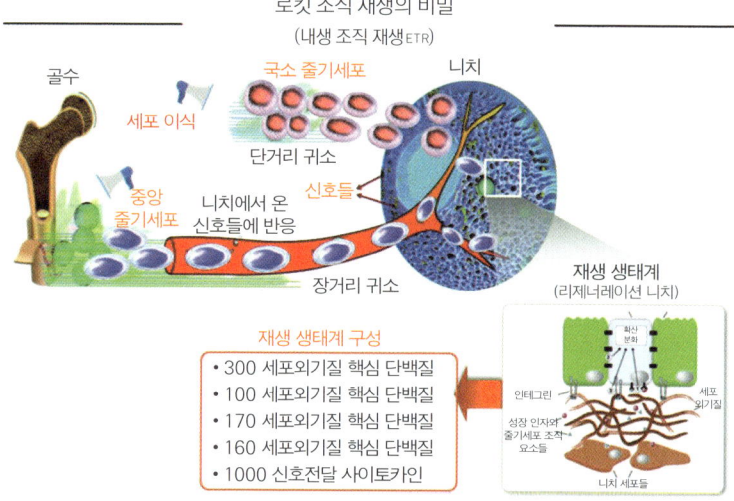

둘째 밭이 잘못됐다. 셋째 가뭄과 홍수 등 날씨가 좋지 않다. 이를 재생의학에 대입해보자면 기존의 줄기세포 치료는 옥수수 씨의 유전자를 변형하거나 옥수수 씨를 다량으로 넣는 경우라 할 수 있다. 연구자나 의료진들은 수확량 증대에 주력하는 농부와 같이 줄기세포를 대량으로 투여했다. 그런데 지금까지의 줄기세포 치료는 그 효과가 없거나 미비하다. 일부에서는 암 발생 우려도 끊이지 않는다. 농사를 잘 짓기 위해 밭의 상태와 날씨를 고려하듯 연구자와 의료진들은 재생을 잘 시키기 위해 무엇이 필요한지 알아야 한다.

밭이 사막화됐다면 아무리 좋고 많은 옥수수 씨앗을 뿌려도 옥수수는 나지 않는다. 사막화된 밭을 영양이 풍부한 토양으로 바꾸는 노력을 먼저 해야 한다. 세포외기질 환경을 개선해 재생 치료를 진행하는 것도 이와 마찬가지다. 메마른 땅을 좋은 밭으로 만드는 것처럼 세포외기질 환경을 개선해 재생 치료의 성과를 얻을 수 있다.

세포외기질 환경을 개선해 재생 치료의 성과를 내기 위해서는 리제너레이션 니치Regeneration niche 또는 재생 생태계를 만드는 것이 중요하다. 일반적으로 니치란 시장의 틈새처럼 작은 영역을 이야기한다. 그러나 생물학적으로는 특정 종류의 생물이 살기에 적합한 환경인 적소適所를 의미한다. 따라서 리제너레이션 니치는 생명의 터전을 만드는 토양이며 시발점이라고도 할 수 있다.

식물학자들은 민둥산을 나무가 풍성한 숲으로 만들 때 무조건 나무만 옮겨 심지 않는다. 먼저 작은 공간에 물을 흠뻑 주고 씨앗을 뿌려서 생물이 살아갈 수 있는 공간을 만든다. 이 생명의 공간을 점차 늘려서 산 전체로 확대하는 방법을 활용한다. 재생 생태계는 상처와 질병으로부터 재생이 활발히 일어날 수 있는 토양 환경이라 할 수 있다. 우리는 재생의학이라고 하면 망가진 장기를 새로운 장기로 바꾸는 장기이식을 떠올린다. 하지만 이는 재생의학의 일면일 뿐이다. 더 보편적인 재생의학은 망가진 장기를 다시 살려내는 것이다. 앞서 소개한 생명의 법칙의 세 번째에서 소개한 '합리적이고 효율적인 자가 치료 시스템'을 활용하는 것이다.

화상을 입은 피부를 예로 들어보자. 피부는 인체에서 면적이 가장 넓은 장기다. 성인 기준 3~5킬로그램의 무게가 나간다. 단백질로 이루어져 있다 보니 열에 매우 약하다. 섭씨 55도 온도에서 10초 동안만 접촉해도 2도 화상이 진행된다. 물집이 생기고 피하 조직이 부으면서 심한 통증을 일으킨다. 2~4주 정도 지나야 얇은 반흔을 남기며 치유된다. 고온이나 고압의 전기에 감전되면 3도 화상을 입게 되는데 표피는 물론 진피층까지 손상된다. 이쯤 되면 감각을 상실해 핀으로 찔러도 통증을 느끼지 못한다. 피부는 밀랍 같은 흰색 혹은 타버린 갈색이나 검은색으로 변한다. 상처가 크면 피부 이식, 화상 재건, 재활 등을 필요로 한다. 그리고 치료는 상처와 후유증을 남긴다. 기존의 화상 치료는 반드시 흉터를 남긴다. 치료 후 남은 흉터는 단순히 미용상의 문제만을 일으키지 않는다. 흔히 켈로이드라고 부르는 조직으로 구성된 흉터는 땀샘이 없고 신경세포도 적다. 따라서 피부는 매우 건조해져 가렵고 감각도 덜하다.

재생 생태계 개념을 적용한 장기재생은 흉터는 물론 후유증도 남기지 않는다. 로킷헬스케어가 개발한 4D 바이오 프린팅은 인체 세포와 생체재료를 프린팅해 인공피부를 제작해 직접 환부에 이식해 손상된 피부를 재생시켰다. 인간 유래 세포외기질을 추출해 피부와 같은 형태로 출력해 손상된 피부를 덮어준 것뿐이다. 그런데 결과는 놀라웠다. 2~4주 후 본인의 피부와 같은 형태로 재생됐고 경계면에 켈로이드와 같은 흉터도 남지 않았다. 이런 결과는 공식 발표됐고 인공피부를 출력했던 3D 바이오 프린터는 2018년 한국기계기술단체총연합회에서 선정하는 '10대 기계 기술'에 선정됐다. 올해의 우수 기계 기술(제품)로 소개됐다.

많은 연구자가 세포외기질 패치에 줄기세포를 부어 넣는 것도 아니고 특정 재생유도 성분이 들어간 것도 아닌데 어떻게 원래의 피부처럼 재생됐는지 궁금해한다. 손상 피부를 덮은 세포외기질 덩어리는 세포가 사는 집이다. 세포가 들어가 살 수 있고 그 자체로 네트워크를 형성할 인자를 가지고 있다. 이로써 손상 피부에 재생 생태계가 형성돼 피부재생이라는 결과를 만들어낸 것이다.

이밖에도 로킷헬스케어에서는 세포외기질을 원료로 3D 바이오 프린터를 활용해 재생 생태계를 만들어 도포하는 형태의 장기재생 프로젝트를 여럿 진행했다. 피부, 연골, 그리고 신장(동물임상)까지 재생이 이루어진 사례는 다음 장에서 소개하도록 하겠다.

줄기세포 치료는 효과가 적거나 부작용이 많다

그간 재생 치료의 목표는 질병으로 손상된 장기의 기능이 급속히 떨어지기 전에 치료해서 인체의 수명을 연장하는 것이었다. 그러다 보니 장기를 대체하는 조직공학적 접근보다는 줄기세포에 더욱 집중할 수밖에 없었다.

그런데 왜 인체는 줄기세포를 만들까? 이유는 아주 간단하다. 몸을 이루는 세포는 그 종류가 매우 많다. 혈관세포, 간세포, 피부세포가 제각각이다. 장기와 조직을 구분하면 약 300가지나 되고 세포도 300종이나 있다. 만일 이들 세포를 모두 비축해두자면 300종의 세포가 있어야 한다. 이를 모두 비축해 만약의 사태에 대비한다는 것은 부담스러운 일이다. 언제 어디서 무슨 일이 벌어질지 알 수 없는 상황에서는 더욱 그러하다. 그래서 인체는 효율을 높이기 위해 만능세포인 줄기세포만을 보관하기로 결정한 것이다. 자연의 신은 300종의 세포를 만들 수 있는 10여 종의 줄기세포만 비축해두면 공간도 덜 차지하고 유지비도 훨씬 덜 드는 전략을 개발했다.

의료진들은 초창기 줄기세포의 원리를 이해하고는 잘 활용하면 그 어렵다는 재생도 매우 간단히 해결할 수 있으리라는 기대를 걸었다. 재생이 필요한 장기에 줄기세포를 되도록 많이 넣어주면 장기가 재생도 되고 재생 속도도 빨라지리라는 기대를 했다. 일례로 무릎연골은 줄기세포 치료가 자주 소개되는 부위다. 무릎 관절은 신체 다른 관절들에 비해서 움직임이 많고 체중의 영향도 받기 때문에 퇴행성 관절염이 빠르게 진행되는 곳이다. 무릎뼈 끝에 있는 골연골이 손상된다. 골연골이 파열되면 뼈를 보호할 수 있는 능력까지 잃게 돼 결국 무릎뼈 손실까지 이어진다. 환자들은 이 과정에서 엄청난 통증을 느끼게 되고 결국 무릎을 쓰지 못해 일상생활을 하지 못하는 지경까지 이르게 된다.

그런데 줄기세포 치료 이전의 무릎 관절 치료는 '치료'라는 말이 무색할 만큼 효과가 미비했다. 연골 조직의 가장 큰 특징은 재생이 어렵다는 것이다. 대표적인 무혈관 조직으로 재생에 필요한 성분들을 혈액으로 공급받지 못하기 때문이다. 관절은 손상될수록 탄력을 잃고 두께가 얇아지며 작은 충격에도 쉽게 손상된다. 노화에도 취약하다. 그러다 보니 국민 20명 중 2~3명이 무릎 질환을 앓을 정도로 흔한 질환이 됐다.

그런데 약 10년 전부터 손상된 무릎 관절에 줄기세포를 넣어 재생을 유도하는 치료가 주목받기 시작했다. 치료제의 주성분은 제대혈 유래 줄기세포로 신생아 제대혈 줄기세포에서 분리 배양한 성체 줄기세포였다. 그러나 안타깝게도 그 치료 효과에 대해서는 지금도 세계적으로 의견이 분분하다.

연골은 원래 강도가 높으면서도 미끄럽고 스펀지와 같이 눌리지만 회복탄력성이 높은 조직이다. 매우 특이한 조직으로 이러한 특성을 갖는 조직을 초자연골 혹은 유리연골이라 부른다. 연골이 재생돼 이전의 형태와 기능을 회복하기 위해서는 초자연골 혹은 유리연골로 회복이 돼야 한다. 그런데 줄기세포 치료 환자에게서 이들 연골이 아닌 섬유연골로 재생되는 경우가 흔하게 나타났다. 섬유연골은 그 모양은 무릎연골과 같다고 해도 같은 기능을 하지 못하고 압력과 무게 때문에 쉽게 떨어져나가고 만다. 연골의 재탈락은 곧 관절염의 재발을 뜻한다.

  그뿐만 아니라 줄기세포 치료는 몇 가지 취약점을 갖고 있다. 우선 높은 치료비용이다. 제대혈 유래와 같은 동종 줄기세포의 경우 치료제를 만들기까지 여러 단계를 거친다. 기본적인 제조 단가가 높다. 거기에 그간의 오랜 연구 진행과 임상을 거쳐 식약청의 승인을 받기까지 비용을 고려한 결과로 수백만 원이 책정돼 있다. 효과를 보지 못했을 때는 매우 큰 부담이 아닐 수 없다.

  다음으로 얘기되는 것이 '종양 유발 가능성'이다. 아직 연구자들은 어느 정도의 줄기세포를 넣었을 때 온전히 무릎연골이 재생되는지 밝혀내지 못하고 있다. 필요 기준보다 무조건 많이 넣는 방식을 채택하고 있다. 필요한 세포 수 대비 10배까지도 넣는다. 줄기세포는 체외에서 세포를 조작하고 배양하는 과정을 거치기 때문에 유전자 변형이 될 가능성이 있다. 대량 배양한 줄기세포를 일시 투입했을 때 전부가 다 무릎연골 재생에 사용될지도 의문이다. 흔히 무릎연골 세포로 바뀌지 않은 줄기세포는 씻겨나가는 것으로 알려져 있지만 엉뚱한 조직에 가서 암세포로 변이될 가능성도 배제할 수 없다. 안전성에 대한 임상은 거쳤지만 전례가 많지 않다. 나중에 부작용이 나타날지 모른다는 불확실성은 여전히 남아 있다.

세포외기질을 활용한 재생의학에 집중한다

줄기세포 치료는 아직 치료 효과 측면에서 만족도가 높지 않고 여러 부작용의 우려도 남아 있다. 로킷헬스케어는 줄기세포 치료보다는 세포외기질을 활용한 재생의학이 여러 면에서 더 효과적이고 안전하다고 판단하고 있다. 그래서 세포외기질을 활용한 재생의학에 집중하고 있다.

세포외기질은 인체 장기의 토양을 구성하는 시스템의 한 요소이다. 혈관과 신경으로 대표되는 네트워크와 생명체를 운용하는 기본단위인 세포와 함께 장기를 이룬다. 그 안에는 성장인자와 신호전달 물질들이 담겨 있어 리제너레이션 니치(미세 재생 환경)로 작용한다. 질병이나 사고로 인체가 손상되면 주변 조직에서 혈관과 세포를 들여와 추가적인 세포 분열과 세포외기질 분비를 통해 조직을 재생한다. 이론적으로 당장 생명을 위협하는 정도가 아니라면 어떤 크기와 어떤 종류의 상처 또는 조직의 손실이라도 외과적으로 죽은 조직을 깨끗이 제거하고 미세 재생 환경을 다시 만들어주면 재생이 된다.

이런 원리를 재생 치료에도 활용하면 어떨까? 뒤에 다시 소개하겠으나 로킷헬스케어의 임상 결과 최소한 피부, 연골, 그리고 신장의 손상에서 세포외기질을 활용한 치료로 거의 완벽한 재생 치료 효과를 거두었다. 환자 자신의 지방과 인근 조직을 채취해 세포외기질을 추출하고 여기서 특수필터로 불필요한 물질은 제거하고 필요한 물질은 농축한다. 이를 3D 바이오 프린터로 출력해 인공지능으로 손상된 장기 모델을 스캐닝하여 장기와 밀착되는 음각 모델을 원격진료로 수초 내 자동 출력 부착하는 방식이다. 여러 번의 연구와 임상

장기재생 플랫폼 개념도

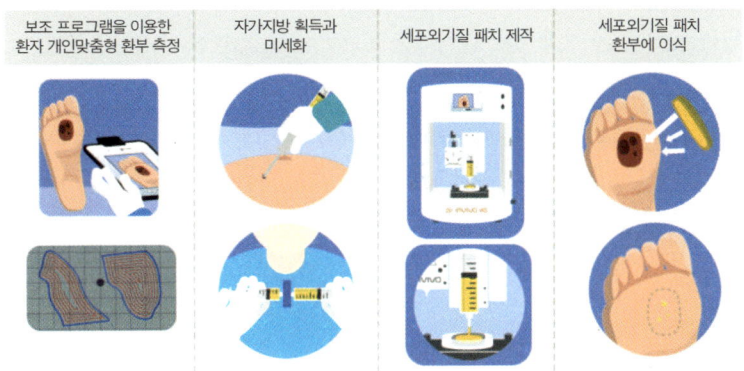

을 통해 줄기세포를 포함한 다른 어떤 치료제를 포함하지 않았음에도 손상된 장기는 모양과 기능을 완벽히 재생한 것을 확인했다.

세포외기질을 통한 재생 치료로 혁명한다

줄기세포와 세포외기질을 이용한 치료 단 두 개의 비교에서도 세포외기질을 이용한 치료는 경제적이고 효율적이다. 우선 세포외기질은 내 몸의 일부를 재생 치료에 사용하기 때문에 암과 같은 부작용을 일으킬 염려가 전혀 없다. 같은 이유로 높은 비용에 대한 부담도 덜 수 있다. 치료효과 면에서도 줄기세포를 이용하는 것보다 뛰어나다.

현재 의료 시스템 내에서 세포외기질을 사용한 장기재생은 로킷헬스케어가 세계 최초인 듯하다. 환자들이 접근할 수 있는 세포외기질 치료제 역시 전통적 제약 중심 패러다임 안에 머물러 있다. 그런

기존 당뇨발 치료 및 첨단 장기장생법의 치료비용 차이

로킷헬스케어 당뇨발 재생 치료 효과는 기존의 피부 이식과 같은 외과적 수술법보다 ① 고통이 덜하고 ② 재발이 없을 뿐만 아니라 ③ 절단술과 대비하여 치료비용을 약 10% 수준으로 절감이 가능하다. 1회 시술로도 95% 피부상피화 효과를 얻을 수 있다.

[글로벌: 당뇨합병증 치료비용] (단위: 달러)

치료방법	총비용	치료 효율	특징
자가피부 이식술	$19,304	환부는 즉시 덮임. 단, 이식부위에 추가 창상 발생됨	다른 부위의 피부를 도려내 환부에 붙여야 하기 때문에 이식 부위에 추가적 창상을 발생시키고 치료 중 환자의 고통이 큼. 이식 부위의 재발이 빈번함.
하지절단술	$73,813	환부가 포함된 부위를 절단함. 장애 발생 가능	환부가 포함된 일부 또는 하지를 절단하므로 환부로 인한 감염을 즉시 막는 방법이지만 절단으로 인한 후유증, 장애가 발생되고 사회적 비용이 큼. 절단 후 장기 입원해야 하고 회복기간이 필요함.
음압치료 기기 NPWT	$22,640	46%	환부를 깨끗이 하고 자극을 주어 재생을 유도시킴. 수개월 시술 필요함. 회복 때까지 추가적으로 드레싱과 피부이식 등 처치를 요함. 사용 가능한 환부가 위치와 상태에 따라 제한적이고 인대와 뼈 노출부위에 적용이 어려움.
조직유래 드레싱 ex. Epifix, Dermagaft	$11,262[4]	30~38%[8] [9]	동종유래 양막(dried amnion membrane)을 사용한 드레싱 제품 또는 동종유래 세포(Fibroblast)를 배양한 폴리머 드레싱 제품
로킷 피부재생 플랫폼	4,085~ 6,085	87%	자가 조직을 사용하고 인공지능과 3D 바이오 프린팅 기술을 융합한 원격의료에 기반한 환자 맞춤형 치료방법. 치료시술은 1시간 이내 소요, 입원 필요 없음. 인대, 뼈 노출 부위나 크기에 관계없이 적용 가능함. 피부가 수축 없이 재생되기 때문에 당뇨발뿐만 아니라 화상, 상처, 욕창, 피부암 등에도 적용 중. 확대 가능함.

(출처: CMS.gov HCPCS Code 17999 & 15771 / Average hospitalization days required after skin autograft: 14 days (Cleveland Clinic) / Lavery, et al, International Wound Journal. 2007 / Tettelbach, et al. International Wound Journal 2018 / Bianchi, et al. International Wound Journal 2017 / Statista 2019. Average cost of inpatient day at U.S. hospitals in 2019 / Howmuch surgery cost (https://howmuchsurgerycost.com/skin-graft-surgery-cost/)

데 기존 줄기세포 제품들의 성분표를 들여다보면 수많은 세포외기질 중에서 한두 종류만을 추출해 사용하는 경우가 대부분이다. 대표

로킷 vs 전통적인 수술법

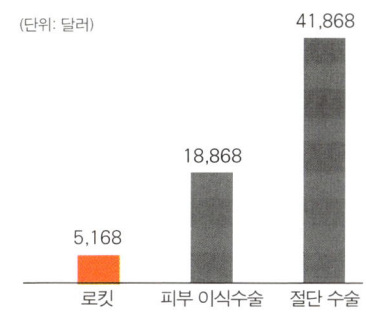

적으로 대량생산이 가능한 콜라겐과 히알루론산이 포함돼 있다. 이들은 추출과 제품화가 손쉬운 세포외기질이다. 그런데 이들 성분만으로 조직을 재생하는 리제너레이션 니치(미세 재생 환경)를 만들기는 거의 불가능하다.

앞서 소개한 대로 리제너레이션 니치(미세 재생 환경)는 300여 가지의 구성요소, 수백 가지의 성장인자, 그리고 1,000여 가지의 신호전달 물질 등 총 1,600여 개 물질로 공존해 있다. 이들 중 단 몇 가지만으로 동일 효과를 기대하는 것은 불가능하다. 철골 구조만 갖춰진 곳에서 사람이 정상적인 생활을 하지 못하듯 온전한 세포외기질을 다 갖추지 못한 피부 배치에서 피부재생이 원활히 이루어지기는 매우 어렵다. 재생의학에서 사용하는 세포외기질은 온전한 곳에서 추출한다. 당뇨발의 경우 궤양이 진행된 피부는 이미 사막화된 곳과 같다. 필요한 세포외기질이 온전히 들어 있다고 장담하기 어렵다. 따라서 옆구리나 허벅지처럼 피부가 온전한 곳에서 세포외기질을 추출한다. 이 온전한 세포외기질을 이식함으로써 궤양이 진행된 피부도 정상 피부로 변화가 된다. 사막화가 진행된 곳에 옥토를 쏟아부어 식물이 살 수 있는 토양으로 바꾸는 것과 같은 이치다.

물론 그러기 위해서는 인체의 세포외기질을 온전히 추출해 환부 혹은 필요한 장기에 적절한 모양으로 가공할 수 있는 3D 바이오 프린팅 기술이 반드시 필요하다. 세포외기질을 원료로 3D 바이오 프린팅 기술을 활용한 재생의학이 상용화됐을 때 환자들이 기대할 수 있는 효과는 크게 세 가지이다. 첫째 단 한 번의 처치(시술)로 치료가 가능하다. 둘째 95% 이상 완치 가능성이 높아진다. 셋째 기존 치료법 대비 5분의 1의 낮은 비용으로 치료가 가능하다.

복합 만성질환의 대표격인 당뇨발과 관절염을 예로 들어보자. 우선 당뇨병의 합병증인 당뇨발은 당뇨로 인해 말초신경과 혈관에 문제가 생겨 진행되는 병으로 피부가 괴사되는 것이 가장 큰 특징이다. 일반인의 경우 피부에 난 작은 상처가 아무는 데는 2주가 걸리지 않지만 당뇨발은 작은 상처도 잘 낫지 않고 새끼손톱만 한 상처가 몇 주 만에 손바닥만 한 크기로 커지기 일쑤다. 그러나 드레싱 중심의 기존 치료로 당뇨발이 치료되는 경우는 30%밖에 되지 않는다. 환자들은 아물지 않는 상처를 치료하는 데 오랜 시간과 큰 비용을 들이곤 한다. 극단적으로 발가락이나 발을 절단하는 사례도 드물지 않다.

관절염 환자의 고통도 크게 다르지 않다. 연골에 구멍을 뚫어 재생을 유도하는 방법부터 앞서 소개한 줄기세포를 이용해 연골재생을 유도하는 방법까지 다양한 치료법이 있지만 재발률이 50~80%에 이른다. 인공관절은 인간의 수명 대비 짧은 사용 연한과 염증 발생의 위험 때문에 모두에게 적용하기 어렵다. 그런데 세포외기질을 3D 바이오 프린터로 출력해 환부를 덮은 재생의학의 경우 단 한 번의 처치로 거의 완치에 이를 수 있다. 다음 장에서 소개할 로킷헬스케어에서 개발한 적시생산방식Just-In-Time 치료법은 방법이 매우 신속하다. 인공지능으로 환부를 1분 내 모델링하고 환자의 지방에서 세포외기질을 추출해 이를 3D 바이오 프린터로 가공해 상처에 맞게 출력한다. 환부에 패치 형태의 세포외기질 추출물을 얹는 것으로 끝이다. 단 한 번의 시술이며 시간도 20분 정도밖에 걸리지 않는다. 그럼에도 2주 후부터 상처가 아물기 시작해 대부분 몇 주 안에 상처가 아문다.

다음으로 무릎연골도 세포외기질과 3D 바이오 프린터를 활용하는 것은 같다. 다만 상처가 피부 안쪽에 있어 환부를 개방하고 열었던 피부를 꿰매어 닫는 과정이 추가될 뿐이다. 임상에 참여한 무릎관절염 환자들은 수술 몇 주 후부터 통증이 줄어든다. 몇 개월 뒤 행해진 정밀검사에서 환부에 온전히 초자연골이 재생된 것을 확인할 수 있었다. 환자들은 모두 통증이 사라지는 것은 물론 이전의 일상생활로 돌아갈 수 있었다. 임상 결과 완치율은 95%를 넘었다.

인공지능, 세포외기질, 3D 바이오 프린터를 활용한 치료의 가장 큰 장점은 합리적 비용이다. 앞서 제약 중심의 현대 의료에서 '약값이 비쌀 수밖에 없는 이유'를 여러 번 설명했다. 안전과 효과를 입증하기 위해 수많은 임상을 해야 하기 때문이다. 많은 약물과 치료제의 부작용이 '자가 면역 시스템'으로 인해 발생한다. 몸 내에서 거부반응을 일으켜 극단적 부작용이 나타나는 것을 막기 위해 보통의 약들은 효능 검증에 앞서 안전 검증을 먼저 받는다. 물론 안전하지 않은 성분은 무조건 배제된다.

그런데 치료제가 내 몸에서 추출한 것이라면? 이를 어떠한 화학적 변화를 거치지 않고 어떠한 첨가제도 더하지 않고 다시 몸으로 집어넣는다면? 까다로운 안전 검증을 거칠 필요가 없어진다. 덧붙여 의료진들은 기존의 제약회사들이 내놓은 약을 쓰면서 치료 효과를 높이기 위해 되도록 많은 검사를 한다. 제약회사에서 만든 약들이 환자에게 맞춤한 것이 아니라 '비교적 많은 환자에게 효과가 있던 약'이라는 것을 잘 알기 때문이다. 그러나 세포외기질과 3D 바이오 프린팅을 활용한 재생의학은 이러한 검사를 할 필요도 없다. 추가 의료비도 줄어든다.

세포외기질과 3D 바이오 프린터를 활용한 치료는 초개인맞춤 정밀의료지만 기존 치료법 대비 치료비용이 낮게 책정될 가능성이 매우 크다. 실제 많은 의료인과 연구자가 로킷헬스케어의 재생 치료가 의료 현장에 투입되면 기존 대비 30~40% 수준의 비용 절감 효과가 있을 것으로 기대하고 있다.

복합 만성질환이 초개인맞춤 장기재생과 만나다

2008년 서울디지털포럼에 참석한 르로이 후드Leroy Hood 연구소장은 "최근 생명과학 분야에서 인간 게놈 프로젝트와 같은 혁명적인 연구들이 시스템 바이올로지의 구체화를 촉발시키고 있다. 이로써 질병에 대한 심층적인 이해와 유기체 안의 상호작용 네트워크를 규명해 질병 발생 기저에 대해 더 잘 이해할 수 있게 됐다."라며 "10년 뒤에는 현상에 반응하는 의학이 아니라 4P인 예측적, 예방적, 참여적, 개인맞춤 의학이 발달할 것"이라고 강조했다. 전 세계 의료계뿐만 아니라 한국의 의료계에도 4P 개념이 널리 퍼지리라는 예상은 적중했다.

20세기 현대 의학의 발전이 현미경, 항생제, 마취제의 개발에 가장 크게 힘입었다면 21세기 의학의 혁신은 디지털 기술의 발달과 게놈 의학의 발전에서 가장 큰 동력을 얻고 있다. 4P는 의학 발전의 과정이자 목표이다. 가장 치료가 어렵다는 희귀병과 복합 만성질환에도 초개인맞춤 정밀의료라는 새로운 바람이 불기 시작했다. 물론 여전히 '의학은 불완전하다.'라는 것은 정설이다. 환자만큼 의사들도 왜 병이 생겼고 어떻게 진행되는지 잘 알지 못한다. 그러나 초정밀의료와 개인맞춤 의료가 진행되면서 무지에 대한 두려움은 많이 사라지고 있다. 대표적으로 환자의 DNA 염기서열(시퀀싱)을 분석해 병의 원인이 되는 유전자를 확인하고 치료를 진행하는 형태이다. 인간 개개인의 미세한 차이를 구별할 수 있게 되자 이전에는 설명할 수 없었던 원인과 치료 방법을 찾을 수 있게 된 것이다.

덕분에 과거에는 '치료 불가'의 환자들도 치료제를 찾을 수 있게 됐다. 이 부분에서는 제약업체들도 적극성을 띠고 있다. 약이 어떤 환자에게 영향을 미치는지를 알 수 있다면 무한정에 가까운 임상비용을 들여 임상 결과를 확인하고 승인을 거치는 지난한 과정을 거치지 않아도 되기 때문이다. 일례로 한 질환에 대해 치료 효과가 40%의 확률을 가진 약이 만들어졌다고 치자. 이는 이 약을 처방받은 환자 중 60%는 효과가 없으나 40%는 치료 효과를 보이는 약이다. 극단적으로 40%의 환자는 살고 60%의 환자는 죽는다. 그런데 만일 효과를 보이는 40%에게만 투약을 한다면? 치료율은 100%로 바뀐다.

현대의 의료는 초개인맞춤 정밀의료를 통해 이러한 성과가 나타나기를 기대하고 있다. 현재 질환별 치료제의 반응 다양성을 살펴보면 당뇨 치료제는 43%가 약효가 나타나지 않으며 관절염 치료제는 50%, 알츠하이머는 70%, 그리고 항암제는 75%가 치료제 효과가 나타나지 않는다. 표적항암제는 낮게 나타나는 치료제의 효과를 높이는 방안이다. 이와 같은 맥락에서 당뇨, 관절염, 알츠하이머에 대해서도 반응성 높은 치료제 개발을 기대할 수 있는 것이다.

무엇보다 필요한 것은 '디지털 헬스케어, 인공지능, 빅데이터의 발달'이다. 유전자 검사의 경우 10년 사이에 100만 배의 발전을 이루었다. DNA 염기서열을 자동으로 읽어주는 디지털 장비들의 발전에 의한 것이다. 2003년 미국의 클린턴 대통령과 영국의 블레어 총리가 '인간 게놈 프로젝트의 완성'을 선언했다. 노벨상 수상자인 프레드릭 생어Frederick Sanger가 최초로 개발한 방식이었으나 2007년 차세대염기서열분석NGS, Next Generation Sequenciong이 소개됐다. 이로써 비용은 3조 원(30억 달러)에서 10억 원(100만 달러)로 줄어들었다. 기간도 13년에서 13주로 줄었다. 이로써 과학자들은 엑솜exome, 유전체까지 방대한 DNA 데이터를 다루게 됐고 2020년 우리나라 역시 2일 만에 20만 원(200달러)선에서 전장 유전체 분석을 할 수 있는 시대가 됐다. 흔히 반도체 기술의 성능 향상을 이끈 압도적인 기술 혁신을 무어의 법칙Moore's Law으로 설명한다. 마이크로칩의 밀도가 18개월마다 2배로 늘어난다는 법칙이다. 이는 인터넷 경제의 3원칙 가운데 하나로 디지털 세계가 지수적으로 성장할 수 있는 근거가 되기도 한다. 그러나 차세대염기서열의 성장세는 무어의 법칙을 능가하는 형태로 나타나고 있다.

디지털 기술을 복합 만성질환에 적용하는 것은 로킷헬스케어를 포함한 많은 바이오 첨단기업이 하고자 하는 영역이다. 복합 만성질환의 주요 원인은 인간의 행동과 관련이 있다. 비만은 복합 만성질환의 가장 큰 원인이다. 그러나 비만에도 또 다른 원인이 많이 존재한다. 음식을 많이 먹는 행위는 개인의 지식, 인식, 태도의 결과이다. 따라서 진정한 의미의 초정밀의료와 개인맞춤 의료란 유전자 단계에서부터 보건의료정책에 이르기까지 개인의 건강에 미치는 다양한 요소들을 종합적으로 고려해야 한다. 결국 환자의 일상생활에서 얻어지는 매우 다양한 형태의 데이터들을 건강 자료로 만들어 활용하는 의료 서비스를 제공해야만 한다. 복합 만성질환의 근본적인 예방, 예측, 그리고 치료가 가능해진다.

4차 산업혁명으로 대표되는 다양한 정보통신기술ICT의 활용과 산업 간 융합을 통한 혁신은 결국 초개인맞춤 정밀의료의 근간이 될 것이고 이는 복합 만성질환에도 새로운 전기를 가져올 것이다. 같은 맥락에서 디지털 헬스케어 산업의 활성화가 현대 의학이 해결하지 못한 복합 만성질환을 해결해줄 구원투수로 떠오르고 있다.

초개인맞춤 재생의학이 디지털 헬스케어를 만나다

최근 한국보건산업진흥원이 발표한 「디지털 헬스케어에 대한 인식 및 수요조사」결과에 따르면 설문 참여자 중 76.8%가 디지털 헬스케어의 도입이 필요하다고 답했다. 또한 65.2%가 만성질환을 디지털 헬스케어를 통해 효과적으로 관리할 수 있는 질병으로 꼽았다. 건강정보 수집 및 건강 상태 모니터링을 잘할 수 있으리라는 기대 때문이었다. 의료진과 환자 모두 이 부분에서 디지털 헬스케어의 우선적 도입이 필요하다고 답했다. 개인적으로는 의료진과 환자 모두 '재생의학에서도 디지털 헬스케어가 필요하며 이를 통해 초개인맞춤 재생이 가능하다는 것'을 안다면 디지털 헬스케어에 대한 필요 인식은 더 높아지리라 예상한다.

재생의학이란 노화, 질병, 사고 및 선천적 이유로 손상됐거나 기능이 약화된 조직이나 장기를 교환하거나 재생해 조직과 장기가 원래 가지고 있던 기능을 복원하는 첨단 융합 기술 분야이다. 앞서 소개한 대로 보통의 외과적 수술이나 화학치료는 증상을 약화시키거나 억제할 수 있지만 장기나 조직의 손상된 구조적 형태나 기능을 복원하기는 어렵다. 그러나 재생의학은 근본적인 개인맞춤 치료가 가능하고 기존 치료의 부작용을 최소화할 수 있다. 그러다 보니 복합 만성질환뿐만 아니라 난치성 질환을 치료하는 새로운 치료 방법으로 꼽히고 있다.

현재 재생의학의 활용을 위해서는 세포 배양과 신소재 개발 등을 포함하는 조직공학과 임상 기술을 모두 포함하는 융복합 연구개발이 필요하다. 줄기세포는 세포이식에 대한 면역반응 등 임상실험과 실제 치료 사이의 간격을 줄이는 노력이 필요하고 신호처리 메커니즘을 규명하는 과정도 필요하다. 세포외기질을 활용하는 경우 4D 바이오 프린팅을 통한 인공장기 및 조직 구현 같은 융복합 연구가 포함돼야 한다. 실제 3D 바이오 프린터 개발의 근간은 공학이다. 하지만 이를 인체에 적용하기 위해서는 생물학자와 의료인 등 다양한 연구 인력이 필요하다. 융복합 연구가 아니고서는 실제 인체에 적용할 수 있는 결과물을 만들어내기 어렵다. 또한 모든 참여자가 디지털 기술에 대한 인식이 깔려 있어야 하고 디지털 헬스케어에 대한 전반적인 이해가 필요하다.

초개인맞춤 정밀의료의 궁극적인 목표는 병원 진료 정보와 유전 정보뿐만 아니라 생활 습관 등 병원 밖에서의 개인 건강 정보를 모두 통합해 개인에 최적화된 진단과 치료를 적용하는 것이다. 그러기 위해 빅데이터와 인공지능 기술을 적극적으로 받아들이고 있다. 이들 IT 기술들은 모인 정보를 최적의 알고리즘으로 분석해 의료 정보의 효율화를 꾀한다. 현재로서도 활용처는 다양하다. 의료인들은 의사결정 최적화를 위해 의료 인공지능을 사용할 수 있다.

국민건강보험공단에서는 전 국민의 건강관리를 위해 빅데이터를 사용하고 제약사는 질병치료 연구를 위해 빅데이터를 사용한다. 이들 모두는 보건의료 분야에 투입되는 막대한 비용을 절감시키는 효과를 일으킨다. 기존의 의료진들은 개인의 지식과 경험에 국한해 진료했지만 인공지능의 도움을 받으면 필요한 의사결정을 할 때 격차가 줄어든다. 덕분에 비용은 줄고 치료 효과는 증대될 것으로 기대한다. 또한 개인별 치료 효과를 파악해 맞춤형 관리를 하게 될 것이므로 의미 있는 예방까지도 가능해진다. 그뿐만 아니다. 빅데이터와 인공지능의 활용이 활성화되면 다양한 스마트 의료기기를 만들 수 있고, 건강관리에 최적화된 스마트폰과 웨어러블 디바이스를 보급할 수 있고, 환자 개인별로 특화된 질병 진단과 치료 서비스를 제공할 수 있다. 만성질환의 예방과 관리에서도 혁신을 가져올 수도 있다.

많은 기업이 이러한 기초 지식을 갖고 초개인맞춤 재생의학을 진행하고 있다. 로킷헬스케어 역시 앞서 소개한 미세 재생 환경을 개개인과 조직에 맞춰 제공하는 시스템을 개발하고 있다. 단언컨대 인공지능, 빅데이터, 유전자 정보, 세포외기질과 3D 바이오 프린터를 활용한 장기재생의 가능성은 무궁무진하다.

2017년 독일 보훔루르대학교 연구팀은 『네이처』에 수포성 표피박리증을 앓는 7세 아이의 피부에 대한 유전자 치료 결과를 발표했다.

수포성 표피박리증은 피부의 층을 지지하는 세포외기질 요인 중 콜라겐7이 제기능을 할 수 없어 외피가 진피로부터 쉽게 분리되는 현상이 지속적으로 나타나는 질환이다. 극심한 고통을 주는 것은 물론 가벼운 스트레스나 마찰로도 상처가 생겨 일상생활에도 큰 제약을 받는다. 아동은 내원 시 체표면의 67%를 잃고 패혈증까지 있었다.

연구팀은 아이의 다리에서 피부를 채취한 뒤 인공배양해서 전체 피부의 80%를 이식했다. 8개월 후 이식 표피는 자리를 잡아 제기능을 유지할 수 있게 됐다. 문제를 일으키는 외피세포를 정상적인 외피세포로 대체함으로써 피부라는 장기를 재생해낸 것이다. 정상피부를 통해 배양된 미세 재생 환경이 결핍이 있던 세포외기질을 대체해 정상 피부로 기능하게 한 것이다.

유전자에 돌변변이가 있는 것을 확인하는 것, 질환을 일으키는 환경요인을 찾아내는 것, 환자에게 질환을 일으키는 습관이 있는 것 등은 모두 환자의 의료 데이터를 모으는 과정이다. 데이터를 모아 종합적으로 분석하고 해결점을 제시하는 디지털 헬스케어는 재생의학의 완치율도 높여가고 있다.

덧붙여 지금까지 줄기세포를 비롯한 세포치료는 정밀의학 개념이 도입된 대표적 사례로 꼽혔다. 그러나 세포 제공자와 받는 환자 사이의 다양한 생태 병리학적 차이로 문제의 소지가 많다. 자가 세포외기질을 활용한 자가 세포치료는 환자 맞춤형으로 적절한 제품 개발이 가능하다. 앞서 강조한 것과 같이 대증적 치료법 대신 개인맞춤형 치료법으로 전환하면 치료 효과를 극대화할 수 있다. 초개인맞춤 재생의학이 기존 의료 시스템의 난제들을 해결할 날은 이미 와 있다.

2장

인공지능 초개인맞춤 장기재생은 현실이다

1

당뇨발을 완치하고 피부를 재생시키다

인류애가 있는 곳에 의술에 대한 사랑도 있다.

-히포크라테스

세계 최초 당뇨발 임상시험에 성공하다

2019년 8월 1일 로킷헬스케어는 세계 최초로 인공지능, 자가 세포외기질, 3D 바이오 프린터, 바이오 잉크를 이용한 당뇨발 치료 임상 연구를 진행했다. 전 세계에서 최초로 'AI 초개인맞춤 장기재생 플랫폼'의 임상이 시작되는 순간이었다.

당뇨발 재생 플랫폼의 첫 번째 임상은 한국이 아니라 인도에서 진행됐다. 여기에는 세계적인 전략이 있었다. 로킷헬스케어의 피부재생팀은 국내외 여러 학회와 병원에 다니며 당뇨발 재생 플랫폼을 소개했다. 전임상 단계에서 확인한 치료 효과는 매우 좋았다. 여러 번의 동물 임상에서 짧게는 일주일도 안 돼서 길어도 한 달을 넘기지

인공지능 초개인맞춤 피부재생 플랫폼

로킷헬스케어는 많은 임상 사례를 통하여 검증된 자체 개발 인공지능 초개인맞춤 피부재생 플랫폼으로 20분 미만 1회 시술을 통해 파괴된 피부를 저비용으로 완벽하게 재생할 수 있다.

않아 거의 원래대로 피부가 재생되는 것을 확인했다. 피부재생팀은 전임상 단계의 연구 결과를 바탕으로 임상시험에서도 역시 성공률이 높을 것이라 자신했다. 유럽식약청EMA이 인증한 기관을 통해 당사 치료술에 대한 인증을 받았다. 이러한 유럽식약청의 규제가 적용되고 세계에서 가장 당뇨발 환자가 많은 나라 인도를 세계 최초 당뇨발 재생 임상국가로 선정했다.

그러던 중 2019년 3월 인도에서 열린 국제 화상학회를 찾게 됐고 세계 최초의 당뇨발 임상 연구자가 되어줄 하이케어 병원의 CEO이자 당뇨발 전문의인 라제시 케자반Rajesh Kesavan 교수도 만나게 됐다. 로킷헬스케어의 발표 세션이 끝나고 라제시 케자반 교수는 로킷의 피부재생팀에게 먼저 다가와 이야기를 꺼냈다. "우리 병원에서 임상해보면 어떨까요?" 우리가 생각한 대로 인도의 수백만 명의 당뇨발 환자가 제대로 된 치료를 받지 못하고 있었다. 라제시 케자반 교수가 느꼈던 절박함이 무엇이었는지 이해하게 됐다.

첫 당뇨발 임상 시술 수술실 모습

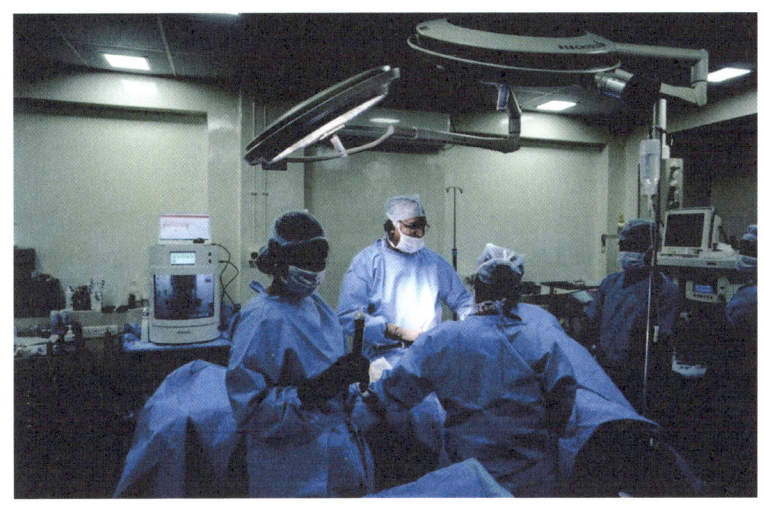

　라제시 케자반 교수가 몸담고 있는 하이케어 병원은 인도의 동남부 첸나이 지역의 대표적인 족부창상 전문 병원이다. 만성질환인 당뇨의 합병증으로 발에 궤양이 생기는 당뇨발 환자가 매일 80명씩 찾아오고 있다. 매일 정성을 다해 치료하지만 수년간 잘 낫지 않고 피부 이식이나 절단에서 환자들의 고통을 덜기 위해 새로운 치료법을 늘 찾고 있었다. 로킷헬스케어의 신기술은 라제시 케자반 교수에게 적잖은 충격을 주었다. 로킷헬스케어와 하이케어 병원의 양해각서 MOU가 빠르게 체결됐다.

　인도는 중국에 이어 세계 2위의 당뇨병 대국으로 매년 당뇨병에 대한 합병증으로 150만 명 이상이 사망하고 있다. 국제 당뇨병 연맹에서는 인도의 당뇨병 환자가 2025년까지 1억 3,400만 명에 달할 것으로 전망하고 있는데 증가세가 가파르다. 원인은 서구화에 따른 식생활의 변화와 활동량의 감소 등 우리의 사정과 다르지 않다. 1970년대 도시 인구의 3%만이 당뇨병 환자였으나 2017년에는 11.2%로 크게 높아졌다. 거기에 신발을 신지 않는 문화는 당뇨 합병증 중에서도 '당뇨발' 빈도를 높이는 이유가 됐다. 당뇨 환자들의 발은 쉽게 상하고 세균 감염도 높은 빈도로 나타났다. 그럼에도 의료시설은 선진국 대비 많이 열악해 당뇨합병증도 많아지는 상황이다. 추후에 하이케어 병원을 찾은 직원들은 '당뇨발로 인해 30초에 한 명씩 다리가 잘려 나가는 현실'을 직접 체감하기도 했다.

인도 첸나이에서 했던 첫 해외 임상은 성공적이었다. 국내에서도 전례가 드물었던 3D 바이오 프린팅 기반의 임상을 해외 병원에서 직접 시행한 것은 당시 의료, 기술, 물류 측면의 난이도를 고려할 때 매우 도전적인 일이었다. 하지만 우리는 임상은 의사들이 하는 일이라는 인식의 한계를 넘어서 기술 기반 기업도 글로벌 의료 현장에서 의미 있는 변화를 이끌 수 있다는 가능성을 실증하고자 했다.

임상 준비는 약 4개월간 치밀하게 진행되었다. 40명의 피험자를 대상으로 실험군 20명과 대조군 20명을 나누어 철저한 임상 설계를 수립하였다. 실험에 필요한 3D 바이오 프린터, 개발이 완료된 임상 전용 키트, 기증 장비, 수술용 장갑류까지 전 물자를 국내에서부터 준비해 항공으로 운송해야 했으며 이 과정에서 예상보다 훨씬 복잡한 통관 및 물류 조율을 거쳐야 했다.

첫 임상 당일에 세 명의 직원이 직접 현지 병원에 입장해 수술을 지원했고, 주요 장비는 항공 이착륙 후 15시간 만에 첸나이의 하이케어 병원에 도착했다. 곧바로 100건의 임상용 수술 장면을 촬영하고 기록하는 일정에 돌입했다. 기술이 낯선 해외 병원과 의료진을 대상으로 진행된 이 프로젝트는 우리의 기술력과 실행력을 현장에서 입증하는 데 결정적인 전환점이 되었다.

당시 수술에 투입된 일부 장비가 현지에서 미처 설치되지 못한 상황도 발생했지만 예상치 못한 변수에도 굴하지 않았다. 팀은 모든 장비를 현장에서 재조정하여 무리 없이 수행했다. 이 경험은 단순한 첫 해외 임상을 넘어 로킷헬스케어가 글로벌 의료기술 기업으로 도약할 수 있는 확신과 자신감을 준 상징적인 이정표였다.

이날 우리 임상팀은 세계 최초로 자가 유래 세포외기질ECM을 기반으로 3D 바이오프린터를 이용한 당뇨발 재생 치료 임상을 시작했다. 기존 치료에 반응하지 않던 만성 당뇨성족부궤양 환자를 대상으로, 환자 자신의 지방 조직으로부터 추출한 세포외기질을 즉시 정제하고 이를 바이오 잉크로 활용해 개인 맞춤형 패치를 환부 위에 직접 출력하는 '적시생산 기반 재생 치료법Just-in Time Regenerative Therapy'을 최초로 적용한 날이었다.

임상 이전 수개월 동안 우리는 단순히 의료기기와 기술을 수출하는 차원이 아니라 기술과 인력을 포함한 '현장형 치료 플랫폼'을 수출한다는 각오로 철저히 준비했다. 첸나이 현지 병원과의 협약 체결, 의료윤리 승인 절차IRB, 환자군 선별 기준 수립, 임상 담당자 훈련, 긴급 운송 프로토콜 수립, 인공지능 기반 환부 분석 앱 검증 등 모든 준비를 국내외 팀이 협업하여 정교하게 설계했다.

현지 병원에는 사전 교육을 받은 의료진과 함께 한국에서 파견된 3인의 기술 책임자를 3개월간 상주시켰다. 첫 임상 대상자는 79세의 고령 남성으로 만성 당뇨합병증으로 인해 수개월간 상처가 치유되지 않던 상태였다. 시술은 크게 다음과 같은 절차로 구성되었다.

1. 환부 촬영 및 인공지능AI 환부 인식

환자의 환부를 태블릿에 장착된 전용 앱으로 촬영했다. 이 앱은 로킷헬스케어가 자체적으로 개발한 인공지능 기반 모델링 엔진을 탑재하고 있으며 단일 2D 이미지 기반으로 환부의 외형, 넓이, 깊이를 실시간으로 추정하고 이를 3D 출력 좌표로 변환한다. 이 알고리즘은 수천 개의 당뇨발 이미지 데이터를 기반으로 학습됐으며 CT나 MRI 촬영 없이도 환부 맞춤형 모델을 생성할 수 있는 세계 유일의 경량화 인공지능 엔진이다.

2. 자가 세포외기질 추출

국소적으로 마취한 복부에서 환자의 조직을 20시시 채취했다. 복부는 비교적 통증이 적고 채취가 쉬운 부위로 고령 환자에게도 부담이 적다. 채취된 조직은 바로 필터링 공정에 투입되었다. 2개의 주사기 사이에 필터 모듈을 삽입한 후 여러 차례 왕복시키면 고형 지방은 제거되고 순수 세포외기질 성분만이 분리된다. 이 과정은 실시간 진행되며 약 2~3분 안에 고점도 바이오 잉크 형태의 세포외기질이 확보된다. 채취하는 환자의 조직의 양도 첫 이후 고도화된 현재의 인공지능 프로그램이 알려주어 의료진의 편리성을 더했다.

3. 출력 및 적용

닥터 인비보는 로킷헬스케어가 독자적으로 개발한 3D 바이오 프린터로 최대 6개의 디스펜서를 장착할 수 있다. 그래서 '닥터 인비보 4D6'라고 한다. 당뇨발 치료에는 2개 디스펜서가 장착된 '인공지능 초개인맞춤 장기재생 플랫폼'에 특화된 '닥터 인비보 4D2D'를 사용한다. 첫 번째 디스펜서는 고분자 폴리머 소재로 환부 외곽을 형성하고 두 번째 디스펜서는 환자의 조직에서 추출한 자가 세포외기질을 분사하여 환부 중심부를 채운다. 출력은 일반적으로 5분 내외로 완료되며 출력된 패치는 실시간으로 냉각되거나 의료용 경화제를 통해 응고되어 곧바로 환부에 적용할 수 있다. 의료진은 출력된 패치를 환부에 올린 후 가볍게 드레싱하여 고정한다. 환자는 당일에 퇴원하며 추가 약물 처방 없이 생활 주의 사항만 안내받는다.

임상 초반에는 의학적 근거와 생체 반응의 불확실성으로 의료진과 연구진 모두 긴장을 늦출 수 없었다. 그러나 시술 후 단 3일 만에 첫 번째 환자의 상처가 눈에 띄게 호전되었다. 의학적 관찰 결과 상처 부위의 붉은 염증 반응이 가라앉고 재생조직의 형성이 빠르게 일어났다. 첫 임상을 집도했던 라제시 교수는 "이 환자는 10개월간 상처가 아물지 않았던 분입니다. 단 1회 시술로 회복이 시작된 것은 기적에 가깝습니다."라고 평가했다.

이후 실험군 20명의 환자 전원이 유사한 회복 경과를 보였다. 평균적으로 2~3주 안에 상처가 거의 완전하게 아물었고 세포외기질이 피부 조직으로 자연스럽게 흡수되었다. 흉터나 이물 반응도 관찰되지 않았다. 대조군 20명의 환자는 같은 기간 동안 별다른 회복을 보이지 않아 두 군 간 치료 속도와 효능의 차이는 매우 명확하게 드러났다.

이 임상 결과는 2021년 국제 저명 학술지 『국제 하지 부상 저널 International Journal of Lower Extremity Wounds』에 실렸다. 논문의 제1 저자인 라제시 케자반 교수는 논문 게재에 대해 국내 언론과의 인터뷰

로킷 장기재생 플랫폼의 치료 사례

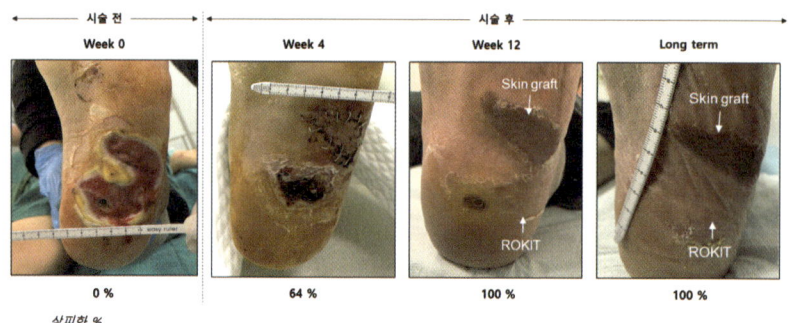

에서 "환자의 자가 조직을 당뇨발 치료를 위한 맞춤형 패치 형태로 바이오 프린팅해 만성 당뇨발을 효과적으로 치료할 수 있습니다. 기존 치료법을 대체할 획기적인 기술로 닥터 인비보의 가치를 높이 평가합니다."라고 말했다.

로킷헬스케어는 인도 임상에서 자신감을 얻은 후 대한민국, 미국, 터키, 말레이시아, 중동 지역으로 임상을 확대하였다. 총 200명 이상의 환자가 해당 기술을 통해 치료받았으며 전례 없는 환자 만족도와 회복률을 기록했다. 특히 닥터 인비보는 환자 현장에서 1시간 이내에 맞춤형 치료제를 제작할 수 있는 세계 유일의 플랫폼으로, 기술 수출뿐 아니라 '치료법의 수출'을 가능케 했다.

피부재생의 가능성을 피부암과 화상으로 확장하다

로킷헬스케어는 2025년 3월 기준 국내외 165건의 특허를 보유하

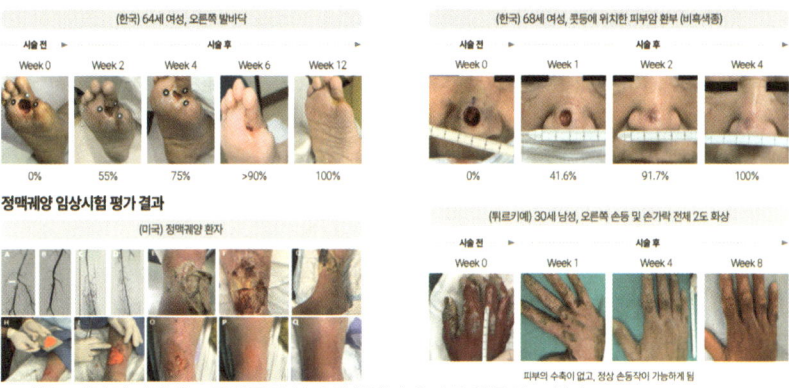

로킷헬스케어의 재생의료 플랫폼이 여러 임상에서 효과를 입증하고 있다.

고 있으며 인공지능 기반 장기재생 플랫폼 'AiD 리젠'은 미국 미국식품의약청FDA에 의료기기 등록을 완료하였다. 또한 '닥터 인비보 인공지능 리젠 키트'는 유럽 의료기기 인증인 CE, MDR을 획득함으로써 세계 시장을 겨냥한 인허가 체계를 모두 구축하였다. 우리는 의료기기를 넘어서 재생 치료를 위한 일체형 플랫폼 수출이라는 새로운 개념을 실현하고 있으며 그 기술과 가치가 세계 각국에서 검증되고 있다.

재생의료 플랫폼의 첫 번째 적용 질환은 당뇨발이었다. 그러나 치료의 핵심 원리는 자가 유래 세포외기질ECM을 활용한 세포 기반 재생으로 손상 부위에 상관없이 같은 효과를 기대할 수 있다. 이를 기반으로 우리는 플랫폼의 적용 질환을 화상과 피부 결손 등으로 확장하고자 했다. 2021년 팬데믹 상황임에도 불구하고 로킷헬스케어의 임상팀은 화상 임상을 위해 터키로 출국했다. 자가 세포외기질 기반 맞춤형 패치를 이용한 치료의 확장 가능성을 화상 환자를 통해 입증하고자 했다.

터키 앙카라시립병원 화상센터의 야스틴 센터장은 당뇨발 임상 발표 이후 직접 로킷헬스케어에 연락해 화상 임상 적용 가능성을 제안했다. 터키는 타 문화권과 국경 분쟁 등으로 인해 화상 환자 비율이 높았다. 기존의 수술 기반 치료법은 재생이 아닌 단순한 복원에 불과해 환자의 삶의 질을 근본적으로 개선할 수 없는 한계가 있었다. 세포외기질을 기반으로 하는 우리의 기술이 그 해법이 될 수 있다는 판단에 따라 터키 현지 병원과 협약을 체결했다. 그 결과 2021년 5월에 첫 화상 임상이 진행되었다.

첫 번째 임상 대상은 손바닥 표피가 전부 벗겨진 30대 여성 환자였다. 닥터 인비보는 이미 현장에 설치되어 있었고 치료는 당뇨발과 같은 프로토콜로 진행됐다. 태블릿을 통해 환부를 촬영하고 인공지능 기반 알고리즘이 상처의 깊이와 넓이를 정밀 분석하여 패치 설계가 자동으로 이뤄졌다. 환자의 복부 지방에서 세포외기질을 추출한 뒤 출력된 패치는 냉각 또는 경화 과정을 거쳐 환부에 직접 적용되었다. 시술 전체에 든 시간은 1시간 이내였다. 임상팀과 의료진은 과학적 긴장과 기술적 확신 사이에서 결과를 기다렸다. 일주일 후에 첫 환자의 치료 결과는 상상을 초월하는 수준이었다. 상처가 대부분 회복되었을 뿐만 아니라 수축이나 흉터 없이 정상적인 피부 구조로 복원되었음을 눈으로 확인할 수 있었다.

의료진은 반복해서 감탄을 쏟아냈고 이후 진행된 환자들 모두에서 유사한 효과가 관찰되었다. 단지 상처가 아문 것이 아니라 재생된 피부가 본래의 기능성과 형태를 되찾는 것이었다. 터키 의료진은 이 기술을 자국 전역에 도입하겠다는 강한 의지를 표명했고 이후 이스탄불에 있는 의료기기 기업과의 계약 체결로 이어졌다. 로킷헬스케어의 피부재생 플랫폼은 터키의 주요 병원에 공식적으로 도입되었고 현장 기반의 글로벌 확장에 중요한 전환점을 마련한 임상이 되었다.

일본에서는 피부암 재생이라는 의미 있는 사례가 이어졌다. 도쿄 대학교 의과대학 마츠무라 교수는 자국 내에서 로킷헬스케어의 기술을 활용해 피부암 수술 후 결손 부위에 '미세화 지방 조직'을 이식하는 임상 실험을 진행했다. 이 임상은 세포외기질 기반 바이오 잉크를 닥터 인비보로 출력하여 피부 결손을 재생하는 방식으로 수행됐다. 그 결과 70% 이상의 환자들이 첫 주에 상처가 절반 이상 줄었고 4~5주 내 피부 수축 없이 자연 치유되었다. 이는 단지 기능적 회복이 아닌 미학적 완전성을 포함한 재생이었으며 기존 치료의 한계를 뛰어넘는 기술적 가능성을 입증한 사례였다.

마츠무라 박사는 "대부분 환자가 4주 이내에 피부 이식 없이 자연적으로 치유됨을 확인했다."라고 말했다. 또한 "로킷헬스케어의 피부재생 플랫폼 기술로 피부암 결손 부위에 3D 프린팅된 미세화 지방 조직을 이식한 70%의 환자들이 처치 후 첫 주에 상처가 50% 이상 줄었고 4~5주 경과 후 피부 수축 없이 자연치유처럼 재생됐다."라고 말하면서 "로킷헬스케어 재생의료 기술의 잠재력을 시사하는 중요한 발견이었고 감명받았다."라고 말했다. 이어 "로킷헬스케어의 바이오 프린팅 재생의료 기술은 환자 맞춤형 치료 접근법을 통해 최적의 치료를 제공해 개인맞춤 의료의 발전에 중요한 역할을 할 것"이라고 했다. 또한 "이 기술이 만성 창상 치료의 새로운 패러다임을 제시할 것이며 로킷헬스케어와 협력을 통해 더 많은 환자가 이 혁신적인 치료법의 혜택을 받을 수 있기를 기대한다."라고 말했다. 마츠무라 박사와 함께 진행하는 피부암 수술 결손 피부재생 임상 논문은 국제

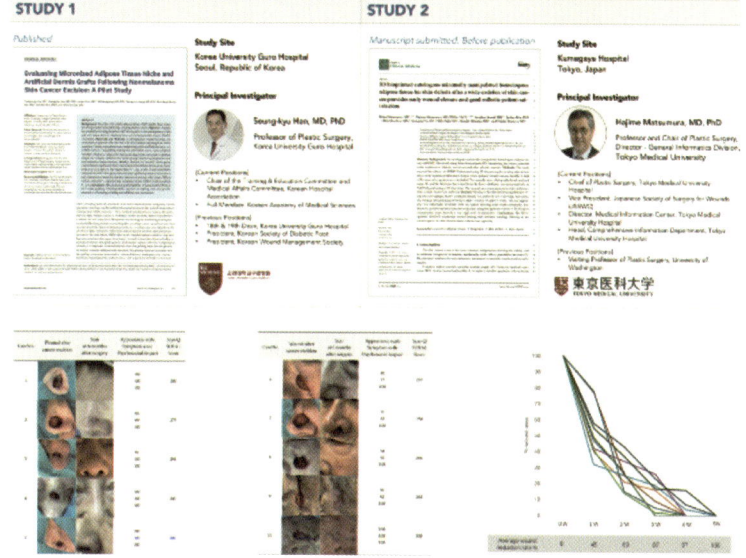

피부재생 임상 논문이 국제 저널에 승인받았다.

저널 『임상의학 저널Journal of Clinical Medicine』에 투고를 승인받았다.

이 모든 사례가 보여주는 바는 명확하다. 로킷헬스케어의 재생의료 플랫폼은 기존 수술 중심의 창상 치료 패러다임을 바꾸고 있으며 단일 기술 체계로 다양한 국가와 질환군에 확장할 수 있는 범용성과 현장 실행력을 갖췄다. 우리는 기술을 통해 환자의 존엄을 회복시키고 있으며 치료의 기준을 세계적으로 재정립하고 있다. 로킷헬스케어는 임상 데이터를 넘어 실제 환자의 삶을 바꾸는 기술을 만들고 있다. 그리고 그 기술은 지금 순간도 세계 곳곳에서 실행되고 있다.

피부재생의 글로벌 여정을 시작하다

2022년부터 2025년 초까지 우리는 전례 없는 3년을 걸어왔다. 이 시기는 단순한 수출을 넘어 피부재생 플랫폼의 글로벌 상업화 기반을 확립한 여정이었다. 필리핀, 싱가포르, 브라질, 파라과이, 아르헨티나, 우루과이, 칠레, 러시아, 이스라엘, 미국, 에티오피아, 멕시코, 스리랑카, 베네수엘라, 발칸 7개국, 영국, 불가리아, 이탈리아, 모나코, 프랑스까지 총 44개국. 나라마다 환경도, 제도도, 시장의 성숙도도 달랐지만 하나의 공통된 흐름은 있었다.

'진짜 필요한 기술'을 기다리는 시장이 분명히 존재한다는 것. 그중에서도 특히 우리 마음을 움직였던 국가는 남미의 작은 나라, 파라과이였다. 이 나라는 약 6만 명에 이르는 당뇨발 $_{DFU}$ 환자들이 고통받고 있었고, 열악한 병원 기반 시설과 교통 사정은 환자들의 삶을 더욱 고단하게 만들고 있었다.

지방에서 올라온 환자들은 치료를 위해 병원 복도에 가족들과 함께 눕는다. 그곳에서 잠을 자고, 밥을 먹고, 몇 주씩 시간을 보낸다. 그 시간 동안 환자뿐만 아니라 가족들의 삶마저 멈춰버리는 현실이었다. 우리는 이 상황을 외면할 수 없었다. 현지 파트너를 만나고 보건복지부 장관을 직접 찾아가 말했다. "우리는 이 환자들을 위해 여기 왔습니다. 절단 없이, 통증 없이, 삶을 이어가는 방법이 분명히 있습니다."

진심은 통했다. 불과 3개월도 채 되지 않아 의료기기 등록이 마무리되었고 곧바로 상업화가 시작되었다. 그렇게 우리의 플랫폼으로 치료받은 약 50명의 환자가 다리를 절단하지 않고 '새로운 삶'을 살

보건복지부 장관과 부장관과의 미팅

아가고 있다는 소식이 전해졌을 때 우리는 가슴 깊이 감동했다. 의료기기를 넘어 우리는 사람의 삶을 되돌려준 것이었다. 그리고 2025년 4월에 또 하나의 기쁜 소식이 전해졌다. 파라과이 보건당국이 120개의 키트를 새로 구매해 전국 의료기관에서 시술을 시작한다는 결정을 내린 것이다. 이것은 단발성 사업이 아니라 지속 가능한 생명 회복의 시작이었다.

브라질과 라틴아메리카에서 또 다른 기회를 잡다

2022년부터 우리는 브라질 시장에서도 의미 있는 발걸음을 내디뎠다. 상파울루와 리우데자네이루 등 주요 도시의 대표 병원들을 중심으로 약 30건 이상의 시술을 진행하며 당사의 새로운 피부재생 플랫폼을 현지 의료진들에게 선보였다. 이 새로운 치료법은 기존의 접근과는 전혀 다른 방식으로 상처를 치유했고 그 과정에서 많은 의료

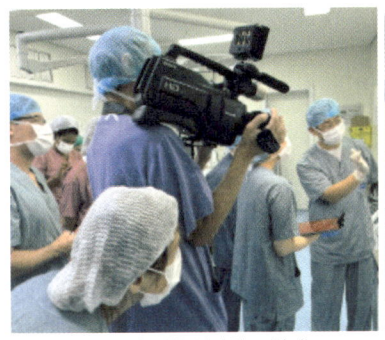 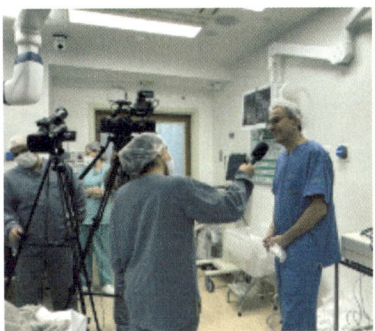

닥터 인비보 사용법을 설명하고 있다.　　헤론 박사와 인터뷰하는 것을 촬영하고 있다.

진으로부터 깊은 관심과 적극적인 지지를 받게 되었다.

특히 브라질은 복잡한 규제 체계를 가진 것으로 유명했다. 하지만 남미 전역에서도 가장 까다롭다고 알려진 브라질 국가위생감시국 ANVISA로부터 단 3개월 만에 의료기기 승인을 획득했다. 우리의 기술력과 임상적 가능성을 명확히 입증한 순간이었다. 이로써 브라질 시장에서도 본격적인 상업화의 문이 열렸고 피부재생의 새로운 패러다임은 점차 라틴아메리카 전역으로 확산했다.

생명의 불씨가 남미에서 피어오르다

이 여정 가운데 우리는 남미의 KOL 중 한 명이자 혈관외과 전문의인 넬슨 박사와도 깊은 공감대를 나누게 되었다. 그는 단순한 협력자를 넘어 함께 움직이는 동반자가 되어주었고 피부재생 플랫폼의 가능성에 진심으로 공감했다.

최근 그는 우루과이 현지에서 110명의 의사를 대상으로 한 대규

아르헨티나에서 약 100명의 의료진이 세미나를 듣고 있다.

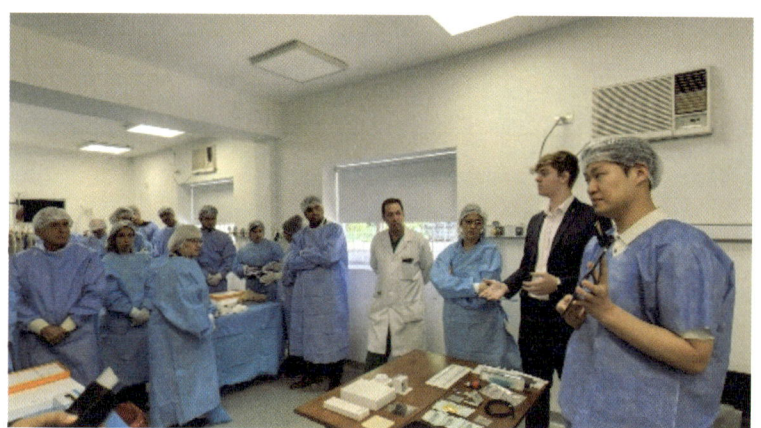

핸즈온 세션과 실제 시술 데모 참관

모 강연을 진행하며 우리 플랫폼의 임상적 가치와 적용 가능성에 대해 열정적으로 소개했다. 이 강의는 플랫폼 도입에 대한 긍정적인 반응을 끌어내며 현장의 분위기를 한층 더 뜨겁게 만들었다.

  남미 의료진들은 그야말로 열정과 헌신의 상징이다. 특히 넬슨 박사는 열정적인 걸 넘어 인류애의 표본이라 할 만하다. 브라질리아 지역의 아마존 인디언 중에는 강을 따라 모터보트를 타고 이동하는 이들이 많은데 종종 모터에 머리카락이 감기면서 두피가 완전히 벗겨지는 심각한 외상 사고가 발생하곤 한다. 넬슨 박사는 누가 부탁하지도 않았음에도 불구하고 사비로 닥터 인비보 장비를 챙겨 아마존으로 직접 들어갔고 이 환자들을 치료하며 새로운 생명의 가능성을 만들어내고 있다. 이처럼 그의 행동 하나하나는 의사라는 직업을 넘어서서 인간적 숭고함을 보여주었다.

이처럼 남미의 '큰 형님'이라 할 수 있는 브라질에서 울려 퍼진 반향은 곧바로 인접 국가들로 확산했다. 아르헨티나와 칠레에서도 생명을 살리고자 하는 이 움직임은 뜨거운 공감과 함께 번져나갔다. 특히 아르헨티나에서는 약 100명의 의료진이 우리 플랫폼에 관해 배우기 위해 강연장에 모였다. 그 열기는 다음 날로 이어져 이 중 30여 명의 의사들이 직접 병원을 방문해 핸즈온Hands-on 세션과 실제 시술 데모를 참관했다. 기술력을 몸소 체험하는 뜻깊은 장면이 펼쳐졌다.

생명 재생의 물결이 남미, 유럽, 미국으로 퍼지다

남미에서 시작된 피부재생 플랫폼의 반향은 이제 유럽으로 이어지고 있다. 스페인, 불가리아, 프랑스 등 여러 유럽 국가에서 당사의 플랫폼에 관한 관심이 빠르게 확산했다. 그중에서도 가장 빠르게 상업화가 이루어진 국가는 불가리아다.

불가리아에서는 국립병원 중 최대 규모를 자랑하는 세인트조지병원St. George Hospital을 포함해 여러 핵심 병원에서 현지 거래선 주도로 시술이 진행될 만큼 팀이 체계적이고 자립적으로 구성되었고 성공적으로 운영되고 있다. 이는 단순한 기술 도입을 넘어 현장 중심의 자생적 확산 모델이 정착되었음을 보여준다.

신청 후 60일 이내 결과 통보

보험 시술 청구 스케줄

한편 미국 시장 또한 상업화 속도가 빠르게 진전되고 있다. 미국은 보험수가 적용까지 기대되는 주요 전략 시장으로 부상하고 있다. 현재까지 플로리다, 뉴욕, 애리조나, 일리노이, 미시시피, 오하이오 등 주요 주에 있는 병원들에서 시술이 이루어졌으며 그중 1차 의료기관 두 곳은 이미 병원 수가를 적용받았다. 3차 의료기관 한 곳은 보험 청구가 진행 중으로 약 두 달 내 결과가 나올 것으로 기대되고 있다.

또한 당사의 현지 파트너는 미국 내 공동구매조직 Group Purchasing Organization과 계약을 체결했으며 이 계약은 2025년 5월 1일부로 효력이 발생한다. 공동구매조직은 미국 내 수많은 병원, 요양원, 클리닉이 공동 구매를 통해 의료기기를 도입할 수 있도록 돕는 조직이다. 이번 계약을 통해 전국 단위의 노출 채널을 확보할 수 있었다. 당사의 플랫폼을 좀 더 손쉽게 전달할 기회가 마련되었다. 이는 단순한 공급 계약을 넘어 추가 매출 확대와 브랜드 신뢰도 강화로 이어지는 결정적 발판이 될 것이다.

당뇨발 환자의 10분의 1이 발을 잘라야 한다

내가 로킷헬스케어에서 장기재생 프로젝트를 진행할 때 '당뇨발'

을 주요 치료 질환으로 결정한 데는 여러 가지 이유가 있었다. 가장 큰 고려 사항은 완치를 담보하는 혁신적인 치료 방법이 없다는 점이다. 질환의 심각성에 비해 일반인은 물론 환자와 의료진의 관심도 높지 않았다.

국내 당뇨병 환자는 약 500만 명이다. 전체 인구의 10명 중 1명이 당뇨를 앓고 있다. 그런데 당뇨병 환자의 15~25%가 당뇨발 합병증을 갖고 있다. 국내는 당뇨발에 대한 인식과 치료율이 낮아 정확한 통계는 나와 있지 않지만 미국과 유럽의 데이터를 근거로 하면 500만 명 중 20% 정도는 당뇨발을 앓고 있다고 한다. 국내 추정 환자 수는 무려 100만 명에 이른다. 그런데도 국내에서는 당뇨발이라는 질병에 대한 의료보험 코드조차 존재하지 않는다. 그만큼 의사도 환자도 인식이 높지 않다. 대한당뇨발학회가 창립된 지도 10년이 넘지 않았다. 그나마 최근 당뇨발에 관한 관심이 높아졌는데 세계적으로 인기를 끌었던 넷플릭스의 「오징어 게임」의 역할이 컸다. 주인공이 서바이벌 게임에 참가하게 된 계기가 당뇨발을 앓고 있는 어머니의 치료비를 마련하기 위해서였다.

당뇨병 환자가 발에 문제가 있는 경우를 모두 당뇨발로 생각할 수 있다. 증상은 단순히 신경 손상으로 인한 감각 이상부터 염증, 궤양, 절단까지 중증도가 광범위하다. 「오징어 게임」에서는 의사가 주인공에게 "최악의 경우엔 수술로 발을 절단해야 할 수도 있습니다."라고 말했다. 그만큼 악화됐을 때 예후가 좋지 않다. 세계 통계에 의하면 20~30초마다 1명씩 당뇨발 때문에 다리 절단 수술을 받는다고 한다.

당뇨발이 생기는 이유는 대부분 당뇨 때문이다. 당뇨병을 오래 앓

당뇨병과 당뇨 족부궤양

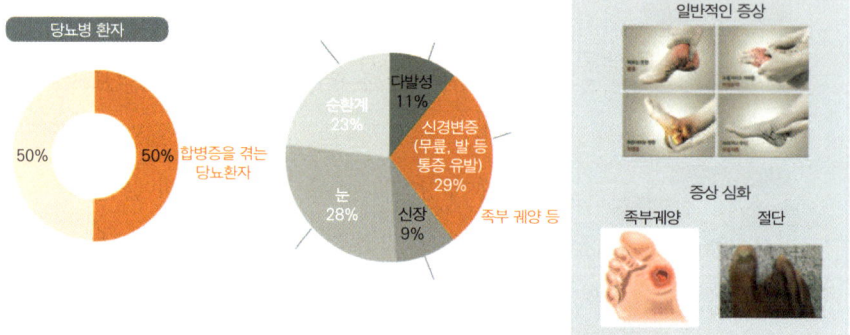

전 세계 당뇨병 1,500만 명 중 합병증을 겪는 환자는 약 50%이고 당뇨 합병증으로 만성 복합적인 신경 변종으로 신체에 궤양과 절단을 겪는 당뇨발 환자는 약 29%이다. 전 세계적으로 20초에 한 사람이 절단하고 절단 환자의 5년 생존율은 50% 이하로 암보다 낮다. 기존 족부궤양 치료법은 5년 완치율이 30% 수준으로 매우 낮다.

아서 혈당 관리가 안 되면 혈관과 신경 등이 손상된다. 뇌와 심장에서 가장 먼 곳 발에서 당뇨에 의해 생성된 최종당화산물AGE, Advanced glycation End-products이 혈관을 차단하고 조직을 괴사시켜 가장 먼저 증상이 나타난다. 혈관과 신경이 손상되면 이상이 있어도 잘 느끼지 못하는 신경병증 상태가 된다. 신경병증이 계속 진행되면 통증을 잘 느끼지 못해서 불에 대거나 못에 찔려도 전혀 모를 수 있다. 그러다 보니 균에 감염되기 쉽고 상처는 더욱 깊어지게 된다.

직장에서 자신의 발 상태를 처음 알았다는 환자도 있었다. 상사에게 당뇨를 앓고 있다고 이야기했더니 "발은 괜찮아?"라고 말했다고 한다. 환자는 "발이요?" 하면서 양말을 벗어 자신의 발을 찬찬히 살펴보았다. 그런데 함께 있던 상사는 당장 큰 병원에 가보라고 재촉했다. 발에 궤양이 생겨 이미 당뇨발이 시작된 상태였던 것이다. 환자 자신은 굳은살 때문에 잘못해 상처가 난 것뿐이라고 가볍게 여겼던 것이다. 실제 검사를 해보니 당뇨발이 상당히 진행돼 감각을 잘 느끼지 못하고 있었다고 한다.

이처럼 실제 당뇨발 환자의 3분의 2 이상은 발의 감각이 떨어져 있다. 자극은 물론 통증도 모르고 지나치는 수준이다. 일부에서는 바람만 닿아도 통증을 호소하는 경우도 있다. 감각이 예민해지는 경우는 감각이 둔해지는 경우보다 매우 드물다. 문제는 당뇨병 환자는 세포의 재생능력도 떨어진다는 점이다. 당뇨병 자체로 혈액 순환이 잘 안 되고 혈관 벽이 굳어진다. 상처 부위로 혈액 성분이 잘 안 가면 세포에 필요한 산소와 영양소가 부족해 상처가 빨리 아물지 않는다. 면역세포의 기능도 떨어진다. 상처는 점점 커지고 균은 깊이 들어간다. 뼈까지 손상되거나 되돌릴 수 없는 상태로 진행돼버린다.

당뇨발은 일반인들보다 말초 혈관 질환을 앓을 위험이 4배나 높다. 증상은 감각 이상만 있는 경증 환자부터 궤양까지 생긴 중증 환자까지 그 진행 정도가 다양한데 상처 없이 피부만 보라색으로 변하는 경우도 있다. 땀샘과 체온조절 능력에 이상이 생겨 피부가 건조해지고 표면이 갈라져 궤양이 일어나는 경우도 흔하다. 족부 궤양은 한 번 일어나면 재발 위험이 그렇지 않은 경우에 비해 50%나 높다.

약간의 이상이 느껴진다면 혈관 검사를 받아야 한다. 혈관 벽에 이상은 없는지, 막힌 혈관은 없는지 확인해야 한다. 혈관 벽이 굳어도 산소 공급이 원활하지 않게 된다. 이를 확인하기 위해서는 경피산소분압 검사도 필요하다. 이 밖에 신경 기능을 확인하는 신경 전도 검사와 감염을 알아보는 MRI 촬영도 할 수 있다. 감염이 광범위하게 진행돼 뼈까지 손상된 경우는 확인해봐야 한다.

검사를 통해 당뇨발은 혈관이 망가진 경우, 신경이 망가진 경우,

감염된 경우, 혈관과 신경이 모두 망가진 경우로 구분해 진단한다. 치료는 원인을 해결하는 것으로 먹는 약이 가장 일반적이다. 항응고제 등 혈관에 좋은 약, 신경에 좋은 약, 감염에 쓰는 약이 다양하다. 약으로 치료가 어려운 경우 카테터와 스텐트로 막힌 혈관을 뚫고 혈관을 이식하는 치료도 할 수 있다. 감염된 상처는 항생제 치료와 함께 피부재생을 위한 치료도 해주어야 한다. 초기에는 치료가 아주 불가능한 것도 아니다. 그러나 병원에서 만나는 당뇨발 환자들의 상태는 심각한 경우가 대부분이다. 치료의 가장 큰 걸림돌은 무관심과 무지이다.

당뇨발의 원인이 되는 당뇨병부터 치료 비율이 높지 않다. 대한당뇨병학회가 2021년 발간한 「당뇨벽패트시트(DFS 2020)」에 따르면 국내 30세 이상 성인 당뇨병 유병률은 13.8%다. 7명 중 1명이 당뇨 환자다. 그런데 치료율은 60%에 불과하다. 당뇨 진단 수치인 당화혈색소(적혈구 내의 혈색소의 당화 정도를 나타내는 수치)를 6.5% 미만으로 조절하는 비율은 28.3%로 더 낮았다. 원인이 되는 당뇨병의 관리와 치료가 안 되니 합병증으로 진행되는 경우도 많을 수밖에 없다.

당뇨병 치료율이 낮은 만큼 당뇨발 치료율도 낮다. 당뇨발은 당뇨 환자의 4분의 1이 앓는 흔한 질환이다. 그러나 초기에 치료로 이어지는 경우가 많지 않다. 당뇨발이라는 병 자체를 알지 못한다. 따라서 치료를 제때 시작하지 못해 절단까지 해야 하는 경우가 약 10%나 된다.

당뇨발 치료가 어려운 또 다른 이유는 높은 치료비를 들 수 있다. 당뇨발 진단을 받고 입원까지 해야 할 정도라면 상태가 심각한 경우로 정밀검사와 함께 수술까지 해야 하는 경우가 많다. 당연히 치료비는 올라간다. 안타까운 것은 소득이 낮은 경우 치료를 제대로 하지 못해 발을 절단하게 되는 비율이 5배나 높았다. 서울시 보라매병원 성형외과팀은 2011년에서 2015년까지의 국민건강보험공단 데이터를 근거로 당뇨발로 인한 절단 및 사망위험을 분석한 결과를 발표했다. 국제학술지『BMC 공중보건』에 실린 발표에 따르면 연내 사망위험도 저소득층에서 2.7배 높은 것으로 소개했다. 십수 년 전에 이탈리아로부터 도입된 '자가세포 치료제' 역시 고가의 치료비로 인해 국내에 상용화되지 못했다.

한편 2019년 국회 보건복지위원회에서 실시한 '당뇨발 인식 개선을 위한 전문가 간담회' 자료에 따르면 당뇨발로 족부를 절단하면 5년 내 사망률은 68%에 달하는 것으로 전해졌다. 암 중에서도 비교적 치료가 어려운 암이라고 하는 대장암도 5년 생존율이 60%에 달한다. 그런데 당뇨발로 족부를 절단하면 5년 내 생존율이 32%밖에 되지 않는다.

당뇨병 환자는 당뇨발이 양발에 동시에 진행되는 경우가 많다. 한쪽 발을 절단했을 때 남아 있는 한 발도 당뇨발을 앓고 있을 가능성이 크다. 따라서 주변의 도움 없이 혼자서 일상생활을 하는 것이 매우 어려워진다. 당뇨를 앓고 있는 환자가 침상에 누워서만 생활하다 보면 당뇨 조절은 더 어려워지고 건강을 회복하기는 점점 더 요원한 일이 되고 만다.

왜 기존 치료법으로는 치료를 하지 못하는가

중증도 이상의 당뇨발 치료는 매우 어렵다. 모두가 당뇨병이라는 기저 질환을 앓고 있다. 그러다 보니 '재생'에 의한 치료 효과를 기대하기 어렵다. 현재 일반화된 치료법은 크게 보존적 치료와 수술적 치료로 나뉜다. 보존적 치료는 드레싱, 혈관 확장제, 조직 재생을 돕는 상피세포 성장인자, 고압산소치료 등으로 상처의 치유 과정을 촉진하는 방법들이다.

수술적 치료는 감염되고 죽은 조직을 제거하는 변연절제술, 상처에 새로운 피부를 이식하는 피부 이식술, 원래 위치의 조직을 모두 떼서 결손 부위에 옮겨 심는 피판술 등이 있다. 수술적 치료는 비교적 최근의 일이라고 해도 보존적 치료는 그 역사가 상당히 오래됐다. 일반적 상처 치료에 적용되는 것들을 당뇨발 치료에도 적용하는 식이다. 상처를 감싸는 드레싱이 시작된 것은 1250년이다. 고압산소치료가 처음 시작된 것이 1600년대이고 1990년대에는 음압 창상 처치가 상용화됐다. 그리고 2010년대에는 생물학적 드레싱 제재가 등장했다. 그러나 당뇨발 치료에는 어느 것 하나 높은 치료율을 보이지 못하고 있다.

보존적 치료에 의한 치료율은 30~40%에 미치지 못한다. 치료해도 절반 환자는 궤양에 의한 창상을 계속 갖고 살아야 한다는 말이다. 일부 전문가들은 보존적 치료가 '그냥 두어도 나을 상처를 치료한 결과'라고 말하기도 한다. 보존적 치료가 그다지 효과적이지 않다는 비판이다.

일례로 고압산소치료는 일반 호흡 환경보다 2~5배 기압이 올라간 상태에서 100% 순도의 산소로 1~2시간 호흡하는 방식으로 손상된 조직에 산소를 공급하는 치료법이다. 국내에서도 당뇨발 치료에서 효과가 인정돼 보험급여가 이루어지고 있다. 그러나 그 치료 효과가 만족할 만한 것인가에 대해서는 설왕설래가 많다. 혈당을 조절하지 못해 망가진 모세혈관에 산소를 공급해 치료 효과를 높인다고 보는 쪽이 있는가 하면 유의미한 치료 효과를 보기 어렵다고 하는 쪽도 있다. 2013년 학술지『당뇨병 치료』에서는 효과 없음으로 공식화하기도 했는데 2015년 미국당뇨병학회ADA에서는 토론 세션에서 또다시 이 문제를 공식화했다. 전문가들은 "단독치료보다는 보조적 치료로 효과를 기대해야 한다."라며 정리해가는 수순으로 보인다.

높은 치료율을 기대하기 어려운 것은 수술적 치료에서도 마찬가지다. 당뇨발의 수술적 치료는 '재건 수술'과 흡사하다. 죽은 조직을 떼어내고 피부만 혹은 조직의 상당 부분을 옮겨 붙이는 것이 대표적인 치료법이다. 허벅지, 사타구니, 하복부, 옆구리의 피부만 떼어 내거나 살과 피부를 동시에 떼어내 당뇨발 부위와 연결해 꿰맨다. 그러나 치료 효과는 일반 재건술에 미치지 못한다.

이유는 당뇨병 자체가 혈관을 침범하는 질환이기 때문이다. '피부이식'은 처음에는 성공하는 듯하지만 시간이 지나 이식한 피부가 괴사되거나 떨어져 나오는 경우가 흔하다. 수술만으로 혈행 개선이 되지 않기 때문이다. 피부 이식만으로 효과가 떨어지자 수술은 점차 조직을 함께 이식하는 피판술로 바뀌었다. 피판술은 교통사고나 수술이나 질환으로 결손이 발생한 것을 치료하는 수술이다. 피부뿐만 아니라 혈관(동맥, 정맥)을 포함한 두꺼운 지방층과 피부 조직도 모두 옮겨서 꿰맨다.

미국 임상 AI 당뇨발 재생 수술

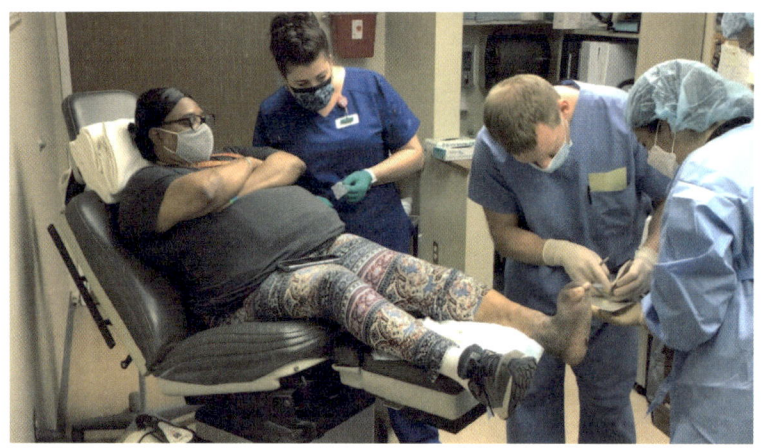

피판술은 다시 피부 조직 전체(피판)를 떼어내 결손 부위와 연결하는 유리피판술과 근육은 떼어내지 않고 근육을 뚫고 올라오는 미세혈관만 포함한 피부를 이식하는 천공지피판술로 나뉜다. 유리피판술은 1~2밀리미터 혈관을 연결하고 천공지피판술은 0.8밀리미터 이하의 미세혈관을 다룬다. 의사의 판단에 의해 선택적으로 행해지는 편이다. 피판술의 성공률은 정상 성형 분야에서는 90% 이상으로 높다. 그러나 당뇨발 환자를 대상으로 하면 성공률이 30% 이하로 떨어진다. 이 역시 환자가 오랜 기간 당뇨병을 앓았기 때문에 내부 혈관 붕괴와 조직괴사를 앓고 있기 때문이다.

그러다 보니 최근에는 세포 치료제가 주목받고 있다. 인체유래 피부 세포를 채취하여 배양한 치료제가 사용되기도 한다. 상처 부위에 덮어놓으면 회복이 이루어진다는 평가도 있다. 그러나 자기세포가 아니기 때문에 생착이 잘 되지 않는 부작용은 일어날 수밖에 없다. 줄기세포 치료제도 당뇨발뿐 아니라 다양한 질환의 치료제로 높은 관심을 받고 있지만 임상시험 단계를 통과한 제품은 아직까지 나오지 않고 있다. 환자들이 사용할 수 있는 허가 제품은 아직 없다.

 이와 같은 이유로 당뇨발은 인공지능이 의사를 대신하고 하루에도 몇 차례씩 위성을 쏘아 올리는 21세기에도 여전히 해결되지 않은 질환으로 남아 있다. 당뇨발은 환자를 걷지 못하게 한다는 이유로 치명적이다. 아무리 아픈 사람도 걸어야 살 수 있다. 걸을 수 있는 것은 곧 '살아갈 수 있음'을 의미한다. 걷지 못하면 운동은 고사하고 생활도 혼자서 할 수 없다. 원인 질환인 당뇨 관리에 매우 불리하다. 당뇨 관리가 안 돼 당뇨발이 악화되고 당뇨발이 악화돼 당뇨 관리가 불가능한 악순환의 고리에 빠지고 만다.

2

연골을 되살려 무릎 통증에 작별을 고하다

환자의 목소리가 가장 중요한 의료 자원이다.

왜 의사들은 관절염 치료 때 절망하는가

2019년 대한슬관절학회에서 발행한 『퇴행성 관절염 가이드북』에서는 65세 이상 고령 인구에서 관절염의 유병률이 37.8%로 나타난다고 밝혔다. 65세 이상 남성 5명 중 1명(20.2%), 여성은 2명 중 1명(50.1%)이 병원에서 관절염 진단을 받는다. 수치상 상당히 높은 유병률이다. 관절염 치료 전문 의료진들이 현장에서 느끼는 유병률은 훨씬 높다. 관절 전문병원을 운영하는 한 의사는 "관절염은 55세 이상 노인의 약 80%에서 나타나며 75세 이상의 노인은 거의 모두 앓고 있는 가장 치료가 어려운 만성질환이다."라고 어려움을 토로하기도 한다.

그럼에도 관절염은 로킷헬스케어 임상팀에게 해결해야 할 주요 질병으로 꼽히지 못했다. 3D 바이오 프린터를 의료 현장에 투입해 환자들에게 치료가 아닌 재생을 경험하게 하자고 했을 때도 관절염은 열외였다. 가장 큰 이유는 '인공관절 수술'이라는 최후의 치료법이 남아 있었기 때문이다. 임상팀은 해결책이 전혀 없는 질병에 초점을 맞추었고 다양한 질병에 관심을 가졌다.

그러나 각종 연구가 진행되고 얼마 후 연구팀은 국내외 정형외과 전문의들로부터 "관절염 치료는 치료가 아닙니다."라는 이야기를 듣게 됐다. 그리고 각종 자료를 통해 그들의 낙심 어린 말들이 사실이라는 것을 확인했다. '관절염이야말로 재생의료가 반드시 필요한 질병'이라는 생각으로 임상팀이 꾸려지기까지 반년도 채 걸리지 않았다. 나이가 들면 나타나는 신체 변화 중 대표적인 것이 관절의 불편함이다. 의료진들은 관절의 변화를 '오래 사용해 마모가 되어 기계가 헐거워지는 것'과 비슷하다고 말한다. 따라서 노화가 진행되면서 가장 흔하게 찾아오는 질환이 퇴행성 골관절염이다.

노화 이전에 관절염이 일어나는 가장 근본적인 원인은 '직립보행'이다. 인간도 다른 동물들처럼 네 발을 사용했다면 무릎에 실리는 체중은 그만큼 분산됐을 것이다. 그러나 두 발로 걸으면서 체중이 두 발로 집중되고 쓰러지지 않기 위해 균형을 잡으면서 무리한 움직임을 하게 된다. 게다가 무릎의 불안정성은 연골이 받은 하중과 스트레스를 가중시킨다. 무릎은 우리 몸에서 가장 큰 관절이지만 위의 대퇴골(넓적다리뼈)과 아래의 경골(정강이뼈)은 딱 맞게 물려 있지 않다. 안전성을 유지시키고 충격을 흡수하기 위해 중간에 반월상연골이라는 초승달 모양의 연골이 물려 있다. 그러다 보니 관절의 가용 범위는 넓지만 이음새는 매우 허술하다. 그만큼 충격과 외부 자극에 민감할 수밖에 없다.

다음으로 퇴행성 관절염이 흔한 만성질환이 된 데는 '무혈관 조직'이라는 특성이 크게 작용한다. 3~5밀리미터 두께로 무릎뼈를 덮고 있는 연골은 신경세포도 혈관도 없다. 신경세포가 없어 손상되어도 아픔을 느끼지 못하고 혈관이 없어 스스로 자가 치유를 하지도 못한다. 그럼에도 무릎이 아프다고 하는 것은 주변 조직의 염증 반응 때문이다.

무릎 통증을 호소하는 이들 중에 "무릎에 물이 찬 것 같아요."라고 말하는 이들이 많다. 사실이다. 관절이 닳기 시작하면 염증이 나타나고 심해지면 관절수종의 증상이 나타난다. 연골은 영양을 전달하는 혈관이 없기 때문에 활액막 세포에서 공급하는 관절액으로부터 영양과 산소를 공급받는다. 그런데 연골에 균열이 생기고 닳기 시작하면 여기서 나오는 찌꺼기를 처리하기 위해 관절액의 분비가 많아진다. 젊었을 때는 관절액이 일시적으로 과잉 분비되더라도 활액막 세포에 의해 바로 흡수가 된다. 하지만 노화가 진행되면 활액막 세포의 활동도 떨어져 무릎에 물이 찬 느낌을 받는다.

연골은 뼈에 비해 강도와 내구성이 약하다. 게다가 한 번 손상되면 자체 재생이 어렵고 쓰면 쓸수록 닳아 없어진다. 마지막에 연골이 모두 사라져 뼈와 뼈가 닿게 되면 상상을 초월한 통증이 찾아온다. 일상생활은 물론 보행도 어려운 지경이 된다. 퇴행성 관절염 환자의 삶의 질은 급격히 떨어진다. 안타까운 것은 질환의 심각성에도 환자의 고통과 불편을 해소할 유의미한 치료법이 아직 개발되지 못했다는 점이다.

퇴행성 관절염은 흔히 초기, 중기, 말기로 구분해 치료를 한다. 초기에는 스테로이드나 피알피 PRP, platelet-rich plasma 등으로 염증을 완화하고 추가 손상을 막는 보존적 치료를 한다. 그러나 이들 치료는 통증을 줄여주거나 병의 진행을 늦추는 효과밖에 기대할 수 없다. 시간의 문제이지 퇴행성 관절염은 더 진행될 수밖에 없다.

중기에는 관절의 가장자리 뼈가 불규칙하게 변형된다. 계단을 오르내리거나 양반다리를 할 때 등 특정 동작을 할 때 통증이 악화된다. 떨어져 나간 연골이 관절 내부에서 돌아다니다 자극을 하고 이에 따라 염증도 악화된다. 따라서 중증 단계에서는 수술적 치료를 시도해볼 수 있다. 대표적으로 미세천공술, 자가연골이식술, 자가연골세포배양술, 줄기세포연골재생술 등 다양한 치료법들이 제시되고 있다.

미세천공술은 손상된 연골 아래 뼈에 미세한 구멍을 뚫어 나오는 골수의 줄기세포를 연골로 분화시켜 손상 부위를 덮는 시술이다. 관절염 초중기부터 적용이 가능하지만 나이가 상대적으로 젊고 연골 손상 범위가 2제곱 센티미터 이하일 경우에만 효과가 있다고 보고되고 있다. 재생되는 연골도 본래의 것인 초자연골Hyaline Cartilage로 재생되지 않고 연약한 섬유연골Fibro Cartilage로 수복되기 때문에 기능의 최대 60%만 회복되고 시간이 지나면 재발된다는 문제점이 있다.

자가연골이식술은 손상 부위 이외 건강한 연골을 벌집 모양으로 떼어 손상된 부위에 이식하는 수술이다. 나이가 상대적으로 젊은 환자의 연골 손상 범위는 4제곱센티미터 이하까지 커버가 가능하지만 이식 성공을 장담하기 어렵고 이식을 위해 떼어낸 부위에도 손상을 줄 수 있다는 단점이 있다. 이식 성공률이 낮은 이유는 퇴행성 관절염을 앓는 환자의 경우 연골세포 자체가 부실해 이식 후에도 치료 효과가 떨어지는 것으로 분석되고 있다. 따라서 50세 미만의 주로 젊은 환자를 대상으로만 시술이 이루어지고 있다.

자가연골세포배양이식술은 자가연골세포를 추출해 이를 외부에서 배양해 손상 부위에 다시 이식하는 치료법이다. 치료 범위는 10제곱센티미터 이하로 비교적 넓은 병변까지 치료가 가능하다고 알려져 있다. 환자의 자가연골세포를 채취하고 이를 외부에서 배양해 조직에 넣는 시술이다. 2회 시술이 필요하여 환자나 의료진에게 접근성이 떨어지며 환자의 세포를 외부 기관에서 배양하기 때문에 항상 감염의 우려가 있다. 또한 자가연골이식술처럼 연골세포 자체의 문제가 있으면 치료 효과가 떨어지는 것으로 분석되고 배양 등에 따른 비용이 매우 비싼 것이 단점이다.

줄기세포연골재생술은 줄기세포를 연골에 직접 주입하는 시술이다. 자가 골수와 지방에서 줄기세포를 채취해 이용하는 경우와 동종 제대혈 유래 성체줄기세포를 이용하는 경우로 나뉜다. 줄기세포는 특정세포로 분화할 수 있다는 것이 핵심이나 병변 부위에서 그 특성에 맞는 세포로 분화돼야 한다. 연골은 연골세포Chondrocyte로 분화해야 하지만 그래야 한다는 시그널링이 부족하면 분화할 수 없다. 연골세포가 전체 연골 조직에서 차지하는 비중이 5~10% 내외에 불과하고 나머지는 콜라겐이나 프로테오글리칸과 같은 세포외기질로 구성돼 있어서 줄기세포 치료는 연골재생에 큰 도움을 주기 어렵다고 알려져 있다. 현재 대다수 논문을 살펴보면 미세천공술보다 우위의 결과가 나타나지 않는 것이 한계로 지적되고 있다.

또한 줄기세포연골재생술의 경우 자가연골세포배양이식술과 마찬가지로 상대적으로 높은 치료비용이 환자들에게 부담으로 작용한다. 언론 보도에 의하면 자가줄기세포의 경우 한 병변당 400~500만 원, 타가줄기세포의 경우 한 병변당 700~1,000만 원의 비용이 든다.

인공관절 수술이 한쪽 무릎당 300~350만 원 대비 높은 비용이다.

일반인에게 가장 많이 알려진 '인공관절 수술'은 관절염 말기의 환자들에게 적용하는 수술로 반백 년 전에 개발된 만큼 안전성과 효과가 어느 정도 입증됐다. 이는 문제가 되는 관절을 잘라내고 금속이나 세라믹 재료의 인공관절로 대체하는 치료법이다. 그러나 인공관절은 적용 한계가 분명한 치료법이다. 모든 인공관절은 사용 연한이 15년 정도로 제한돼 있다. 재수술은 한 번 가른 피부와 근육을 다시 가르고 해야 하므로 위험성이 상당하다. 기대수명이 많이 남은 경우 의료진도 선뜻 권하지 못한다. 게다가 몸에 이물질을 삽입하는 것이기 때문에 이식 후에는 감염과 재료 마모에 의한 염증 문제 및 골 파괴 현상이 언제든 나타날 수 있으므로 늘 주의해야 한다. 또한 현실적으로는 고령의 환자가 통증과 불편 없이 인공관절을 사용하기까지 최소 6개월 이상의 재활 기간을 견디기가 쉽지 않다.

종합해보면 퇴행성 관절염 진단을 받으면 초중기는 비교적 최근 개발된 다양한 보조적 치료를 통해 관절의 일부 재생을 시도해볼 수 있다. 하지만 광범위한 연골 탈락이 나타난 말기 단계에는 인공관절이 유일한 해결책이 되고 있다.

"눈부신 현대 의학기술의 발달에도 불구하고 명확한 한계와 단점이 있는 인공관절만이 유일무이한 해결책이라는 데 깊은 절망감을 느낍니다. 저희가 하는 일의 목표는 염증완화와 통증완화 위주로 관리하면서 인공관절 수술 시기를 최대한 65세 이후로 늦추어 재수술의 확률을 낮추는 것입니다."

임상 현장에서 만난 정형외과 전문의의 낙담은 역설적이게도 '연골 재생 플랫폼을 반드시 만들고 싶다.'라는 로킷헬스케어 연골 임상팀의 열정을 불러일으키는 작은 불씨가 됐다.

불가능했던 연골재생 치료에 도전하다

처음에 나는 바이오 프린터를 통해서 뼈 재생 프로젝트를 개발했고 노하우들을 확보했다. 하지만 강도와 비용이라는 근본적인 문제에 부딪혔다. 그러면 차라리 뼈 재생 중 가장 어렵다는 연골재생을 시도해보면 어떨까 하며 새로운 시도를 시작했다.

공부해보지 않고는 답을 찾을 수 없어서 주말마다 관련 논문과 최신 책자를 뒤지며 실마리를 찾고자 했다. 당시 주요 검색어는 '카트리지(cartilage, 연골·물렁뼈)'였다. 그러다 우연히 코스탈 카트리지(costal cartilage, 늑연골)에 대한 자료를 찾게 됐다. 늑연골은 갈비연골이라고도 한다. 무릎연골처럼 초자(유리)연골로 구성된 것이 특징이다. 갈비뼈의 앞쪽 끝에 붙어 있는 막대형 구조물로 앞가슴뼈와 연결된다. 늑연골 덕분에 갈비뼈는 탄성과 유연성을 확보할 수 있다. 그러다 '젊은 늑연골을 이용하면 리제너레이션 니치와 바이오공학의 인체 강도 측면에서 무릎의 원래 연골인 초자연골로 재생이 가능하지 않을까?' 하는 아이디어가 갑자기 떠올랐다.

우리 몸에는 많은 연골이 있는데 크게 초자(유리)연골, 섬유연골, 탄력연골로 나뉜다. 무릎연골과 늑연골을 구성하는 초자연골은 청백색으로 매끄러우며 탄력성이 높다. 대부분 뼈막이나 연골 바깥막과 같은 결합조직과 결합하고 매끄러운 표면이 자유로운 운동을 가능하게 해준다. 섬유연골은 두껍고 뚜렷하게 나타나는 아교섬유다발이 특징이다. 이는 유리연골과는 달리 연골 바깥막을 갖지 않는다. 또한 섬유조직처럼 탄성이 높지 않다. 탄력연골은 노란색을 띠는데 쉽게 굽히고 본래의 모습으로 돌아갈 수 있는 탄력섬유와 엘라스틴을 갖고 있는 것이 특징이다. 구조는 초자연골과 비슷하다.

'초자연골이 아니라 섬유연골로 재생되는 것'은 앞서 소개한 다양한 관절 치료에서 나타난 분명한 한계였다. 그러다 보니 재생이 되더라도 이전의 역할을 감당하지 못하고 재탈락이 진행돼 퇴행성 관절염이 재발하는 경우도 종종 보고됐다. 그런데 늑연골은 무릎연골과 재질이 같다. 만일 늑연골을 바이오 잉크로 사용해 무릎연골을 재생시킬 수 있다면 유리연골로 재생도 가능하게 될 것이다. 퇴행성 관절염도 재생 치료가 가능하리라는 희망의 불빛이 보였다.

앞서 당뇨발 임상팀에서는 자가지방에서 세포외기질을 채취해 3D 바이오 프린터를 이용해 환부에 맞는 패치를 만들었다. 무릎 재생 플랫폼도 유사한 리제너레이션 프로토콜을 사용하면 된다. 다만 무릎연골에 맞는 바이오 잉크를 활용하는 것이 다를 뿐이다. 일단은 무릎연골의 재생을 유도하는 성분으로 늑연골을 선택하고 실험을 통해 실현 가능성을 확인해보아야 했다.

토의 끝에 즉시 "연골을 가루로 만들어 바이오 잉크에 넣어보자."라는 아이디어가 나왔으나 내부에서는 또 늑연골을 가루로 만들 수 있느냐 없느냐를 두고 갑론을박이 오갔다. 여러 시도 끝에 늑연골을 가루로 만들고 자가 세포외기질을 채취한 뒤 일반 배양액으로 배양하여 '연골 세포의 분화'가 일어나는지도 확인했다. 동물 생체 실험에서 연골 세포의 분화와 재생이 똑똑히 확인됐다.

'이러면 가능하겠구나.' 하는 아이디어가 완성됐고 로킷헬스케어

처음 분쇄했던 연골 가루

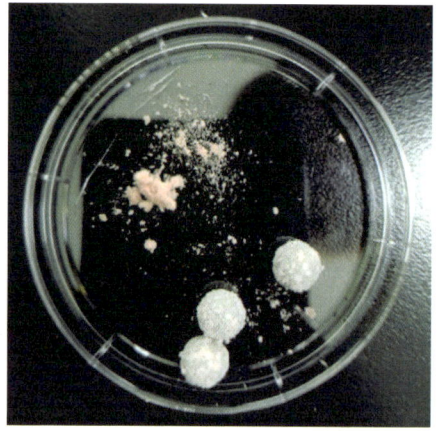

연골 세포외기질과 늑연골 파티클의 연골 분화능력 비교

내 정식으로 '연골재생 플랫폼 사업팀'이 닻을 올리게 됐다.

하버드 메디컬 스쿨에서 전임상에 성공하다

연골재생 플랫폼의 공식적인 전임상(동물임상)은 미국 하버드 의과대학의 부속병원인 매사추세츠 종합병원에서 진행하기로 했다. 그에 앞서 비용적인 측면에서 전임상을 국내에서 진행하면 어떻겠냐는 의견들이 많았다. 하지만 나는 글로벌 시장에 맞는 레퍼런스가 필요하다는 생각에 변함이 없었다.

한국의약품 시장은 통틀어 약 3조 원으로 추산된다. 세계 15위 시장이 그렇다. 그런데 전 세계 의약품 시장은 1,400조 원 규모다. 한국 시장이 차지하는 비중은 0.2%에 지나지 않는다. 우리나라는 스스로 의약품을 개발하고 생산할 수 있는 몇 안 되는 나라이다. 하지만 세계 시장에서 차지하는 비중은 매우 적다. 세계 의약품 시장은 미국, 영국, 독일, 프랑스, 스위스, 일본 등에 거점을 둔 글로벌 제약 기업들이 좌지우지한다. 의약품은 세계 시장이 분명히 존재하기 때문에 로킷헬스케어의 장기재생 플랫폼을 전 세계에 알리기 위해서는 세계 시장을 상대로 한 최고의 수준을 넘어서야 한다. 가장 먼저 의료인 집단, 전문가 집단, 환자 집단 모두를 설득할 수 있는 레퍼런스가 필요하다. 설사 그러기 위해 큰 비용이 들더라도 감당해야 한다는 것이 나의 생각이었다.

일부 조직원들은 비용 면에서 10분의 1로 유리한 국내 유수 대학에서 전임상을 진행해도 된다는 의견을 냈다. 하지만 나는 하버드 의과대학 부속병원 중에서 가장 규모가 크고 역사가 오래된 매사추세츠 종합병원과의 협업이 더 나은 선택이라고 강조했다. 매사추세츠 종합병원은 메이요클리닉과 존스홉킨스 병원과 어깨를 나란히 하는 수준의 의료기관으로서 연구비 규모 면에서도 전 세계 1위에 랭크돼 있다. 나로서는 그들과의 협업이라면 어떤 결과가 나오든 전 세계가 수긍할 수 있으리라는 자신감이 있었다. 직원들을 설득하는 데 상당한 공을 들였다.

매사추세츠 종합병원과의 협업은 생각보다 쉽지 않았다. 오랜 네트워크 개발을 통해 하버드 의과대학 정형외과 찰스 브랜던Charles Bragdon 교수와 무릎연골재생 프로젝트에 관한 양해각서MOU를 체결할 수 있었다. 찰스 브랜든 교수는 관절염 연구와 전임상 과정에 해박한 지식을 가진 이로 관절재생 임상연구에 큰 관심을 보였다. 원활한 협조 덕에 2019년 11월 연골재생 프로젝트가 시작되고 약 만 2년 만에 매사추세츠 종합병원에서 전임상을 시작할 수 있었다.

"왜 3D 바이오 프린터를 사용하는 방법을 채택했습니까?"

본격적인 임상에 앞서 매사추세츠 종합병원 연구팀으로부터 가장 많이 들었던 질문이다. "우리는 태초에 인간이 가지고 태어난 건강한 무릎 관절을 완전히 재건하는 것을 최종 목표로 하고 있습니다. 이를 위해 조개인맞춤 정밀의학 기술이 필요하고 3D 바이오 프린팅과 인공지능은 그 핵심 기술이 될 수밖에 없다고 봅니다." 국내 임상팀에서 매사추세츠 종합병원 연구팀에 무릎연골재생을 위한 플랫폼을 소개할 때 강조했던 것은 '늑연골의 재생 가능성'과 '3D 바이오 프린터와 인공지능을 활용한 리제너레이션 패치 출력'이었다. 늑연골의 재생 가능성은 여러 논문을 참조해 설명했고 3D 바이오 프린터와 인공지능의 활용은 "재생에 가장 유리하면서도 상처에 가장 맞춤한 형태로 패치가 출력돼야 하기 때문입니다."라고 설명했다.

만일 사람의 손으로 바이오 잉크 패치를 제작할 경우, 균질성을 확보하면서도 환부에 맞는 형태로 제작한다는 것은 불가능에 가까웠으며 그 효과도 보증할 수 없었다. 그만큼 완벽한 재생 치료 효과를 기대하기 어렵다. 현지 하버드 연구팀은 전임상이 진행되고 3D 바이오 프린터의 출력물을 눈으로 확인한 후에야 "그때의 설명이 무슨 뜻이었는지 이제 알 것 같습니다."라고 말했다. 인공지능과 3D 바이오 프린터를 통해서 환부에 맞춤한 완벽한 출력물을 만들어 닥터 인비보의 높은 기술력을 선보이는 순간이기도 했다.

전임상은 개의 한 종인 비글 총 12마리를 3마리씩 4개 실험군으로 나누어 진행했으며 수술 후 8~12개월간 경과를 추적하고 관찰한다는 계획이었다. 현지 연구팀에 의해 MRI 등 검사는 주기적으로 행해졌고 2020년 7월 전임상을 마칠 수 있었다. 연구결과를 공유하는 자리에서 찰스 브랜던 교수는 결론부터 이야기를 했다.

(A) 모든 그룹의 조직 형성 정도
(B) 늑연골 파우더+세포외기질 그룹의 조직 형성 정도

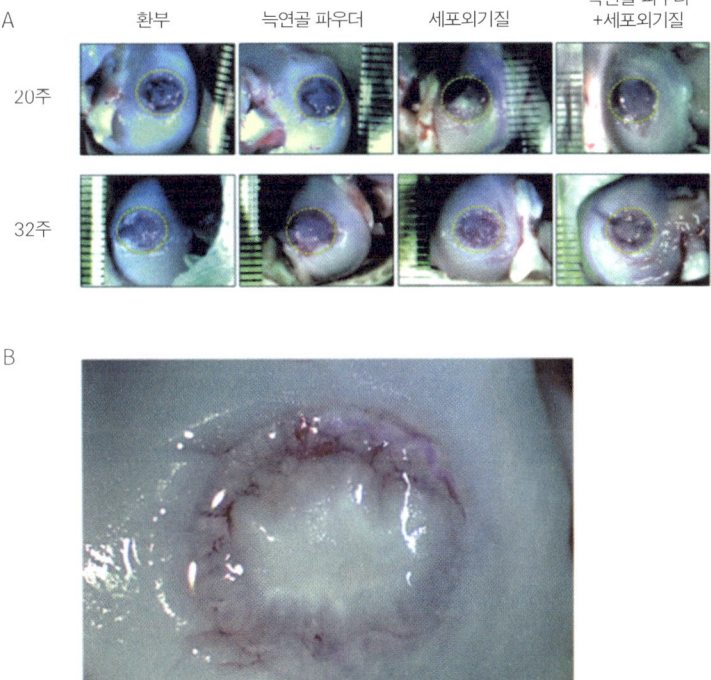

*게재된 SCI급 논문 중 데이터 첨부

"3D 바이오 프린터로 출력된 패치가 환부에 이식됐을 때 유리연골이 재생됐으며 재생된 연골의 강도도 원래의 연골강도와 매우 유사합니다." 그는 재생률의 원인으로 "인공지능으로 환부에 빈틈없이 딱 맞는 최적화된 패치를 부착한 것"을 꼽았다. 단순히 줄기세포를 환자의 몸에 주입하는 것보다 입체적인 구조를 구현해 부착하는 것이 연골세포로 분화할 수 있는 좋은 환경이 되는 것 같다고 덧붙였다.

한편 국내 임상팀은 찰스 브랜던 교수가 종합한 연구 성과를 한국은 물론 이집트에도 전송했다. 당시 이집트 아슈트 대학병원의 모하메드 압델하미드Mohamed AbdelHamid 교수는 퇴행성 관절염 환자를 대상으로 로킷헬스케어의 연골재생 플랫폼의 임상연구를 하고자 모든 계획을 마친 상황이었다. 전임상에서 안전성과 효용성을 모두 확인한 모하메드 교수와 로킷헬스케어는 세계 최초로 바이오 3D 프린팅을 통한 연골재생 인체 임상을 시작하기로 했다.

세계정형학회의 찬사를 받다

로킷헬스케어의 연골재생 연구팀이 모하메드 압델하미드 교수를 만난 것은 2019년 3월 미국정형외과학회에서였다. 당시 연골재생 사업팀은 전 세계에서 온 수백 명의 정형외과학회원에게 국내에서 진행한 전임상 결과를 묶어 '초개인맞춤 자가세포 연골재생'이라는 주제로 발표했다. 모하메드 교수는 이곳에 참석한 정형외과 의사 중 한 명이었다.

"정말 그게 가능하다고 보십니까?"

연골재생 연구팀의 발표가 끝나고 많은 회원이 발표장을 빠져나갔을 때 모하메드 압델하미드 교수가 단상으로 찾아와 물었다. 팀은 발표된 내용을 다시 설명하며 "아직 인체 임상을 거치지 않았지만 가능성은 매우 크다고 생각합니다."라고 답했다. "그렇다면 우리 병원에서 인체 임상을 진행하고 싶습니다." 모하메드 압델하미드 교수는 자신을 아슈트 대학병원의 정형외과 부문장이라고 소개하며 그 자리에서 임상 진행을 먼저 제안했다. 사실 처음에는 모하메드 압델하미드 교수의 제안을 선뜻 받아들이기 어려웠다. 당시는 매사추세츠 종합병원의 전임상 결과도 완성되기 전이었기 때문이다.

사실 임상을 진행하는 것은 우리나 담당 의사에게 과중한 업무와 리스크가 주어지는 일이다. 적합한 환자군을 모아야 하고 임상 참여에 대한 동의를 받아야 하고 이후에 나타날 여러 부작용에 대해서도 안내하고 팔로우해야 한다. 그러다 보니 보통 제약회사나 바이오벤처에서 임상을 진행할 때는 임상 진행 병원에 큰 비용을 지불하거나 의료진에게 많은 혜택을 제공한다. 그런데 모하메드 압델하미드 교수는 그런 것보다는 현재 해결책이 없는 골관절염 분야에서 새로운 해결책을 찾기 위한 임상을 함께하고 싶다는 이야기만 했다.

후에 연구팀은 모하메드 압델하미드 교수와 지속적으로 연락하고 대화를 했다. 그러면서 그가 어떤 의사인지 확인할 기회를 여러 차례 가졌다. 그에게는 환자에 대한 뜨거운 열정과 골관절염 재생 치료법이 없는 현실에 대한 깊은 안타까움이 있었다. 그래서 자신이 할 수 있는 일이라면 무엇이든 하겠다는 의지도 강했다. 훗날 그는 "로킷헬스케어의 치료법은 당시 내가 찾은 유일한 희망이었습니다."라고 말했다.

이집트 보건부의 최종 허가와 임상실험심사위원회 및 임상실험윤리위원회 신청이 마무리된 2020년 10월에 하버드 매사추세츠 종합병원에서 전임상을 진행했던 팀이 인체 임상을 위해 이집트 아슈트 지역으로 출발했고 첫 임상시험을 하게 됐다. 임상팀은 기대와 흥분을 감추지 못했다. 비행기에서 내릴 때까지만 해도 모든 것이 장밋빛으로 펼쳐질 것만 같았다.

그러나 비행기가 이집트 땅에 도착해 공항 밖으로 첫발을 내딛는 순간 모든 감정은 소진되고 말았다. 포장도로에 먼지가 휘날리고 길에는 남루한 사람들이 많았다. 어려운 경제 환경은 병원에서도 여실히 드러났다. 예약 시스템이 따로 없어 병원을 찾은 환자들은 45도에 육박하는 날씨에도 하염없이 기다리기 일쑤였다. 에어컨도 없는 병동에서는 환자들의 신음이 들려왔다. '이 상황에서 임상이 제대로 진행될 수 있을까?' 연구팀은 초조해졌다. 그런 연구팀을 다독인 것은 모하메드 압델하미드 교수였다. 그는 영어가 통하지 않는 의료진들에게는 직접 임상 내용을 전달했고 한국 연구팀에게는 위험 상황에 대한 대처법을 안내했다. 기운이 빠질 법한 상황에서는 "무엇보다 우리가 이 프로젝트를 왜 시작하게 됐는지 기억해주기 바랍니다."라고 하며 임상의 의의와 다가올 성과에 대해 끊임없이 상기시켰다.

여러 면에서 모하메드 압델하미드 교수는 으레 만나던 의사들과 달랐다. 환자를 대하는 태도와 치료에 대한 깊은 관심은 감동으로 기억될 정도였다. "한국의 연구팀과 모하메드 압델하미드 교수의 공동 목표는 환자들이 걸어서 나가는 것을 보는 것입니다." 몇 달간 그가 환자를 치료하는 것을 지켜보며 진심을 다시 한번 확인할 수 있었다.

임상 물품을 인도받고 임상 참가 환자 정리가 마무리된 2020년 11

월이었다. 모하메드 압델하미드 교수팀과 한국 연구팀은 첫 번째 임상 환자를 맞았다. 의사와 간호사 3명, 연구팀 2명이 필수 인원이었다. 정형외과의사가 환자의 하반신 마취를 하고 세포외기질을 추출했다. 세포외기질은 연구팀에게 전달하고 의사는 환자의 무릎에 관절경을 넣어 환부 사진을 찍었다. 어차피 패치 부착을 위해 환부를 열어야 했다.

그런데 모하메드 압델하미드 교수는 감염의 위험을 최소화하기 위해 공기 중 노출 시간을 최단 시간으로 줄여야 한다며 환부 촬영은 관절경으로 하겠다고 했다. 그 사이 연구팀은 환자의 지방과 늑연골 가루 그리고 액체 상태의 바이오 잉크를 고체로 경화시켜주는 응고제를 섞어 3D 바이오 프린터에 장착했다. 출력물이 나오는 사이 환자의 무릎을 열고 곧바로 출력물을 받아 환자의 무릎관절에 부착했다. 절개 부위를 꿰매는 마무리 작업까지 약 1시간가량이 소요됐다.

첫 환자를 수술하던 날은 연구팀이고 의료팀이고 할 것 없이 모두 초긴장 상태로 준비부터 마무리까지 몇 시간을 서 있었다. 수술실 전등이 꺼지는 순간 오랜 긴장의 시간이 끝나고 그간의 고생들이 떠오르면서 주저앉아 감격의 눈물을 흘리기도 했다. 세계 최초 '초개인맞춤 연골재생'이 마무리된 순간이었다.

중년과 고령의 남녀 14명에게 모든 수술을 마무리하기까지 약 한 달의 시간이 걸렸다. 이후 1개월, 3개월, 6개월, 12개월에 MRI를 찍으며 경과를 관찰했다. 이집트에는 유독 멀리서 오는 환자들이 많았는데 대중교통이 발달하지 않은 탓에 연구팀이 직접 차를 몰고 가 데려와야 하는 경우도 있었다. 그 와중에 연구팀은 환자들의 발걸음이 가벼워지는 것을 가까이서 지켜볼 수 있었다. 굉장히 보람 있는

2021 미국정형외과학회AAOS 연골 임상 결과 발표 현장

200여 명 이상의 글로벌 정형 전문의로 강당이 가득 찼고 새로운 의료기술에 대한 호응이 대단했다.

순간이었다.

63세 여성 환자는 과체중으로 인해 퇴행성 관절염이 심해졌다. 가정주부로 생활하는 데도 제약이 많았다. 수술 당일에도 주변의 부축을 받으며 힘겹게 병원을 찾았다. 그런데 시술 3주 후 통증이 거의 없어졌다며 직접 연구팀에게 고맙다는 이야기를 꺼냈다. 3~4개월이 지난 시점에서는 통증이 없어지고 조깅 등 일상생활이 가능한 수준까지 회복됐다. 그녀는 연구팀이 이집트를 떠날 때 "다시 조깅하게 될 줄 몰랐다."라며 두 손을 잡아주었다.

2021년 9월에 연골재생연구팀은 햇수로 3년 만에 미국정형외과학회를 찾았다. 샌디에이고 컨벤션 센터의 세션을 열고 '3D 바이오 프린팅 기술을 활용한 무릎관절염 신규 치료법'을 소개했다. 단상에는 전임상을 진행한 찰스 브랜던 박사와 인체 임상을 진행한 모하메드 교수가 앉았다. 현장에는 200여 명의 글로벌 정형 전문의가 참석했다. 당일 모하메드 교수는 "현재까지 환자들의 경과가 매우 좋

퇴행성 관절염 수술 전후

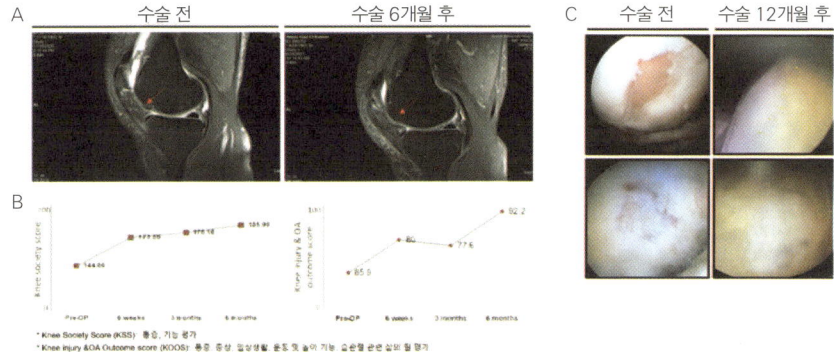

(A) 수술 전과 수술 6개월 후 MRI 결과 (B) 수술 전과 수술 6주, 3개월, 6개월 후 통증 스코어 (C) 수술 전과 수술 12개월 후 관절경 사진

고 자가 세포외기질을 활용한 만큼 안전성도 입증돼 현재까지 부작용은 1건도 보고되지 않았습니다."라고 하며 "통증 스코어인 슬관절 점수는 평균적으로 수술 전 144에서 6개월 후 178까지 올랐고 무릎 부상 및 골관절염 결과 점수도 65.9%에서 92.2%까지 상승해 연골이 재생됐음을 보여줍니다."라고 설명했다. 이어 "MRI 결과도 명백한 유리연골로의 분화를 보여주고 있습니다."라고 임상결과를 종합해 발표했다. 연구팀과 임상팀은 참석한 의사들로부터 "매우 훌륭한 아이디어로 환자들에게 희망이 될 기술을 개발해줘 고맙습니다." "환자들에게 직접 시술하길 고대하고 있습니다."라는 인사를 듣고 또 한 번 감격의 눈물을 흘렸다.

3
자가 조직을 이용해 신장의 건강을 되찾다

환자의 필요를 중심에 두는 것이 진정한 의료이다.

이식과 투석밖에 방법이 없는가

"병원에서 4시간을 꼼짝하지 않고 혈관에 꽂은 투석기 옆에 보냈다. 매번 1~2킬로그램의 체중이 빠졌다. 이렇게 일주일에 서너 번씩 투석을 했다. 인위적으로 피를 뽑아내 거르는 통에 인과 칼륨 약을 늘 먹어야 했다. 스트레스로 체력 손실도 컸다. 시간과 체력의 문제로 사실상 아무것도 할 수가 없었다.

상황이 이렇다 보니 우리나라에서는 신장병 말기 환자에게 장애 2급 판정을 주었다. 유일한 회복법은 이식뿐인데 이식을 받아도 평생 먹어야 하는 면역거부제로 인해 평균 사용 시간은 15~20년 정도라고 했다. 그나마 직계가족 공여자가 없으면 이식할 신장을 구하는 것은 하늘에 별 따기였다. 일반 신청은 평균 10년 후에나 기회가 온다고 했다. 살 수 있는 날이 그리 오래 남아 있지도 않았는데 말이다."

어느 투석 환자가 개인 블로그에 올린 글을 옮긴 것이다. 만성신장병 환자들은 왜 이토록 현실에 낙담하는 것일까? 신장 질환의 발병 원리와 극히 제한된 치료법을 이해하면 왜 그런지 알게 된다. 현실에서 만성신장병 환자의 삶은 위태로움 그 자체다.

우리나라 30세 이상 성인 10명 중 1명은 만성신장병을 앓고 있다. 대한신장학회 자료에 따르면 만성신장병은 치료비가 비싸고 환자의 삶의 질은 매우 낮은 대표적인 질환이다. 2015년 기준 만성신장병의 진료비(단일상병 기준)는 1조 5,671억 원에 달해 전체 질환 중 고혈압에 이어 진료비가 높은 질병 2위를 기록했다. 환자 1인당 연간 진료비는 2,000만 원 정도로 압도적 1위를 차지했다. 이는 암, 치매, 심혈관질환보다 높은 가격이다. 또한 투석 환자의 40.2%는 우울을 경험하는 등 삶의 질은 매우 낮게 나타났다.

만성신장병은 고령화에 따른 증가세도 두드러졌다. 2020년 국내 말기신부전 환자는 25만 명을 넘겼다. 2015년 17만 명 대비 52%나 증가한 수치다. 10만 명이 넘는 환자들이 투석을 받고 있고 연간 2조 원 이상의 비용이 소요되고 있다. 그럼에도 만성신장병 환자들은 관심의 대상이 되지 못하고 있다. 많은 사람이 만성신장병 환자들은 투석하면 일상적 삶을 살 수 있을 것으로 생각하고 '신장 이식'을 통해 언제든 다시 건강을 찾을 수 있다고 생각한다. 그러나 현실은 그렇지 않다.

생존을 위해 우리 몸은 항상성을 유지한다. 수분 배설을 통해 혈액의 항상성을 유지하는 곳이 신장이다. 일종의 자동환경조절 시스템으로 신장에 이상이 생기면 다른 장기들도 영향을 받는다. 그런데 신장에서 일어나는 병은 '침묵의 병'으로 불린다. 일반적으로 신장질환은 80%까지 진행이 되고 나서야 자각증세가 나타난다. 뒤집어 이야기하면 신장 기능의 20% 이상만 작동해도 정상적으로 살아가는 데 무리가 없다는 것이다. 그러다 보니 이상 증상이 나타나거나 징후가 나타나도 무심히 넘기거나 가볍게 넘기는 이들이 많다.

신장에서 요소 등 혈액의 이상 물질을 걸러내는 곳은 피질의 신원(네프론)이다. 어떤 이유에서든 신원의 소실이 일어나면 남은 신원은 소실 부분을 보상하기 위해 작업부하를 늘린다. 그러면서 신장의 기능을 정상적으로 유지한다. 그러나 질병이 생겼다는 것은 '스스로 치유하기에는 한계에 다다랐다.'라는 것을 의미한다. 보존적 요법으로 악화를 막을 수 있다 해도 신장의 기능은 서서히 떨어지며 말기신부전증으로 나아간다.

10년 전만 해도 만성신장병의 주된 원인은 만성사구체신염이었다. 몸의 정화조 역할을 하는 사구체에서 면역 이상 증상이 나타나 만성염증으로 진행한 경우다. 그러나 최근에는 고혈압과 당뇨병 환자들의 만성신장병이 급격히 늘고 있다. 모두 만성질환으로 초기에는 뚜렷한 증상이 없고 몇 개월에서 몇 년에 걸쳐 발생하기 때문에 조기 발견이 어렵다. 역으로 진단 시점에서는 상태가 심각하다. 고혈압과 당뇨병 환자는 신장 기능의 90%를 소실한 상태에서 만성신장병으로 진단된 경우가 가장 많다.

나빠진 신장을 재생시켜 건강한 상태로 되돌리는 치료법은 아직 없다. 그러나 당장 죽고 사는 문제로는 취급되지 않는다. 최악의 경우라도 투석과 이식 등 대체요법으로 생명을 유지할 수 있기 때문이다. 그러나 현실 속 대체요법은 그리 녹록지 않다. 투석치료를 선택한 순간부터 '전업환자'로 살 수밖에 없다. 주 3~4일씩 투석을 받으러 가야 하고 이동 시간을 포함하면 회마다 6~7시간을 써야 한다. 식사와 수분 제한, 심혈관계에 미치는 부담, 투석 후 몸이 받는 스트레스 등으로 체력이 떨어지며 환자의 컨디션은 점차 나빠진다. 투석이 노폐물을 완전히 제거할 수도 없거니와 기계로는 신장이 가지고 있는 조혈기능이나 비타민 합성기능을 대신할 수 없다. 건강이 회복되는 것은 요원한 일이다.

이식은 투석환자들이 간절히 바라는 최후의 보루이다. 신장은 인간의 몸에서 최초로 이식에 성공한 장기이다. 면역학의 발달로 말기 신부전증 치료 중 가장 효과적인 치료법으로 확립됐다. 의학의 발달과 축적된 경험으로 수술 성공률도 높은 편이다. 그러나 드라마나 영화에서처럼 이식만으로 해피엔딩을 기대하기는 어렵다. 가장 큰 문제는 '면역반응'이다. 가족에게 공여를 받았다고 해도 몸은 새 신장을 '외부에서 침입한 적'으로 인식한다. 면역반응이 나타나면 이식 신장을 떼어내야 하는 일까지 벌어질 수 있다. 이를 막기 위해 이식환자는 면역억제제, 항균제, 항결핵제, 항고혈압제, 고지혈증 치료제, 고요산혈증 치료제, 소화제, 제산제 등 10여 가지가 넘는 약을 먹을 수 있다. 이 약들이 주는 부작용이 상당하지만 환자로서는 이식 신장을 잘 쓰기 위해 견딜 수밖에 없다.

가장 안타까운 것은 이식 신장의 기능 역시 제한적이라는 점이다. 이식 장기의 체내 유지 기간은 조직형이 모두 일치하는 경우 23.6년, 조직형이 50% 일치하는 경우 12.1년, 조직형이 불일치하는 경우 11.5년, 뇌사기능자의 경우 8.6년, 사체신장의 경우 8년이다.

현대 의학이 신장 건강을 지키기 위해 강조하는 것은 정기적 검진이다. 소변검사와 혈액검사를 통해 소리 없는 장기의 이상을 알아차려야 약물에 의한 보존적 치료라도 할 수 있기 때문이다. 현재도 전 세계적으로는 약 5억 명 이상이 만성신장병을 앓고 있다. 노화로 인해 신장에 병이 없는 사람도 1년에 0.5%씩 기능이 떨어진다. 전 세계에 노령화가 가속화되는 지금 신장을 되살릴 치료법이 간절히 필요한 이유다.

면역 거부반응 줄이기가 관건이다

2020년 2월 신장 연구팀이 당뇨발 연구팀과 무릎연골 연구팀에 이어 세 번째로 꾸려졌다. 전통적인 의학이 점차 난이도가 높은 질환을 대상으로 발전한 것처럼 장기재생 연구 역시 점차 복잡하고 어려운 장기로 넘어갔다.

"어떻게 신장을 재생시킬 것인가?"

머리를 모으고 스터디를 진행하며 여러 문제를 논의했다. 초기부터 모든 것이 쉽지 않았다. 가장 먼저 제기된 문제는 '단일 치료법이 가능한가?'였다. 신장 전문가들이 모든 신장병을 치료할 수 있는 단일 치료법을 만들기에는 무리가 있다고 말했다. 기존의 당뇨발이나 무릎연골 재생 치료는 경증과 중증을 구분하지 않고 동일한 프로토콜로 치료할 수 있었다. 하지만 신장은 달라야 한다는 주장이 일었다. 현재 신장 치료 역시 단계에 따라 그 치료법이 다르다. 남아 있는 신기능은 환자의 상태를 보여주고 해볼 수 있는 치료법을 가늠하게 해주는 바로미터이다.

신장 부분 재생 전략: 신장 부상 이후 재생 메커니즘

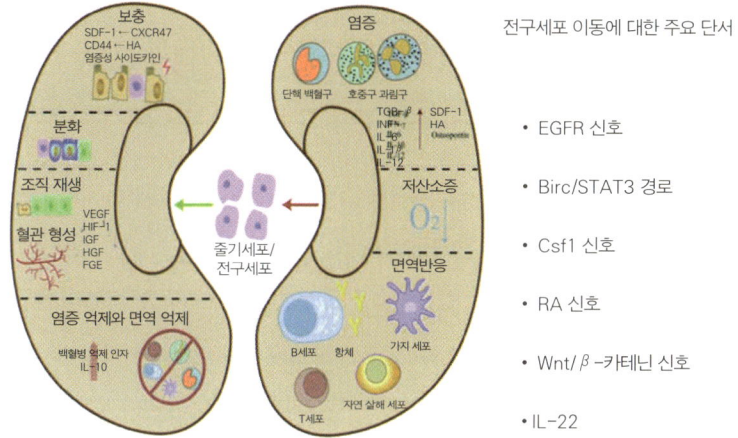

(출처: 황, J. 외, 2021, 신장 내 줄기세포와 전구세포: 특징, 이동, 조직, 유지, 줄기 세포 연구와 치료)

1단계	경미한 증상으로 신장 기능이 90% 이상 유지된다. 하지만 소변의 알부민 배설이 증가하거나 소변 침전물이 생기는 수준으로 환자 스스로 느끼는 증상은 거의 없거나 아주 미비하다. 그러다 보니 진단이 되는 경우도 드물다. 신장의 높은 예비기능은 감소하지만 보상작용에 의해 환자가 느끼는 불편은 거의 없다. 대사 능력도 충분해 생활 역시 정상인과 다르지 않다.
2단계	1단계와 마찬가지로 예비력 저하 단계로 신장 기능이 정상의 60% 이상은 유지되는 상태이다.
3단계	신장 기능 장애가 나타나는 시기로 신장 기능이 정상의 30~60% 이하로 떨어진다. 전해질 불균형, 부종과 고혈압, 피로감, 구토 등 증상이 나타난다. 이때부터 환자들은 저단백과 저염을 중심으로 한 식사요법을 처방받고 운동 제한이 필요하다는 이야기도 듣는다.
4단계	신부전이 나타나는 시기로 신장 기능이 정상의 30% 이하로 떨어진다. 환자도 자신이 신장병 환자라는 것을 인식하기 시작한다. 증상으로도 손발 부종, 허리통증, 호흡 곤란, 심전도 장애, 경련, 혼수 등이 나타난다. 이 시기가 되면 신장 투석 또는 이식을 고려해야 한다.

5단계	말기신부전으로 불리는 만성신장병의 최종단계. 신장은 정상의 15%밖에 기능을 하지 못하므로 독소와 노폐물이 혈액에 축적되어 요독증이 나타난다. 요독증은 전신에 문제를 일으키는데 부정맥, 심장 마비, 근육 마비도 일어날 수 있다. 방치하면 사망에 이르게 된다. 투석과 이식이 최선의 치료법이다.

신장 연구팀은 일단 치료 대상을 두 개 그룹으로 분리하기로 했다. 첫 번째 그룹은 3단계와 4단계 환자인데 남아 있는 신기능을 회복시키면 투석과 이식까지 가지 않을 수 있다. 10%의 신기능을 20%까지만 끌어올려도 투석을 하지 않아도 된다. 삶의 질이 매우 달라지므로 치료적 의미도 매우 크다.

두 번째 그룹은 5단계로 어쩔 수 없이 이식해야 하는 경우다. 이식 자체에 대한 가능성을 높이고 면역 거부반응을 최소화해서 이식 후 나타나는 여러 문제를 예방하는 것을 목표로 삼았다. 현실적으로 가장 큰 원인은 기증 신장이 많지 않기 때문이다. 오래전부터 돼지와 같은 다른 동물의 신장을 이식하는 이종이식 연구도 활발히 진행됐으나 의료 현장에서 사용되지는 못하고 있다. 그만큼 해결해야 할 어려움이 많다는 이야기다.

연구팀은 두 개 그룹에 맞는 재생 치료법을 찾기 위해 매달렸다. 해결해야 할 문제 역시 두 가지였다. 신장을 재생시킬 바이오 잉크의 재료를 찾는 것과 이식 신장의 면역 거부반응을 줄일 새로운 기술을 개발하는 것! 신장 연구팀이 문을 열고 '신장 재생 투 트랙'이 결정되기까지 수개월의 시간이 걸렸다.

오멘텀의 놀라운 신장 재생 효과를 확인하다

"신장을 재생시킬 수 있는 성분을 어디서 얻을 수 있을까?"

연구팀은 2개월째 자료 검색 단계에 머물러 있었다. 사내에 포진해 있는 생물학, 생명공학, 조직공학 박사들은 신장 연구팀의 사정을 듣고 몇 개의 아이템들을 던져주기도 했다. 이렇게 들은 풍월은 연구팀에게는 작은 불씨가 됐고 덕분에 다양한 관련 정보들을 찾아볼 수 있었다. 그러다 한 번은 매우 중요한 단서가 포착됐다.

"석사 시절 바이오 폴리머 스캐폴드 내에 세포를 키울 때 그물막을 둘러싸면 잘 재생되더라."

이야기를 듣던 나는 "맞다! 오멘텀!" 소리가 절로 나왔다.

오멘텀(Omentum, 그물막·장간막)은 외과의사들 사이에는 '수술 후 처치'에 사용하는 부위로 잘 알려진 부위다. 복강 안쪽 내장 사이를 커튼 모양으로 연결하는 평평한 막으로 지방이 70%를 차지한다. 이전에 외과의사인 지인들로부터 위나 장을 절제하는 수술 후에 오멘텀을 당겨와 수술 부위를 감싸는 처치를 했다는 이야기를 들은 기억이 났다. 그런 처치를 하게 된 이유를 물어보니 "교수님들로부터 그렇게 하는 것이 좋다고 배웠습니다." "수술 부위가 아무는 데 도움이 되는 것 같습니다."라는 대답을 해주었다. 나와 연구팀은 관련 논문을 샅샅이 뒤지기 시작했다.

여기저기서 오멘텀의 효과를 알려주는 논문이 나타났다. '복강 내 경찰'이라 불린 오멘텀이 100년도 전부터 외과적 수술에서 사용됐다는 내용부터 다양한 세포로 분화될 수 있는 만능 줄기세포 표지가 있다는 내용까지 다양했다. 또한 연구팀은 오멘텀이 조직의 치유 및 재생을 돕는 생체 내 배양기와 같은 역할을 한다는 것을 확인했다.

이 밖에도 연구팀에서 주의 깊게 본 내용은 몇 가지가 더 있다. 수술 부위에 오멘텀을 감싸서 치료를 도왔다는 내용 중에 신장 관련 이야기가 나왔다. 신장염으로 인해 소변에 림프액과 지방이 섞여 나오는 유미뇨증 치료를 위해 신장과 연결되는 부분을 절단한 후 수술 부위를 오멘텀으로 감싸 혈액 공급을 원활하게 했다는 기록이 있었다. 위장 수술에서는 문합 부위를 오멘텀으로 감싸 혈액이 새는 것을 방지한다고 했다.

다음으로 오멘텀을 잘라 자체의 유효성분을 이용한 사례도 있었다. 1979년 미국의 게리 골드스미스Garry S. Goldsmith 박사는 뇌졸중 환자의 뇌에 그물막을 잘라 사용했는데 뇌 기능이 좋아지는 것을 관찰했다. 골드스미스 박사는 이런 결과를 바탕으로 "오멘텀에 대한 임상적 연구가 계속되어야 한다."라는 주장을 펴기도 했다. 이어서 1994년 골드스미스 박사 그룹은 뇌와 척수의 재혈관화에 오멘텀을 사용해 척수 주위의 섬유화가 줄어드는 결과를 얻었다고 발표했다. 오멘텀이 뇌 손상의 치유를 개선하고 뇌혈액과 산소 농도를 증가시킨 증거라고 설명했다.

이 밖에도 방사선 치료 후 오멘텀을 피부조직에 붙였을 때 상피세포의 회복과 재생이 잘 이루어졌다는 연구결과도 있었다. 연구팀은 이러한 자료를 통해 '오멘텀의 어떤 성분이 생체의 재생에 관여하며 좋은 영향을 미친다.'라는 추정에 도달할 수 있었다.

연구팀은 기능이 저하된 신장을 재생시킬 바이오 잉크의 후보물질로 오멘텀을 특정한 후 기대 효과를 이론화했다. 첫째 '생체 내 배양기'로서 세포외기질 내의 다양한 성장인자와 둘째 혈관 보호 기능을 주요 치료 효과로 지목했다.

조사한 논문에 따르면 3D 프린팅한 뼈 구조체 또는 췌도세포를 오멘텀에 이식했을 때 뼈 구조체 모델에서는 뼈세포가 분화돼 스캐폴드 내의 골밀도가 증가했고 췌도 세포의 경우 인슐린 분비가 증가돼 당뇨병 모델에서 혈당을 조절했다. 조직 배양의 효과를 확인할 수 있었다. 또한 오멘텀 세포의 영양 인자에는 조직의 섬유화를 억제하고 혈관의 신생과 확장을 돕는다고 알려져 있다. 오멘텀 유래 기질세포에는 VEGF, BFGF, PDGF, HGF 등이 포함되어 있다. 마사토시 오카Masatoshi Oka의 논문에 따르면 HGF는 혈관의 생성과 확장을 통해 항섬유화 효과를 낸다고 했다. 그 밖에 VEGF는 혈류개선을 통해 세포 내 재세포화의 성공률을 높인다.

연구팀은 다양한 참고자료 결과를 종합해 오멘텀을 이용한 패치를 신장에 부착하면 만성신장병을 악화시키는 저산소증과 섬유화를 막을 수 있으리라 기대했다. 흔히 장기가 딱딱하게 굳는 것을 섬유화라고 한다. 섬유화가 진행돼 굳은 장기는 제기능을 하지 못한다. 그런데 신장의 경우 모세혈관에서 혈액순환이 감소하면 만성 저산소증이 진행돼 진행성 섬유증이 생긴다. 이 섬유증이 다시 혈액 순환을 막아 만성신장병이 가속화되는 악순환의 고리에 빠지고 만다. 오멘텀이 생체 내 배양기로서 신장조직을 배양하고 모세혈관을 보호하면 이 악순환의 고리를 끊을 수 있을 것이다.

2020년 여름에 쥐를 이용한 첫 시험이 시작됐다. 소동물에서는 요관을 묶거나 잘라 신장에서 소변을 배출하지 못하게 하면 요소가 신장에 쌓여 신부전이 나타난다. 연구진은 요관폐쇄로 신부전 모델을 만들고 부풀어오른 신장에 자가 오멘텀 치료 패치를 이식하는 과정을 진행했다. 쥐의 오멘텀을 채취해 3D 바이오 프린터에 넣고 원형과 사각형 등 다양한 형태의 패치를 제작했다.

크기와 점도를 달리한 패치를 이식하고 2주 뒤 신장의 상태를 관찰했다. 아무 처리를 하지 않았던 비교군과 패치 이식을 한 실험군의 신장은 큰 차이를 보였다. 패치를 이식한 신장은 조직 섬유화가 줄었고 신장에서 걸러진 혈액이 오줌으로 내려가는 세뇨관의 위축현상도 줄었다. 신장치료로 패치를 이식하는 기술과 연구결과에 대해서는 대한신장학회, 국제조직공학 재생의학회, 미국신장학회 등 국내외 학회에서 활발하게 발표했다.

곧이어 대동물을 이용하는 전임상이 진행됐다. 돼지의 신장은 사람의 크기(약 13센티미터)와 비슷하기 때문에 인체 임상을 하기 전에 수술법을 개발하고 검증하는 데 사용될 수 있었다. 연구팀은 복부를 최소로 절개하고 오멘텀을 채취했다. 다음으로 절제한 오멘텀을 필터로 물리적 분쇄 과정을 거친 후 미분화된 파티클micronized particle 형태로 만들었다. 이를 생체 풀인 피브린 글루와 섞어 신장 패치용 바이오 잉크를 완성했다. 이를 3D 바이오 프린터에 장착한 후 예정된 모양대로 패치를 출력해 돼지에게 이식했다. 수술 과정에서 출혈이 발생하지 않았으며 수술 후 12주 이후 안전성을 검증했을 때도 혈액학적(면역세포, 적혈구, 헤모글로빈 등)으로 이상이 없었으며 초음파를 통해 혈관저항지수Renal vascular resistance가 정상범위임을 확인했다. 일부의 신장 조직은 생검을 통해 조직학적 염색으로 분석이 됐다. 분석결과에서도 면역반응이 정상 조직과 유사하며 면역 거부반응이나 부작용이 일어나지 않음을 확인할 수 있었다.

2021년 9월 신장 연구팀은 또 하나의 전기를 맞았다.

3D 바이오 프린팅된 그물막 패치 이식 과정

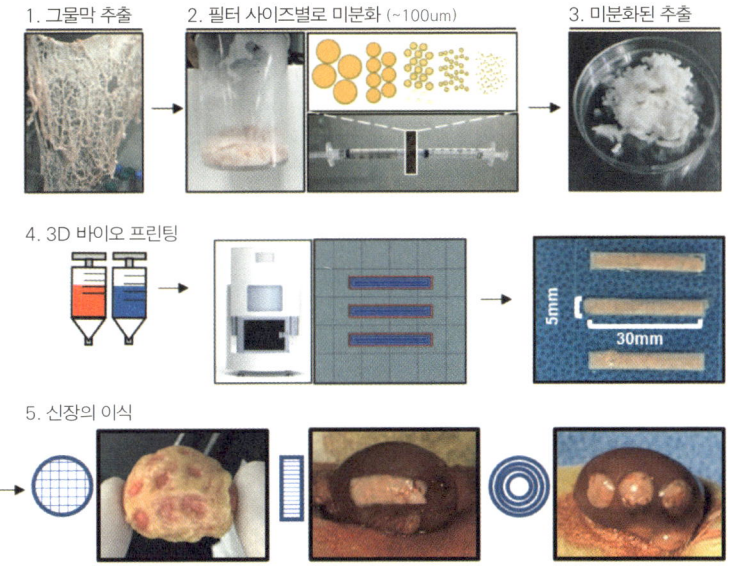

"훌륭한 연구결과에 경의를 표합니다."

로킷헬스케어 신장 연구팀은 2021년 9월 대한신장학회에 정식 초청됐다. 당시는 신장 패치 관련 내용을 논문으로 작성해 신장학 관련 전문학술지에 그 결과를 제출한 후였다. 연구결과가 발표되자 여러 대학과 병원의 전문가들이 자세한 내용을 알고 싶다며 연락을 해왔고 그중 대한신장학회는 로킷헬스케어 연구팀이 직접 정기학술대회에 나와 연구결과를 설명해줄 것을 요청했다. 신장 연구팀은 그간의 연구 내용을 '4D 바이오 프린팅 기술을 이용한 만성신장병의 새로운 치료접근법'이란 주제로 정리해 발표했다. 현장의 반응은 뜨거웠다.

신장내과 교수들도 만성신장병 환자들에게 치료다운 치료를 할

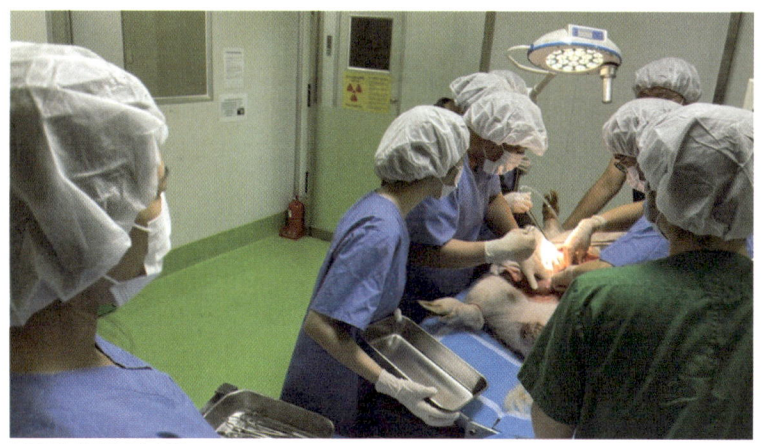

신장 재생 전임상 시험

수 없는 현실을 매우 안타깝게 생각하고 있었다. 1945년 네덜란드 의사 빌헬름 콜프Wilhelm Kolff가 투석치료를 최초로 했다. 국내는 한국전쟁 기간에 미군이 신부전 센터를 설립하고 혈액투석을 적극적으로 시행하면서 도입됐다.

신장 이식이 처음 행해진 것은 1954년 이식 전문 외과 의사 조지프 머리Joseph Edward Murray에 의해서였다. 쌍둥이에게서 면역 거부 반응이 나타나지 않았다. 조지프 머리는 신장 이식에 관한 공로로 1990년 노벨 생리학상을 받았다. 이들의 공로로 인해 만성신장병 환자들은 생명을 연장할 수 있게 됐다. 그러나 신장 치료에서 현대 의료는 50년 전 기술에서 그다지 나아가지 못한 것이 사실이다. 전문가들조차 새로운 기술로 새로운 치료법을 개발해 만성신장병 환자들에게 더 나은 삶을 제공할 수 있기를 기대하고 있다.

로킷헬스케어 신장 연구팀은 장기재생 탈세포 재세포 특수장비 바이오리액터를 미국식품의약청에 등록 완료했고 신장 재생이라는 의료 역사의 중요한 한 걸음이 이렇게 시작됐다.

로킷이 개발한 신부전 치료 패치의 효능은 전임상연구를 통해 검증됐다. 해당 연구 결과는 2022년 12월 논문 「3D 바이오 프린터로 출력된 자가 오멘텀 패치의 신장 섬유증 개선」으로 유수 저널인 『조직 공학 파트 C Tissue Engineering Part C』에 표지 논문으로 채택되기도 했다. 신장에 대한 로킷의 재생의학기술이 연구단계에서 임상치료에 적용될 가능성을 평가하며 신부전 치료 패치 연구는 주목을 받았다.

세계 최초의 신장 재생 인체 임상 현실이 되다

2023년 9월 인도에서 신장 자문 의사를 포함한 바이오 회사팀이 로킷헬스케어를 찾았다. "로킷헬스케어의 신장 재생 플랫폼을 인도에서 인체 임상으로 해보고 싶습니다. 이 기술은 매우 혁신적이며 인도의 많은 환자를 구할 수 있을 것입니다." 로킷을 찾은 신장학 박사 판카즈 R. 샤 Dr. Pankaj R. Shah는 2023년 3월 세계신장학회 World Congress of Nephnology에서 로킷헬스케어의 부스를 찾아와 명함을 주고 갔던 의사였다. 그는 인도의 신장학 분야에서 명성이 높으며 아메다바드에 위치한 인도 신장병 및 연구 센터 IKDRC에서 40년 이상 근무한 경력을 가지고 있었다. 약 6,500개 이상의 신장 이식 수술을 집도한 경험이 있는 의사였다. 학회에서 로킷의 새로운 기술을 만나고 인도에 도입하고 싶다는 생각으로 한 바이오회사와 연계하여 로킷을 다시 찾았던 것이다.

로킷헬스케어의 연구팀은 인도에서 오신 손님을 정중히 맞이하며 함께 만성신장병 환자들의 치료법에 대해 논의를 했다. "현존하는 치료법들은 보존적인 방법일 뿐 신장 자체를 치료하는 방법은 아직 없습니다." 샤 박사는 한국의 의사들과 같은 맥락의 이야기를 해주었다. 그가 40년 이상 이 분야에 몸담고 환자를 치료했지만 항상 부족함을 느끼고 갈급함이 있었다는 것이다.

신장 연구팀은 그동안의 전임상 연구결과들을 자세히 설명했고 실제 환자들에게 적용됐을 때의 치료효과와 예상되는 부작용 등에 대해 이야기했다. 자가 조직을 사용하기 때문에 물질 자체의 위험성은 매우 적은 수술이었다. 다만 만성신장병으로 인해 몸이 약한 환자들에게 무리가 가지 않도록 최소한의 절개를 통한 수술법으로 진행하기로 했다.

신장 기증 후 장기이식 기술 개발에 힘쓰다

연구팀은 장기이식을 좀 더 안전하고 효율적으로 하는 기술 개발에도 매달렸다. 다음 장의 '기증 장기이식술'에서 자세히 설명하겠지만 장기이식은 일반인의 상상만큼 쉽지 않다. 장기이식 사례는 꾸준히 증가하고 있으나 대기자를 충족시키지는 못한다. 따라서 장기이식이 많이 이루어지는 미국에서조차 매일 17명의 대기자가 이 식을 기다리다 숨을 거둔다.

장기이식의 어려움 중 하나는 '기증받은 장기를 제때 이식하지 못하는 것'이다. 장기의 보관시간이 짧다 보니 공여자와 조직이 맞는 수혜자를 찾지 못해 폐기되는 것도 상당하다. 미국에서는 해마다

4,000개 이상의 신장이 제때 이식되지 못하고 폐기된다고 한다.

로킷헬스케어 신장 연구팀에서는 기증 장기의 보관 시간을 늘리고 공여자와 수혜자 간의 적합도 차이를 해소하는 기술을 개발하고자 했다. 기증 장기의 보관시간을 늘리고 조직을 맞추는 번거로움을 없애는 기술로 탈세포화Decellularization와 재세포화Recellularization를 꼽았다.

탈세포화와 재세포화 특수장비

흔히 말하는 부패와 면역반응은 모두 세포 때문이다. 장기의 세포들은 생명을 가진 존재들로 산소와 영양분을 공급하지 않으면 부패가 시작된다. 심장과 폐는 4~6시간, 간은 8~12시간, 신장은 24~36시간 내 이식을 마쳐야 한다. 다음으로 면역반응은 수혜자가 적합도가 높지 않은 공여자의 장기를 이식받을 경우 나타난다. 세포는 항원-항체 반응에 의해 내 것이 아닌 것을 구분해내 공격한다. 면역억제제를 써서 억제할 수는 있다. 하지만 적합도가 낮은 경우 장기는 기능 유지 기간도 짧다.

"공여자의 세포를 없애고 수혜자의 세포를 이식한 장기를 받는다면 모든 문제가 해결되는 것 아닙니까?"

맞는 말이다. 기증 장기의 세포를 없애면 장기의 변질을 막아 이식 가능 시간은 늘릴 수 있고 이종 장기의 활용도 가능하다. 다음으로 기증 장기에 수혜자의 세포를 이식하면 수혜자의 몸에서 나타나는 면역반응을 획기적으로 줄일 수 있어 적합도와 관계없이 장기를 이식할 수 있다. 그러나 효용성과 필요성에도 불구하고 관련 기술은 아직 개발이 많이 진행되지 못하고 있다.

닥터 인비보 니치 리젠은 탈세포와 재세포를 포함한 전 과정을 하나의 기기에서 자동조정하는 바이오리액터이다.

탈세포화와 재세포화는 매우 어렵다. 흔히 장기조직에서 세포를 떼어내는 탈세포화는 세척제Detergent를 이용하는데 잘못하면 조직 손상이 쉽게 일어난다. 세포를 조직에 안착시키는 재세포화는 더욱 어렵다. 재세포화는 탈세포화된 조직에 세포를 다시 뿌려 안착시키는 것이다. 뿌려진 세포가 흐르는 혈액에도 쓸려 내려가지 않을 정도로 단단히 뿌리를 내리게 하는 것은 가장 어려운 기술에 속한다. 아직도 제대로 된 성공사례가 거의 없을 정도이다.

로킷헬스케어 신장 재생연구팀은 탈세포 시 미세혈관 구조의 보존과 재세포 시 세포의 생착을 돕는 연구를 진행했고 1차적으로 전 과정을 하나의 기기에서 자동조정하는 바이오리액터를 개발했다. 일명 닥터 인비보 니치 리젠이다. 이 세계 최초 자동탈세포 및 재세포기기를 이용해 신장은 물론 다양한 5대 장기이식 연구가 활성화될 수 있으리라 기대한다. 아시아태평양신장학회 국제학술대회

(APCN&KSN 2024)에서 '신장 재생을 위한 탈세포화·재새포화 기술'이 우수 포스터상을 수상하기도 했다.

또한 인공지능 3D 바이오 프린팅 기술을 활용해 만성신부전(만성신장병) 환자를 대상으로 한 신부전 치료 패치를 개발 중이다. 2023년에는 서울대학교 의과대학과 서울아산병원과 함께 범부처재생의료기술개발사업단의 '재생의료 연계기술개발' 사업에 선정돼 과제를 수행하고 있다. 공동연구병원에서 예비임상연구Pilot study를 수행할 수 있도록 기관생명윤리위원회IRB, Institutional Review Board의 승인을 받았고 2025년에는 세계 최초 신장 재생 수술이 진행 예정이다. 신장 관련 의학계가 로킷헬스케어의 신장 재생 연구에 거는 관심과 기대가 크다는 것을 느낀다. 나는 우리의 신장 재생 연구가 반드시 성공하여 만성신장병을 앓는 환자분들의 삶의 질을 높이고 신장투석이라는 막막한 상황을 지연시킬 수 있는 빅 솔루션이 되기를 바란다.

3장

혁신 기술들이 장기재생 시대를 이끈다

1
의료 인공지능이 모델링을 통해 처방과 진단을 한다

변화 없이는 진보가 불가능하며
생각을 바꾸지 못하는 사람은 어떤 것도 바꿀 수 없다.
-조지 버나드 쇼

의료 인공지능의 발전 가능성은 무궁무진하다

2022년 1월 IBM이 '왓슨 헬스 사업부'의 자산을 매각한다는 발표가 있었다. 바이오 업계에도 파란이 일었다. 왓슨은 1세대 인공지능 의사다. 우리에게 너무도 익숙한 컴퓨터 기업인 IBM은 데이터를 활용해 의사, 연구원, 보험사가 헬스케어 문제를 해결한다는 목표로 2015년 왓슨 헬스를 별도의 사업부를 설립했다.

왓슨은 '최초의 인공지능 의사'라는 타이틀로 많은 스포트라이트를 받았다. IBM이 왓슨의 첫 출시 이후 쏟아부은 40억 달러라는 천문학적인 비용은 실제 성능보다 더 큰 기대를 불러일으키는 요인이 되기도 해다. '그만큼 많은 투자를 한 데는 그만한 이유가 있을 것'이라는 일반적인 짐작 때문이었다.

최초 왓슨은 '왓슨 포 온콜로지'라는 이름으로 출시됐다. 의사의 의료적 의사결정 과정을 돕는 임상 의사결정 지원 시스템이지만 암 Oncology에 특화된 인공지능이었다. 2012년 세계 최대 암병원 중 하나인 미국 메모리얼 슬론 케터링 암센터MSKCC에서 폐암, 유방암, 전립선암 등 암 진료에 처음 도입됐다. IBM 측은 당시 왓슨과 의료진의 의견 일치율이 대장암 98%, 직장암 96%, 방광암 91%, 난소암 95%, 자궁경부암 100%라고 소개했다. 진단의 정확도가 인간 의사에 못지않았다. 왓슨이 200종 이상의 의학 저널과 교과서를 포함한 방대한 양의 임상 데이터를 학습했기 때문이다.

국내에서는 2016년 가천대길병원에서 처음 왓슨을 도입했다. 알파고와 이세돌이 대국을 치른 바로 그 해였다. 반향은 상당했다. 2013년 학회에서 왓슨을 접한 길병원은 직접 한국IBM을 찾아가 '왓슨이란 무엇인가'를 주제로 단독 과외도 받았다고 한다. 실제 왓슨은 진료 현장에 투입됐고 대장암, 폐암, 유방암, 위암, 부인암 등을 진단해냈다. 길병원 측은 환자 만족도가 매우 높다고 홍보했다. 실제 왓슨은 암 진단 외에도 의료 현장에서 다양한 일을 담당할 수 있었다. 암 환자를 진단하고 유전정보를 분석하고, 의료영상을 판독하고, 임상시험을 돕고, 전자의무기록EMR을 분석하고, 건강보험 적용 여부를 심사하는 모든 일이 가능하다. 길병원 측에서도 왓슨의 장점을 세 가지 꼽았다. 의사의 인지능력을 강화하는 준거를 제시하고, 근거중심의학을 위한 통합 자료를 제공하고, 다학제 진료에 활용됨으로써 원활한 환자 진료를 돕는다고 설명했다.

그럼에도 왓슨의 국내 업무는 2022년 종결됐다. 2022년 1월 왓슨

헬스의 매각으로 서비스 공급이 중단됐기 때문이다. 그간의 성과에도 왓슨이 의료계에 깊이 뿌리내리지 못한 이유에 대해 전문가들은 "왓슨은 설명 가능한 인공지능XAI, Explainable AI과 거리가 멀다."라고 말했다. 보통의 의사와 마찬가지로 왓슨도 데이터 분석과 딥러닝을 통해 의료적 판단을 한다. 그런데 그 판단 근거를 정확히 제시하지 못한다는 것이다. 마치 내비게이션이 길을 보여주지만 왜 그 길을 선택했는지는 설명하지 못하는 것과 같다. 문제는 내비게이션은 운전자가 추천 경로를 따르든 안 따르든 생명에는 지장이 없지만 의료적 진단은 매우 치명적인 영향을 미칠 수 있다는 것이다. 의료진과 환자 모두 "왜 그런 진단을 했는가?"에 대한 답을 얻기 전까지 왓슨의 말을 100% 신뢰하기가 어려울 수밖에 없다. 어쩔 수 없이 환자는 오류가 다소 있고 인공지능보다 덜 똑똑할 수도 있는 인간 의사의 말을 더 따르게 된다.

다행인 것은 왓슨의 사업 축소 혹은 의료계 철수가 예상되는 상황에서도 '의료 인공지능'에 대한 관심이 전혀 식을 줄 모른다는 것이다. 그 이유는 의료 인공지능을 활용함으로써 의사와 환자 모두 혜택을 볼 수 있는 여지가 충분하고 그만큼 발전 가능성도 무궁무진하기 때문이다. 국내에서 통용되는 인공지능 의료기기에 대한 설명은 "의료 데이터를 분석해 질병의 진단 또는 예측 등을 목적으로 하는 소프트웨어"이다. 대표적으로 CT, MRI, 심전도 등 의료 데이터를 스스로 학습한 후 지령을 찾아내서 의료진의 진단을 보조하는 기능을 들 수 있다. 뇌 MRI 영상에서 알츠하이머병을 자동으로 분석해 의료인의 진단을 보조하는 '닥터앤서'는 국내의 대표적인 인공지능 의사로 꼽힌다.

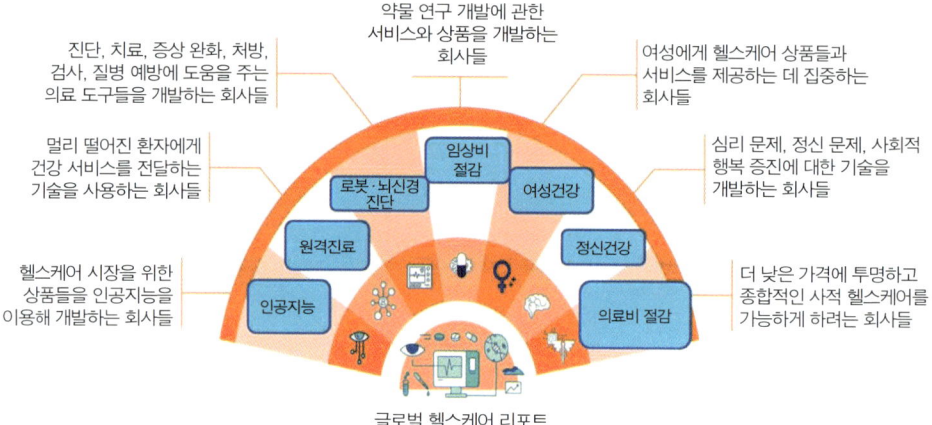

(2020년 3분기)

그뿐만 아니다. 식약청에서 발표한 국내 인공지능 의료기기 허가 현황을 보면 2017년 0건에서 2020년 50건으로 급성장 중이다. 실제 전국 지자체 보건소 검사 및 진단 데이터, 주요 병원의 질병 진단 데이터, 건강보험 공단의 건강검진데이터 등 수십억 개의 빅데이터를 활용해 '인공지능 기반 헬스 솔루션'을 제공하는 몇 개의 프로그램이 상용화를 앞두고 있다. 통합의료지원 모니터링 플랫폼도 가능하다. 이를 이용하면 생체 신호를 측정하고 분석해 질병을 예측할 수 있고, 증상이 나타날 때 진료과를 추천받을 수 있고, 다양한 의료 정보를 의료진에게 전달해 '3분 진료'로 표현되는 진료시간의 한계도 극복할 수 있다.

더불어 의료 인공지능은 다양한 영역에서 그 활약이 기대된다. 보통 대학병원급의 병원들의 3대 역할은 진료, 교육, 연구로 나뉜다. 환자를 보는 것 못지않게 후학을 양성하고 건강증진을 위한 다양한 연구도 해야 한다. 의료 인공지능의 발전은 환자를 진료하는 과정에서 나온 막대한 데이터를 취합해 교육과 연구에 활용할 수 있도록 하며 교육과 연구 성과를 다시 진료에 재투입할 수 있는 선순환의 사이클을 만든다.

종합해보면 왓슨의 사업 축소는 '의료 현장에서 활용될 수 있는 충분한 조건을 갖춘 프로그램이 필요하다.'라는 것을 상기시켜준 하나의 사건이라고 평가할 수 있다. 우리는 전대미문의 디지털 헬스케어와 인공지능 기술이 의료에 본격적으로 접목되는 현재를 살고 있다. 우후죽순처럼 많아지는 바이오 기업에는 위기와 같은 기회가 찾아오고 있다.

인공지능과 3D 바이오 프린터가 융합을 한다

인공지능 황금기를 맞이하게 한 장본인은 딥러닝 기술이다. 이는 인간의 신경 전달 과정을 모방한 인공지능의 한 종류이다. 인간의 학습은 시냅스라는 신경의 연결과정을 통해 이루어진다. 감각수용체를 통해 입력된 정보를 뇌의 신경 다발에서 처리한다. 신경 다발의 각 신경은 시냅스를 통해 서로 연결되어 있다. 시냅스에서는 앞선 뉴런에서의 신경 자극이 다음 신경으로 전달되기 위해 일정한 역치 값을 넘어야 하는 구조이다. 이러한 신경 전달을 통해 도출된 결론을 통해 정보가 전달된다.

딥러닝은 이러한 일련의 과정을 모방해 결론을 도출한다. 딥러닝에서 하나의 신경은 노드Node로 정의하고 신경 다발은 은닉층이라 정의한다. 인간의 신경 전달 과정과 유사한 과정으로 결론에 다다른다. 입력된 정보를 은닉층의 노드들이 일정한 역치를 기준으로 다음 노드들로 정보를 처리해 전달한다. 이전에는 노드들에서 일어나는 계산의 양이 방대해 컴퓨터를 사용해도 오랜 시간과 큰 비용이 들어갔다. 그러나 기술의 발전으로 컴퓨터의 처리 속도가 증가하고 학습할 데이터가 증가하면서 인공지능의 학습법도 발전하게 됐다.

그러나 이러한 인공지능 기술은 높은 전문성이 필요하기 때문에 비전문가들의 접근이 쉽지 않다. 특히 IT 전문가가 아닌 의료진이 사용하기에는 어려움이 많다. 그중에서도 3D 바이오 프린터 등의 첨단 장비와 함께 사용되면 작업 진행이 훨씬 복잡해져 전체적인 사용 난이도가 높아질 수밖에 없다. 그러다 보니 로킷헬스케어의 장기재생 플랫폼에서 인공지능의 활용은 생물학자나 바이오 전문가가 아닌 인공지능 전문가가 진행할 수밖에 없었다. 즉 인공지능은 장기재생 플랫폼의 완성에 중요한 역할을 해냈지만 만만치 않은 수고가 필요했다.

앞서 소개한 로킷헬스케어의 장기재생 플랫폼은 난치로 알려진 당뇨발, 연골, 신장의 재생 치료를 위해 자가 세포외기질을 3D 바이오 프린터로 출력해 환부에 붙여주는 형태이다. 세포외기질을 포함한 패치를 이식받은 장기에는 니치라고 하는 재생 환경이 조성되는데 성장인자와 줄기세포 등 재생에 필요한 여러 영양분이 조직의 정상화를 촉진한다. 니치에서는 세포 분화와 성장을 촉진하는 물질들을 끌어당겨 세포 재생 효과를 일으킨다.

공학적 관점에서 치료 과정의 핵심은 세포외기질 기반의 재생 환경인 니치를 환부에 딱 맞게 만들어주는 것이다. 매우 정밀하게 재생에 최적화된 환경을 만들어주어야 한다. 따라서 인간보다는 인공지능을 활용하는 것이 합리적이다.

일반적으로 최적의 패치를 제작하기 위해서는 세 가지의 과정을 거치게 된다. 첫째는 환부를 스캔하여 3D 형태로 모델링을 한다. 둘째는 3D 모델링 결과를 3D 바이오 프린터가 이해할 수 있는 코드로 변환한다. 셋째로 여러 생체 재료를 환부에 딱 맞는 패치로 제작하기 위해 3D 프린팅의 파라미터들을 튜닝하는 과정도 필요하다. 일련의 과정은 복잡할 뿐 아니라 각 분야의 전문가가 협업해야 가능하다. 더불어 로킷헬스케어의 장기재생 플랫폼은 실험실이 아니라 실제 의료 현장에서 활용돼야 하므로 '단순한 프로토콜'로 진행돼야 한다. 개발자의 입장에서는 넘어야 할 장애물이 '산 넘어 산'인 작업이었다. 모든 과정의 솔루션을 찾아가는 과정에서 인공지능을 활용할 수밖에 없었다.

첫째, 환부 스캔부터 살펴보자. 기존의 일반적인 3D 스캐닝 방법은 전문 장비와 인력을 동원해 CT와 MRI 등의 대형 스캐너를 이용하는 경우가 많았다. 이에 따라 공간적 제약과 경제적 제약도 상당했다. 또한 촬영한다고 해도 결과물이 환부 이외의 영역까지 포함하고 있기 때문에 환부만을 특정하여 데이터를 정제하는 과정에서 컴퓨터 지원설계CAD를 다룰 줄 아는 전문 인력이 필요했다. 기존 의료 현장에서는 필요한 제품이 생기면 사전 제작 방식을 취하곤 했다. 그러나 로킷헬스케어에서는 여러 여건상 사전 제작 방식을 취하기는 어려웠다. 당뇨발 수술의 경우 환부에서 손상됐거나 감염된 조직을 제거하는 '죽은 조직 제거술'을 동반하게 된다. 이럴 때 환부의 형태가 변화하고 출혈이 발생한다. 사전에 제작해둔 패치로는 모양을 맞추기가 어렵다. 오염 문제도 배제할 수 없다. 수술 인력이 수술실 밖으로 나가는 순간 멸균 상태가 해제된다. 외부 오염에 민감한 당뇨발 수술의 경우 패치를 수술실로 이송하거나 수술 인력이 이를 받는 과정에서 오염 문제가 발생할 수 있다. 이런 이유로 사전 제작은 선택지에서 배제됐다. 패치 제작은 실시간으로 그것도 수술실 안에서 이루어지는 것이 최선이라는 공통된 의견을 수용해야 했다. 따라서 해결 방법을 찾을 수밖에 없었다.

둘째, 3D 모델링 결과를 3D 바이오 프린터가 이해할 수 있는 코드로 변환하는 과정에서도 허들이 존재했다. 비전문가들은 3D 프린터의 특징을 '뚝딱'으로 표현한다. 출력하고자 하는 이미지를 넣으면 3D 프린터가 뚝딱하고 3차원의 제품을 만들어내기 때문이다. 그러나 기술적 측면에서 3D 프린터가 뚝딱 하고 제품을 만들어내기까지 많은 조정과 조율이 필요하다. 흔히 가정에서도 손쉽게 사용하는 잉크젯의 경우 평면 출력에 1줄이지만 3D 바이오의 프린터의 경우 수많은 줄을 쏴서 입체를 만든다. 3D 바이오 프린터에 한 줄 한 줄의 값들을 제공해야 한다. 모델링 작업이 끝나면 STL_{Stereo Lithography} 파일로 변환하는 과정이 필요하다. STL 파일은 3D프린터 출력 전에 거치게 되는 슬라이싱_{slicing}이라는 작업을 위한 것이다. 이때 생성되는 것이 G코드이다. 3D 바이오 프린터도 '표준 매뉴얼'이라 할 수 있는 G코드로 프린팅하게 된다. 다소 전문적이지만 사용자에게는 눈에 보이지 않는 이 과정이 원활히 될 수 있도록 프로그램을 만들어야 했다.

마지막으로 셋째, 3차원 데이터를 3D 프린터로 출력하기 위한 과정에도 문제가 있었다. 3D 프린팅 자체가 여러 물리적인 변수로 영향을 받는다. 게다가 3D 바이오 프린터의 잉크는 생체 재료이다. 액체라고 하지만 점도가 높지 않다. 3차원의 패치를 제작하기 위해서는 잉크의 물성, 프린터의 온도, 출력 속도 등을 고려해 수많은 파라미터를 최적화해야 한다. 그러다 보니 3D 바이오 프린터는 생물학적인 지식뿐만 아니라 공학적인 지식까지 겸비한 전문가가 반드시 필요하다. 그러나 그러기 위해 전문가를 고용해야 한다면 3D 바이오 프린터를 병원에서 사용하게 하는 것은 매우 어려워진다. 3D 바이오 프린터 사용을 위해 전문 인력을 추가로 고용하거나 외부 전문 업체를 이용해야 하는 불편과 비용 상승을 감당할 병원은 흔치 않을 것이기 때문이다. 전문가 없이도 3D 바이오 프린터가 원활히 작동할 수 있는 정확한 파라미터를 세팅해야 했다.

로킷헬스케어 인공지능팀에서는 우선 3D 스캐닝을 단순화할 수 있는 방법을 찾아보았다. 당시 고민하며 상상했던 3D 바이오 프린터의 모델은 누구나 몇 번의 촬영을 통해 환부를 3D로 스캐닝할 수 있는 기기 혹은 프로그램의 개발이었다. 기존 스캐닝 장비로는 불가능한 방법이었다. 전문 인력이 커다란 장비를 다루는 것도 문제지만 의료 현장에서는 '전선'도 큰 불편 사항이었다. 수술실에서 커다란 기기를 사용하기 위해 전선을 끌고 다니는 것은 의료진과 환자 모두에게 매우 불편한 일이다. 당시는 무선 스캐너를 찾는 것도 큰일이었다. 그야말로 난감했다.

한참 대안을 고민할 당시 스마트폰의 진화가 빠르게 이루어졌다. 대표적으로 스마트폰의 장착 카메라가 두 대 이상으로 증가했다. 이것은 개발팀에게는 매우 기쁜 소식이었다. 사람의 눈이 크기와 함께 거리를 가늠할 수 있는 것은 두 개이기 때문이다. 두 개의 눈은 3차원으로 사물을 인식하고 멀리 있는 것과 가까이 있는 것을 구분한다. 스마트폰의 카메라도 두 대 이상이 되면서 그 기능을 갖게 됐다. 단순히 모양을 인식하는 것을 넘어 깊이를 인식하게 됨으로써 환부의 깊이까지도 인식할 수 있게 됐다.

물론 스마트폰의 일반 기능만으로 3D 바이오 프린터에 필요한 정보값을 다 얻을 수는 없었다. 이후부터는 인공지능팀의 프로그램 개발이 이루어졌다. 이미지 기반의 데이터를 획득하고 분석해 3D 형상 복원과 프린팅 최적화를 위한 작업이 필요했다. 데이터 획득 과정에서는 머신러닝으로 분석될 이미지를 수집하고 3D 형상 복원에서는 설정값들을 튜닝해야 했다. 또 프린팅 과정에서는 바이오 잉크를 적합한 형태로 출력할 수 있도록 정확한 값들을 찾아내야 했다.

가장 먼저 인공지능팀에서는 태블릿 기기의 카메라를 사용하는 조건으로, 여기서 만들어지는 RGB(빛의 3원색을 이용해 만들어짐) 이미지와 뎁스 맵depth map을 수집해 환부를 인식하고 그에 맞는 '패치 제작용 데이터'를 만드는 프로그램을 개발하기 시작했다. 일례로 당뇨발 환자의 경우 환자의 족부를 촬영해 얻어진 RGB 이미지를 이용해 당뇨발의 환부 영역을 분할하는 기능을 한다. 현재는 태블릿의 카메라로 당뇨발을 찍으면 인공지능이 환부를 정확하게 분할하고 자동으로 환부에 맞는 3D 모델링을 진행한다.

당시 가장 어려운 부분이었던 '환부 인식'은 딥러닝 기술을 활용해 해결해나갔다. 일단 인공지능에 환부 인식을 위한 다양한 데이터를 집어넣었다. 실제 치료를 받는 환자들의 수많은 데이터를 활용했다. 점차 인공지능은 스스로 환부를 인식하고 경계면을 파악해나갔다. 그러나 통제되지 않은 환경에서 얻어진 데이터다 보니 많은 노이즈와 예외사항이 있었다. 의료 현장에서 당뇨발도 환부에서 피가 나 경계면을 파악하기가 쉽지 않다. 이런 실질적인 문제들은 데이터 엔지니어링과 딥러닝 기술을 이용해 해결해나갔다.

다음으로 인공지능팀은 딥러닝을 통해 얻은 분할 결과를 뎁스 맵 정보와 통합하고 3D 형상 복원에 이용했다. 처음에는 뎁스 맵이 RGB 사진과 다르게 많은 오차를 포함하는 것을 확인했다. 물체까지의 거리에서 오차가 생길 수도 있고 센서의 한계로 거리를 측정하지 못하는 부분도 있었다. 그럴 때는 3D 형상을 복원하더라도 원하는 패치로 구현하지 못했다. 이를 해결하기 위해 다양한 이미지 신호처리 기술을 활용했다. RGB 사진에서 얻은 분할 정보와 통합해 정확한 3D 물체를 복원하기 위해 독자적인 기술을 개발했다.

동시에 인공지능팀은 3D 바이오 프린터를 조작하는 데 매우 높은 난이도가 요구되는 문제를 해결해나갔다. 전문가가 붙어 있어야 할 정도의 작업이라면 시간과 비용이 많이 든다는 것을 의미한다. 비전문가도 사용할 수 있을 정도로 3D 바이오 프린팅 작업을 단순화하기 위해 인터페이스를 쉽게 하는 것은 물론이고 오류가 발생하지 않도록 확실한 설정값을 제공했다. 이를 위해 인공지능팀에서는 재료에 대한 이해를 높이고 반복적인 출력 시험을 통해 수술실에서 나타나는 여러 문제를 해결해나갔다. 3D 바이오 프린터를 사용하는 이들의 시간과 비용을 줄이기 위해 최적화된 환경을 제공한다는 목표였다.

마지막으로 생성된 3D 형상값이 3D 바이오 프린팅에 가장 적합한 형태가 되도록 튜닝하는 과정을 거쳤다. 이 과정에서 일반적인 물체 자체의 회전과 이동값을 추출해내고 2D 평면 출력만으로도 3D의 입체감을 구현할 수 있는 기술도 개발했다. 결과적으로 2,500달러 상당의 MRI와 CT 촬영이 필요한 모델링 비용과 시간을 획기적으로 줄일 수 있었고 다양한 생체재료를 바이오 잉크로 활용할 수 있는 '생체재료에 따른 최적화된 파라미터'도 개발할 수 있었다. 덕분에 수술실에서는 파라미터의 조정이나 복잡한 세팅 없이 일반 의료진도 3D 바이오 프린터를 적시생산방식으로 손쉽게 사용할 수 있게 됐다.

몇 년의 개발 과정에서 가장 어려웠던 점은 '프론티어'로서 참조할 만한 데이터가 거의 없었다는 것이다. 로킷헬스케어의 장기재생 플랫폼도 어디에도 없는 플랫폼이었다. 그러다 보니 여기서 사용할 장비와 인공지능 기술도 참조할 만한 곳이 없었다. 대표적으로 3D 스캐너를 대체할 범용 태블릿을 활용한 개발 과정에서 많은 사람이 확신 없는 길을 나아가야 했다. 이전에 이를 시도하고 성공했던 의료서비스가 없어서 개발 참여자들조차 확신하기 어려웠다. 그럼에도 '해야만 한다.'라는 생각으로 매달렸다. 다행히 아이디어들의 검증과 여러 테스트를 거쳐 상당 문제를 해결할 수 있었고 사진 한 장으로 환자를 치료할 수 있는 플랫폼을 만들 수 있었다. 우리의 성과가 또 다른 이들의 시도에 좋은 참고자료가 되기를 바란다.

의료 인공지능이 통합되면 신세계가 펼쳐진다

로킷헬스케어의 인공지능 기술뿐만 아니라 다양한 의료 인공지능의 사례를 평가해보면 데이터와 첨단 IT 기술에 기반을 둔 개인맞춤 의료는 많은 진전을 보이고 있다. 병원에서 이루어지는 모든 진료 과정은 디지털 형태로 기록되고 있으며 웨어러블 기기들을 통해 생체 활동 정보도 실시간으로 모니터링되고 있다. 3D 바이오 프린터 등의 첨단 IT 기기들도 속속 의료 현장에 투입되고 있다. 다만 아쉬운 점은 아직 의료 인공지능의 통합은 먼 미래의 일로 비친다는 점이다. 현재 인공지능이 활약하는 8개 분야는 다음과 같다. 조만간 각개전투를 마치고 하나의 플랫폼으로 탄생하기를 기대해본다.

① 영상 처리

영상의학 분야는 인공지능의 도움을 받는 가장 선두 분야다. 엑스레이, CT, MRI는 물론 조직 검사에 이용되는 현미경 사진 등 의료 현장에서 사용하는 수많은 사진 데이터의 분석이 인공지능의 도움을 받고 있다. 진료의 효율성을 높일 뿐만 아니라 환자의 안전을 높이는 데도 기여하고 있다.

② 생체 지표 모니터링

이미 웨어러블 기기를 활용한 생체 지표들이 실시간으로 모니터링되고 있다. 이러한 데이터들을 축적해 질환을 예측 가능하게 하고 치료 과정에서 이상 신호를 적시에 파악할 수 있다. 또한 인공지능은 빅데이터 학습을 통해 이상 신호를 구별해낼 수 있다. 이로써 개인맞춤 의료 서비스의 확대에 크게 기여할 것으로 보인다. 가상현실VR과 웨어러블 기술을 통해 지속적으로 데이터를 수집하고 모니터링을 한다. 질병에 대한 위험을 줄이고 조기진단을 높일 수 있는 형태로 인공지능은 발전하고 있다.

③ 언어 인식 및 분석

자연어 처리의 필요성은 의료진들이 절실히 느끼는 부분이다. 평균적으로 의사들은 주당 30~45시간을 환자를 보는 데 쓰고 10~20시간의 문서 작업을 한다. 인공지능이 자연어 처리가 가능해지면 문서 작업시간을 줄이는 것은 물론 의사의 효율적 진료도 보조할 수 있을 것으로 보인다. 국내 한 종합병원에서 이미 전자의무기록을 입력해주는 보이스Voice 전자의무기록을 선보인 바 있다.

④ 원격진료

국내에서는 이미 실제 병원에 갔을 때 받는 질문들을 기반으로 자가 문진을 해 1,200여 개의 질환을 예측할 수 있는 앱이 상용화되고 있다. 다만 원격진료는 자가 문진뿐만 아니라 병원 원격 예약, 병원과 약국 찾기, 개인맞춤 의료 데이터 분석 등 질환을 앓는 모든 사람에게 편리함을 제공해줄 수 있도록 범위가 넓다. 다양한 인공지능 앱들을 통해 개인의 의료 정보를 모으는 것은 물론 치료와 예측에까지 활용할 수 있을 것으로 기대된다. 또한 인공지능을 통한 진단의 정확도가 더욱 높아진다면 병원을 방문하지 않고도 질환을 진단하고 치료하는 형태로도 발전할 수 있을 것이다.

⑤ 지능형 병원 및 환자 정보 시스템

전자의무기록보다 넓은 범위의 개념인 전자건강기록EHR은 환자의 내원부터 입원과 퇴원에 이르기까지 과정에서 환자의 진단, 치료, 처

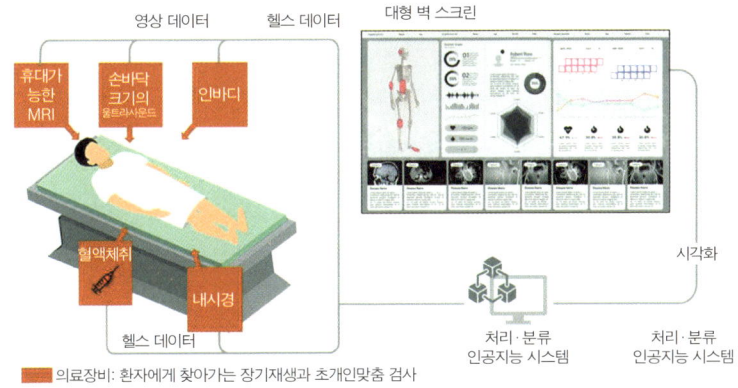

초개인맞춤 인공지능 정밀 진단과 장기재생 시스템

최첨단 초개인맞춤 장기재생, RNA 유전자 분석, 인공지능 초음파장비, 인공지능 이동식 MRI 등으로 환자에게 의료장비가 다가가는 정밀의료 진단 시스템 구축

- 바이오 프린터 및 디셀·리셀장비를 통한 장기재생
- 싱글 RNA 유전자 분석
- 휴대가능한 울트라 사운드 진단 및 휴대가능한 MRI 진단장비:

환자의 주요 검진 데이터 자동 생성하여 보여줌. 주목해야 할 결과, 좋은 부분·안 좋은 부분, 특이사항 등

방 등 환자가 병원에서 받았던 모든 의료 기록을 저장한다. 전자건강기록 하나만 살펴도 환자가 병원에 들어온 순간부터 나가는 순간까지의 모든 발자취를 알 수 있어 그 자체로 빅데이터라 할 수 있다. 지능형 병원 및 환자 정보 시스템은 환자의 건강과 관련된 내용에 대한 입력에서부터 분석에까지 널리 사용될 수 있을 것이다.

⑥ 인공지능 업무자동화
: 인공지능과 3D 프린터·로봇과의 융합

업무자동화RPA, Robot Process Automation는 비즈니스 프로세스 자동화 기술이다. 전통적인 자동화 도구와는 달리 사용하기 쉬운 그래픽 인터페이스를 통해 동작 목록을 만들고 관찰할 수 있도록 한다. 자동화를 위한 장벽을 낮춘다는 장점이 있다. 그럼에도 기존의 업무자동화RPA는 정형화된 데이터 처리에 능해 주어진 형식과 조건을 벗어나면 적절한 대응이 어려웠다. 이를 개선하기 위해 최근에는 인공지능을 접목한 인공지능 업무자동화RPAI가 등장했다. 능동적 형태의 지능형 자동화 시스템이라 할 수 있다. 이를 바이오에 활용하면 기술 활용에서 의료진의 진입 장벽을 획기적으로 낮출 수 있을 것으로 기대된다.

인공지능 업무자동화와 연계된 3D 바이오 프린터의 활약도 기대된다. 일례로 치과 치료나 수술 시뮬레이션에서 3D 바이오 프린터의 활용을 기대해볼 수 있다. 치과의 크라운 구조물은 임플란트 환자부터 신경치료 환자에 이르기까지 폭넓게 사용되는 보철물이다. 사람마다 그 형태와 치료 과정이 다르므로 맞춤형으로 제작될 수밖에 없다. 현재는 본을 뜨는 작업부터 크라운을 만드는 작업까지 사람의 손을 거치게 된다. 최근에는 3D 스캐너로 만든 치아 모델을 바탕으로 크라운 모델을 자동으로 생성해 주는 앱이 개발됐다. 이러한 자동화 작업은 기존 크라운 제작에 걸리는 시간을 단축한다.

또한 인공지능과 3D 프린터의 발달은 수술적 치료에도 큰 도움을 준다. 기존의 수술적 치료는 환부를 보기 전까지 구체적인 수술법을 결정하지 못하는 경우가 많았다. 초음파와 MRI 등을 이용해 위치를 확인하고 수술 방식을 구성하지만 환자마다 장기의 크기, 모양, 환부가 달라서 실제로 장기를 열어보기 전까지 수술을 연습해볼 수도 없었다. 3D 프린터는 각종 영상 결과를 종합해 실제 모형을 제작해주기 때문에 의사들이 수술 시 상황을 시뮬레이션해볼 수 있도록 돕는다.

⑦ 신약 개발과 인공지능

인공지능 기술은 제약 산업에서도 큰 호응을 얻고 있다. 제약회사가 신약을 개발하기 위해서는 후보약물 선정 과정에서 상당한 시간과 비용을 지출하게 된다. 여러 단계의 임상 과정에서 탈락되는 약물들은 수도 없이 많다. 특히 임상과정에서 동물에게서 효과를 본 후 인간에게까지 효능을 보이는 약물은 10%에 불과하다. 그런데 최근 제약회사들은 인공지능을 활용해 후보약물 선정 과정에 드는 시간과 비용을 획기적으로 줄이고 있다.

인공지능은 며칠 만에 타깃 질병을 치료할 수 있는 후보약물을 선정해낸다. 기존에는 질병 선정과 이를 치료할 수 있는 후보약물 물질 도출에 5년이 걸렸다. 화합물에 대한 전문 정보를 가진 전문 인력이 관련 자료를 찾는 과정을 수없이 반복하기 때문이다. 인공지능이 스크리닝된 화합물의 구조정보와 생체 내 단백질의 결합능력을 계산해 신약 후보들을 제시하는 것이 보편화되면 신약의 가격도 점차 낮아질 것이다.

⑧ 유전자 분석

단백질을 생성하는 정보들을 암호화하는 것을 유전자$_{gene}$라고 한다. 신체 각각에서는 세포의 종류에 따라 발현되는 유전자의 부위가 달라진다. 유전자 검사는 개체가 가지는 전체 유전자를 검사하여 어떠한 유전형질을 가지고 있는지 알려주는데 개인의 질병에 대한 발병 확률도 예측할 수 있다. 그러나 이러한 정보를 분석하는 데는 많은 시간과 노동이 들어간다. 인공지능은 이러한 한계를 극복할 수 있게 해준다.

특히 정확도와 예측성이 높은 단일세포분석 방식인 단일세포-RNA 시퀀싱은 각각의 세포에서 발생되는 전사체의 특징 및 종양의 이질성 분석을 통해 각 세포의 특징을 결정짓는 유전자를 선택적으로 연구할 수 있게 한다. 막대한 데이터가 필요할 정도로 작업량이 많은 것이 특징이다. 인공지능은 이를 디지털화하고 자동화해 작업 속도를 높이고 비용도 줄이고 있다.

인공지능은 이처럼 다양한 분야에서 활용되고 그 미래가 기대되는 상황이다. 각각의 역할들이 통합돼 개인맞춤 치료에 적합한 하나의 바이오 생태계를 형성한다면 4P의 실현도 머지않은 일이 될 것이다. 개인맞춤 의료의 가장 대표적인 기반 기술인 유전자 분석, 웨어러블 기술 및 데이터, 3D 프린터는 현재 가장 주목받는 미래 기술이다.

물론 인공지능의 무궁무진한 가능성을 현실화하기 위해 로킷헬스케어를 포함한 다양한 바이오 업체와 연구소가 넘어야 할 허들이 많이 남아 있다. 또한 다양한 성과들이 모이고 이를 융합해 사용할 수 있는 플랫폼도 필요해 보인다. 로킷헬스케어에서는 3D 바이오 프린터를 중심으로 관련 전문가들의 양성과 교류를 주도하는 다양한 사업을 펼치고 있다. 의료 서비스가 더 낫고 더 빠르고 더 저렴한 가격으로 제공되기 위해서는 더 많은 전문가 집단이 필요하다. 그러기 위해 그간 인공지능을 통해 정확한 진단과 모델링을 이룬 로킷헬스케어의 성과도 공유하고 있다. 바이오 산업 현장에서 함께 나누고 발전할 많은 프론티어를 만나길 기대해본다.

2

의료용 3D 바이오 프린팅이
인체 장기를 인쇄하다

기술의 혁신은 상상력을 현실로 만든다.

영화 「제5원소」에서 보았던 것이 현실이 된다

　요즘의 MZ세대에게는 낯설지도 모르겠지만 20년 전의 뤽 베송은 전 세계가 알아주는 명감독이었다. 「제5원소」는 영국 아카데미 시상식에서 '특수시각효과상'을 받은 작품으로 당시로서는 화려한 볼거리로 화제가 됐다. 가장 잊히지 않는 장면은 외계인 여성 릴루(밀라 요보비치 분)가 지구로 온 후 '원상태의 몸'으로 회복되는 장면이다. 극 중 릴루는 지구로 올 때 '손'밖에 남아 있지 않았으나 3D 바이오 프린터 기술로 '원래의 모습'으로 재건됐다. 3D 바이오 프린터는 손의 DNA를 분석해 뼈, 조직, 그리고 피부까지 완벽한 재건을 이루었다. 그 모습이 당시로서는 그야말로 충격이었다. 2016년 4월 아이폰

영화 「제5원소」에서 손밖에 남지 않은 릴루의 시신은 바이오 프린팅 기술을 통해 복원되고 부활한다.

이 최초로 판매를 시작하고 1년 뒤 「제5원소」가 개봉됐다. 우리가 상상하던 물건들이 이제 막 세상에 나오던 때였으므로 누구도 3D 바이오 프린터가 20년 만에 세상에 나올 것으로 예견하지 못했다.

3D 바이오 프린터의 모태인 3D 프린터가 세상에 나온 것은 1984년이다. 제법 익숙한 이름이지만 세상에 나온 지 50년도 되지 않았다. 1990년대에 들어서야 MIT에서 세계 최초로 '3D 프린팅'이라는 이름으로 특허를 신청했다. 그리고 10여 년 뒤인 2003년 크렘슨 대학교의 토머스 볼랜드Thomas Boland가 3D 프린터로 세포 구조물을 만드는 방법에 특허를 냈다. 그렇게 세포, 성장인자, 바이오 소재들이 혼합된 바이오 잉크를 사용해 생체 조직을 프린트를 할 수 있는 최초의 3D 바이오 프린터가 세상에 나왔다.

3D 프린터가 일반인의 주목을 받기 시작한 것은 2013년이다. 미국 오바마 대통령은 집권 2기를 맞는 첫 국정연설에서 "3D 프린팅은 모든 물건의 생산방법에 혁명을 일으킬 잠재력을 가지고 있다."라며 예찬론을 펼쳤고 미국 내에서 3D 프린팅 연구 허브를 15곳 건설

하는 데 의회의 협조를 요청했다. 같은 해 맥킨지는 3D 프린팅을 잠재적 경제 혁신 기술 중 하나로 선정했다. 전 세계 언론들도 3D 프린팅에 관한 기사를 쏟아내기 시작했다. 유럽에서도 성장이 둔화된 제조산업의 재활성화와 경제 성장을 목표로 3D 프린팅 기술 육성 전략을 발표했다. 2020년까지 3D 프린팅 기술을 주요 수단으로 국내총생산 중 제조업 비중을 16%에서 20%로 확대한다는 계획이었다.

일본과 중국에 이어 우리나라도 정부 차원의 지원과 협조가 강화됐다. 일본은 2013년 경제산업성 주도하에 3D 프린터 개발을 총괄하게 했고 30억 원 투자 계획을 수립했다. 중국은 산학관 협력 모델로 10개 도시에 3D 프린터 기술산업혁신센터를 설립했다. 71조 원의 연구자금 투자 계획을 수립한 후 국가의 성장 동력으로 3D 프린팅을 추진하고 있다. 우리나라도 2013년 산업통상자원부에서 '3D 프린팅산업 발전 전략 포럼'을 창립하고 30억 원을 투자해 제조혁신지원센터를 구축했다. 과학기술정보통신부에서는 2020년부터 2045년까지의 계획을 담은 「대한민국 과학기술 미래전략 2045」에서 미래 과학기술의 주요 과제로 3D 프린팅을 선정하기도 했다.

3D 바이오 프린팅은 이토록 촉망받는 3D 프린터 기술에 생명공학을 결합한 기술이다. 3D 프린터로 조직과 장기 등을 인쇄해 신체에 이식할 수 있도록 하는데 단순히 모양만 같은 것이 아니라 조직의 구성도 같아야 한다. 물론 그러기 위해서는 세포를 배양해 인쇄하는 과정이 필요하고 부작용이나 2차 감염을 줄이는 기술도 포함돼야 한다.

2022년 기준 3D 바이오 프린팅을 통한 장기 프린팅은 많은 성과를 기록하고 있다. 최근 3D 바이오 프린팅과 바이오 잉크 연구가 활발해지면서 3D 바이오 프린팅의 적용 분야는 크게 여섯 가지로 정립되고 있다. 비교적 난이도가 낮은 쪽에서 높은 쪽으로 나아가며 궁극적으로는 오가노이드 개발까지 가능한 3D 바이오 프린터를 개발한다는 것이 관련 업계의 목표이다. 3D 바이오 프린팅 적용 분야 여섯 가지를 알아보자.

첫째는 피부이다. 당뇨발, 화상, 찰과상, 자상 등으로 피부 세포가 죽거나 소실되면 바이오 잉크로 인공 피부를 프린팅해 이식하는 방법이다. 로킷헬스케어를 포함해 많은 바이오업체에서 높은 완성도를 보이는 분야이다. 기술이 좀 더 완성되면 화상 등 피부 손실이 나타날 것을 대비해 피부를 만들어 보관하는 일도 가능해질 것으로 전망된다.

둘째는 맞춤형 의료 보형물이다. 안면윤곽 보형물이나 눈 주변의 뼈 골절로 인한 수술과 임플란트 시 잇몸과 뼈를 분리해주는 막 제작에 이미 3D 바이오 프린팅이 사용되고 있다. 생체 적합성 비분해성 소재로 다양한 맞춤형 의료 보형물을 제작할 수 있다.

셋째는 혈관이다. 제작하는 혈관은 보통 둥글고 내부가 비어 있다. 기술적으로 맞춤형 보형물에 비해 어려운 것은 사실이나 현재 기술로도 제작은 가능하다. 혈관은 자신의 것이라고 해도 이식 범위와 크기가 달라 이식이 제한적이다. 심근경색이나 동맥 경화증 환자의 손상된 혈관을 제거한 후 인공 혈관으로 이식이 가능하다.

넷째는 연골이다. 연골은 노화로 인해 손상이 쉬운 부분으로 연골 재생은 관절염 치료의 핵심이다. 그러나 여러 이유로 자가 재생은 불가능하다. 기존의 줄기세포 치료는 사용된 세포의 양에 비해 효율성이 낮고 안전성 확보에도 문제가 제기되고 있다. 로킷헬스케어는 3D

바이오 프린터로 인공 연골을 출력해 환자에게 이식해 관절염을 치료하는 임상을 성공적으로 마쳤다.

다섯째는 약물 검사 및 의학 연구용이다. 제약사와 화장품 회사에서는 안전성 검증 단계에서 테스트를 위한 조직이 필요하다. 기존의 실험용 동물을 사용하는 것은 효율성과 윤리적 측면에서 많은 문제를 일으켰다. 인체 조직을 출력해 사용하면 인체와 비슷한 환경에서 부작용을 확인할 수 있고 안전 용량도 가늠할 수 있다.

여섯째는 식량 개발 부분이다. 아직 걸음마 단계지만 3D 바이오 프린터와 인공지능을 이용해 음식을 만드는 기술을 개발 중이다. 환경과 식량난에 대한 고민이 많아지는 만큼 고기를 대체하는 대체육을 출력하자는 주장은 매우 설득력이 있어 보인다. 기술 개발에 박차를 가하는 만큼 성장 여력은 충분해 보인다.

현재 바이오 기업들은 3D 바이오 프린팅 영역의 1~2개에 해당하는 부분을 함께 연구하는 형태를 띠고 있다. 그러나 고난이도 적용 분야를 개척하기 위해서는 업체들의 개발 동력을 확보해줄 정부의 지원이 필요해 보인다.

모든 수술이 30분 내 3번의 버튼으로 가능하다

2016년에 3D 바이오 프린터인 닥터 인비보$_{\text{Dr. Invivo}}$를 처음 개발했다. 당시 로킷헬스케어는 미국 뉴욕에서 개최된 '인사이드 3D프린팅 콘퍼런스 앤 엑스포 뉴욕 2016'에 국내 대표 업체로 참가했다. 닥터 인비보는 당시 유일하게 선보인 3D 바이오 프린터로 이목의 집중을 받았다. 세계 최초로 연조직용 바이오 잉크와 경조직용 스캐폴드 소재 모두를 출력할 수 있는 기술이 포함된 데다 자체 개발한 출력물의 오염을 막는 무균작업대Clean bench 시스템도 탑재돼 앞선 기술력을 자랑했다. 당시의 연구는 현재 6개의 바이오 잉크를 출력할 수 있는 6축 3D 바이오 프린터인 '닥터 인비보'의 개발에 큰 도움이 되었다.

　기존의 3D 바이오 프린터는 연구실에서 사용하는 것이 대부분이었다. 그러나 로킷헬스케어의 목표는 3D 바이오 프린터로 병원에서 환자를 치료하는 것이었다. 기존의 연구용 3D 바이오 프린터와는 다른 스펙이 필요했다. 보통의 기계는 사용 목적에 따라 모양과 기능이 달라지는데 기존의 연구용 3D 바이오 프린터는 다양한 분야에서 사용할 수 있도록 다양한 기능이 추가된 형태였다. 대신 오염 방지에 대해서는 엄격하지 않았다. 연구용이었기 때문이다. 그러나 이러한 스펙은 치료용에는 맞지 않았다. 로킷헬스케어는 치료에 필요한 기능만 갖추되 오염 방지에는 확실한 3D 바이오 프린터가 필요했다. 의료 현장에서 사용될 수 있을 정도로 작동이 심플하고 항균과 멸균 시스템을 확실히 갖춘 3D 바이오 프린터 개발에 돌입했다.

　기기의 목표는 '사람을 치료하는 의료기기'였다. 디자인 콘셉트와 기능과 성능의 목표치가 설정됐다. 구체적으로는 뼈와 같은 경조직과 근육과 같은 연조직이 모두 출력 가능한 형태가 돼야 했다. 방광 재생의 사례처럼 장기재생은 고분자 재료와 바이오 잉크를 함께 쓰는 경우가 많으므로 한 기기에서 모든 것이 가능해야 했다. 일례로 고분자 재료를 녹일 수 있는 온도는 섭씨 350도가 돼야 하고 바이오 잉크를 위해서는 섭씨 영하 4도에서 60도까지 유지가 돼야 하므로 3D 바이오 프린터의 온도 설정값은 폭이 넓어져야 했다. 또한 의료 현장에서 사용되기 위해 오염 방지 기능을 강화해야 했다. 고성능 필터를 사용해 외부의 오염된 공기가 프린터 안으로 들어가지 못하게 하고 유해한 세균을 막기 위해 자외선 살균램프를 설치했다. 다양한 기능을 갖추면서도 사용자들이 불편을 느끼지 않을 정도로 '작고 심플한' 디자인을 강조했다. 당연히 개발 과정은 고난의 연속이었다.

그 와중에 '빠른 출력 시간'이라는 또 하나의 요구 사항이 전달됐다. '느린 출력 시간'은 기존의 모든 3D 프린터가 가진 대표적 단점이었다. 잉크젯이든 레이저든 압출식이든 미세한 움직임으로 형태를 만드는 것이기 때문에 손바닥 사이즈의 작은 출력물을 만드는 데도 몇 시간이 걸렸다. 만일 수술실에서 그것도 실시간으로 제품을 만들어야 한다면 치명적인 약점이 아닐 수 없었다. 로킷헬스케어의 재생 플랫폼의 첫 대상 질환이었던 '당뇨발'은 개발팀에게 '20분 이내 출력'이라는 높은 목표치가 주어졌다. 당뇨발 사업부에서는 "환자가 수술실에서 치료하는 총 시간이 20분 이내여야 합니다."라고 강조했다. 이는 환자의 복부지방 추출, 복부 지방 미세화, 당뇨발의 손상된 조직 제거, 환부 사진 촬영, 3D 프린팅을 위한 G 코드 파일 생성, 3D 프린트로 패치 제작, 환부에 도포, 드레싱 처리라는 8개 단계를 모두 20분 안에 마쳐야 한다는 말이었다. 3D 바이오 프린팅에 쓰이는 시간은 더 줄어들 수밖에 없었다.

이 밖에도 프린팅 과정이 심플할 것, 프린팅된 패치를 얼려서 환부에 도포할 때까지 고체 상태를 유지할 것과 같은 새로운 과제가 주어지기도 했다. 요구 조건에 맞추기 위해 엄청난 인력과 연구 장비가 필요했다. 여느 개발 현장과 마찬가지로 하나를 개선하면 생각지 못했던 데서 문제가 일어났고 시험 과정에서도 자잘한 사고가 속출했다.

그 와중에도 임상팀에서 계획한 국내외 임상 날짜가 빠르게 다가오고 있었다. 가장 먼저는 2019년 8월에는 인도에서 당뇨발 임상 연구가 잡혀 있었다. 2020년 3월에는 매사추세츠 의과대학에서 연골 전임상시험이 예정돼 있었다. 임상과 전임상이 모두 해외에서 진행되는 것은 커다란 리스크였다. 3D 바이오 프린터에 문제가 발생해 멈춘다고 해도 개발자가 직접 가서 확인할 길이 없었다. 3D 바이오 프린터 개발팀에서는 충분히 시험을 마쳐서 완벽한 세팅을 해야만 했다. 마지막에는 '일절 모르는 일반인들도 단 3번의 버튼 조작으로 출력물을 만들 수 있는 3D 바이오 프린터를 만들어야 한다.'라는 목표로 모두가 힘을 합쳐 심기일전했다.

이렇게 수년간의 노력 끝에 개발된 최신의 '닥터 인비보'가 만들어졌다. 닥터 인비보의 가장 큰 장점은 사용자들의 편리성이다. 실제 당뇨발이나 연골 치료의 경우 의료인도 3번의 버튼 조작으로 30분 내 전 치료 과정을 마칠 수 있다. 환부를 촬영하고 닥터 인비보에 전송한 후 바이오 잉크를 장착한 후 출력 버튼만 누르면 된다. 어떤 전문적 지식도 필요치 않고 태블릿이 안내하는 대로 버튼만 눌러주면 된다. 기존 연구실에서 사용되던 3D 바이오 프린터에서는 찾아보기 어려운 편리성이다.

매우 높은 기술적 완성도를 보이는 닥터 인비보는 2020년 가을에 까다로운 절차를 거쳐 미국식품의약청에 의료기기 등록을 마쳤다. 닥터 인비보의 최근 버전인 '닥터 인비보 4D6'로 6개의 주사기를 꽂아 6개의 바이오 잉크를 사용할 수 있다. 또한 곡면을 자유자재로 출력할 수 있어 4D라는 수식어도 달았다. 온도, 습도, 공기의 질을 관리해 세포 배양이 가능하고 UV-C를 활용한 멸균시스템을 갖추고 있으며 모든 진행 과정이 자동화돼 감염과 외부의 영향을 받지 않는다. 2022년 3월 기준 닥터 인비보는 유럽, 중동, 그리고 아시아 여러 나라에서 사용 승인을 받고 수출 길에 오르고 있다. 국내에서 당뇨발과 연골 치료 현장에서도 곧 만나볼 수 있기를 기대한다.

'닥터 인비보'를 미국식품의약청에 납품하다

"최종적으로 닥터 인비보 4D6로 하기로 했습니다."

2021년 8월 31일 UA892편으로 닥터 인비보 4D6가 미국행에 올랐다. 최종 기착지는 미국식품의약청 산하 생물의약품평가연구센터 CBER였다. 생물의약품평가연구센터는 미국식품의약청의 6개 주요 센터 중 하나로 생물학적 제제 및 관련 제품(생물치료제, 혈액 제품 및 세포, 조직 및 유전자 치료)의 안전성, 순도, 효능 및 효과를 평가하는 기관이다. 코로나바이러스 백신 역시 생물의약품평가연구센터에서 치료제 개발지침을 내놓았다.

미국식품의약청 산하 생물의약품평가연구센터는 당해 3D 바이오 프린터에 대한 공개 입찰을 공고했고 닥터 인비보 4D6는 글로벌 업체들과 경쟁해 당당히 납품이 허가됐다. 불과 몇 년 전까지도 3D 프린터는 물론 3D 바이오 프린터 제작 실력을 갖추지 못했던 한국에서 미국식품의약청의 품질 요건에 맞춘 3D 바이오 프린터를 수출하게 된 것은 실로 감회가 새로운 일이다. 그 지난한 과정에 관한 이야기를 해볼까 한다.

영업 용어 중에 '콜드 콜cold call'이란 것이 있다. 그야말로 차가운 냉대를 받으며 맨땅에 헤딩하기로 전화해서 영업하는 것을 말한다. 처음 미국의 영업선을 발굴할 때 특별한 네트워크를 찾지 못했다. 구글링으로 찾을 수 있는 연락처를 취합해 회사소개서와 제품소개서를 보내고 시차를 극복하며 전화로 알려나갔다. 동부와 서부 사이에도 상당한 시차가 있었지만 보통 한국 시각으로 밤 10시에서 새벽 2시에 가장 활발히 연락했던 것으로 기억한다.

그 와중에 미국 업체와 2018년 4월 미국식품의약청에서 진행하는 '스몰 비즈니스Small Business 대회'에 함께 참가하기로 했다. 매출 70억 원 미만이고 직원 500명 미만인 회사에게 참석 자격이 주어진다. 우리나라로 치면 중소기업들을 대상으로 한 기술 박람회와 같은 것이었다. 스몰 비즈니스 대회에서 로킷헬스케어는 미국 업체와 미국식품의약청의 다양한 인사들을 만났다. 당시 우리가 소개한 닥터 인비보는 바이오 프린트를 출력할 수 있는 헤드가 2개 있었고 실험실에서 자주 사용하는 둥근 접시인 페트리 접시Petri plate에 출력이 됐다. 그런데 미국식품의약청 관계자는 접시 형태보다는 수십 개로 구분된 웰well 형태의 공간에 많은 양을 출력할 수 있는 기능을 갖추고 있어야 사용이 더 편리하다고 지적했다. 보통 48개 혹은 96개의 웰을 가진 플라스틱 접시에 출력이 되는 기능을 요구했다.

그리고 2020년에는 미국식품의약청에서 3D 바이오 프린터를 공개 입찰한다는 공고가 올라왔다. 당시는 닥터 인비보 4D6가 출시된 상황이었고 이전 기능과 다르게 많은 것이 가능했다. 바이오 잉크를 출력할 수 있는 축이 6개가 장착되어 여러모로 사용이 편리했다. 바이오 프린터로서 갖춰야 할 살균과 멸균 기능도 업그레이드되고 추

올인원 장기 재생기

Dr. INVIVO 4D6

✓ FDA 승인　　✓ 내부에 설치된 배양실　　✓ 자동 베드 레벨링
✓ 멸균실　　　✓ 고효율　　　　　　　　✓ 복잡한 제작

6개 모듈식의 프린트 헤드

시린지 바이오 디스펜서
필라멘트 익스트루더
속건성 접착제 분사기

내부에 설치된 배양실

이산화탄소: 2~5%
기온: RT~60도
습도: ~80%RH

멸균실

H14 고효율 입자 공기
UV 멸균
저온 플라즈마 시스템

수직 기기

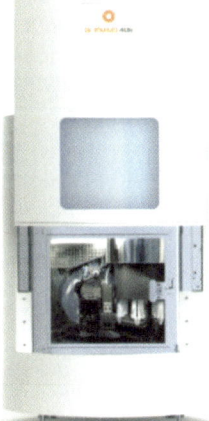

내부에 설치된 80X 스테레오 현미경

멀티 플랫폼 프린팅 베드

온도 조절
(-2~60도)
6, 24, 96-웰 프린팅

자동 베드 레벨링과 노즐 정렬

닥터 인비보 4D6은 바이오 프린터로서 갖춰야 할 멸균 기능도 업그레이드 되고 추가로 96개 웰에 다양한 출력물을 한꺼번에 출력할 수 있는 기능도 탑재됐다.

가로 96개 웰에 다양한 출력물을 한꺼번에 출력할 수 있는 기능도 탑재됐다.

이미 당뇨발과 연골 치료의 임상과 전임상을 진행했고 좋은 결과도 나왔다. 영업담당자는 이를 정리해 스몰 비즈니스 대회에서 만난 미국식품의약청 관계자들에게 보내고 연락도 취했다. 덕분에 2020년 미국식품의약청 입찰 공고 역시 홈페이지 게시 이전에 알 수 있었다. 담당자는 "로킷헬스케어의 재생 플랫폼에 관심이 많다. 미국식품의약청에 로킷헬스케어의 3D 바이오 프린터가 소개되면 좋을 것 같다."라며 입찰을 독려하기도 했다. 한두 달에 걸쳐 관련 서류를 제출하고 최종 결과를 기다렸다. 공고가 게시되고 3개월 만인 2020년 7월 최종적으로 로킷헬스케어의 닥터 인비보 4D6를 구입하기로 했다는 연락을 받았다. 미국 영업을 처음 시작하고 미국식품의약청의 채택까지 약 1년 만에 거둔 성과였다.

우리 회사 영업자들 사이에서는 '기술 전도'라는 말이 자주 사용된다. 지금은 초기이지만 곧 핵심 가치를 인정받아 주류로 들어갈 거라는 믿음을 가지고 전파하는 것을 말한다. 영어로는 테크놀로지 인벤터리스트Technology Inventorist라고 부른다. 미국식품의약청에 인비보 4D6를 납품하기까지 기술 전도를 많이 했고 매우 긴 과정을 포기하지 않고 목표를 향해 함께 나아갔다. 대한민국의 기술력을 세계 최고 미국의 대표적 공공기관으로부터 인정받았다는 사실과 함께 매우 의미 있는 일이었다고 생각한다.

언제쯤 이식용 장기를 프린팅할 수 있게 되는가

"그래서 도대체 언제 이식이 가능할 정도의 장기를 프린트할 수 있나요?"

3D 바이오 프린팅을 이야기할 때 많은 사람이 궁금해하는 것이다. 줄기세포를 3차원으로 배양하거나 재조합해 만든 장기유사체를 오가노이드organoid라고 한다. 장기의 구조와 기능을 재현하는 것이 핵심인데 환자에게 이식할 인조장기를 만드는 것뿐만 아니라 항암제 등의 새로운 약물을 개발할 때 약물 효능 평가 시에도 사용할 수 있는 등 활용 범위가 무궁무진하다.

2009년 네덜란드 위트레흐트대학교에서 생쥐의 직장에서 얻은 줄기세포로 장관 오가노이드를 만든 것을 시작으로 2019년에는 미국 캘리포니아대학교 연구진이 미니 뇌를 개발하기도 했다. 국내에서도 장, 간, 심장 등의 장기에 대한 오가노이드 제작 기술을 확보했다. 그러나 이를 상용화하기에는 여전히 많은 난관이 있다. 가장 큰 문제는 인체에 쓸 수 있는 오가노이드 생산 기술 확보의 어려움이다. 현재까지 인공장기는 동물을 대상으로 한 것이었다. 위험이 있어도 크게 중요시되지 않았다. 그러나 인간에게 인공장기를 이식하는 것은 완전히 다르다. 종양 발생 위험이 있거나 자신의 것처럼 작동할지 확신할 수 없는 장기를 이식할 수는 없다.

현재의 오가노이드는 2차원 배양과 비교해 실제 장기와 유사하지만 완벽히 장기의 생리적인 현상을 모방하지 못하는 경우가 많다. 또한 기존 장기에 어떤 영향을 미칠지도 연구를 거듭해야 한다. 그럼에도 연구기관들은 지속적인 단계별 성장은 가능하다고 예견한다.

2021년 1조 원 규모의 글로벌 오가노이드 시장은 2027년 4조 원 규모로 성장할 것으로 전망됐다. 물론 그러기 위해서는 학교는 물론 의료계에서도 끊임없는 연구와 교류가 필요할 것이다.

최근 '닥터 인비보 캠퍼스'라는 이름으로 온라인 교육 플랫폼을 개발하고 학술기관과 연구기관의 연구 성과를 공유하는 플랫폼을 오픈했다. 관련 논문을 오픈해 국내외를 막론한 전문가들과 연구자들이 찾아볼 수 있도록 하는 플랫폼이다. 장기조직 재생, 생체적합 스마트 신소재 개발, 동물 대체 질병 모델 및 물질 안전성 테스트 모델 개발, 맞춤형 스마트 의약품 등 다수의 공동 연구 과제를 시행하면서 얻은 자료들도 순차적으로 공유하고 있다.

앞서도 언급했지만 3D 바이오 프린팅을 사용하는 오가노이드의 개발은 단순히 생물학자나 의과학자들만의 노력으로 되지 않는다. 출력물의 상태를 예측하고 정확한 모델을 구현할 수 있는 능력의 공학 전문가들도 상당수 필요하다. 엄밀히 3D 바이오 프린팅은 기계이므로 이를 잘 고치고 다룰 전문가도 필요하다. 진일보한 오가노이드를 개발하기 위해서는 각 분야 전문가가 머리를 맞대고 각자의 영역에서 전문성을 뽐내야만 한다. 그러나 안타깝게도 국내외를 막론하고 이들 전문가들이 협력하는 이니셔티브를 찾지 못했다.

일단 국내외에서 3D 바이오 프린팅 전문가를 양성하는 것을 목표로 닥터 인비보 에듀Dr. Invivo Edu 프로그램을 진행하여 2023년까지 약 500명의 바이오 프린팅 인재를 배출했다. 닥터 인비보 에듀가 양성하는 전문가는 3개의 그룹이 있다.

첫째는 대학에서 3D 바이오 프린팅 전문가를 양성하는 과정이다. 바이오 소재에 대한 이해를 높이는 소재공학부터 세포 배양에 필요한 생물학 개론은 물론 바이오 프린팅이 어떻게 활용되는지에 관한 구체적인 사례를 교육한다. 국내 유수의 대학과 함께 16주 과정을 개설해 학생들에게 3D 바이오 프린터 체험 기회를 제공하고 졸업 후 진로와도 연계되도록 돕는다. 2023년에는 서울대학교와 함께 위미트WEMEET 프로그램을 진행했고 참가자가 교육부 장관상을 수상하기도 했다. 국내 다수의 대학교들의 정규과정으로 바이오 프린팅 프로그램을 운영하고 있다.

둘째는 일반 시민과 고등학생을 대상으로 바이오 인재를 육성하는 교육 프로그램이다. 고양시와 경기도가 함께 진행하는 경기도 미래 기술학교에서 3D 바이오 프린팅 인재육성 프로그램을 2024년 7월부터 시작했다. 또한 의대 또는 생명공학 전공을 희망하는 고등학생을 위한 클래스와 해외 대학진학을 준비하는 고등학생들을 대상으로 대학 진학 전 학점을 이수할 수 있는 대학과목선이수제 AP,Advanced Placement 클래스도 국내 소재 대학교와 추진하고 있다.

셋째는 바이오의료산업 재직자를 위한 이론 및 실습 과정이다. 3D 융합산업협회에서 운영하는 프로그램에 바이오 프린팅 분야를 로킷 헬스케어에서 담당하는 방식이다. 고용노동부의 지원을 받는 과정이므로 바이오의료산업 재직자들이 쉽게 참여할 수 있다. 바이오 프린팅 이론 및 실습 과정으로 구성돼 있다.

이러한 교육과정에 대해서는 동남아시아와 남미 시장에서 높은 관심을 보이고 있어서 교육 프로그램을 확대하여 세계의 바이오 프린팅 인재를 양성하는 계획도 갖고 있다.

전문가들은 3D 바이오 프린터로 만든 인공장기를 이식할 수 있는 시기를 최소한 20~30년 후라고 보고 있다. 장기재생 단계 중 1~2단계에 속하는 비교적 단순한 기관(피부, 뼈, 혈관, 연골 등)을 기술로 구현해내는 데 성공했으나 3~4단계의 구조가 복잡한 복합기관(위, 콩팥, 간, 심장 등)을 구현해내는 데는 분명한 한계가 있다. 가만히 시간만 보내서는 안 될 일이다.

  미국과 유럽과 중국에서는 인공 간, 인공 각막, 그리고 인공 혈관을 만들어내거나 동물에게 '이식'까지도 성공했다고 발표하며 3D 바이오 프린팅의 선두 그룹을 형성하고 있다. 이들과 협력하고 나아가 앞서 나가기 위해서는 바이오 잉크와 3D 바이오 프린터의 전문가들이 반드시 필요하다. 학교와 바이오 기업과 정부 협의체의 도움이 필요한 때이다. 이러한 기초 위에 3D 바이오 프린터의 가능성도 점차 확대될 것이다.

3

바이오 잉크로 생성해낸 자가 조직으로 내 몸을 고친다

자연은 최고의 치유자이다.
-히포크라테스

바이오 잉크는 4가지의 특성을 가져야 한다

바이오 잉크는 3D 바이오 프린팅이 뜨면서 관심을 받게 된 분야이다. 3D 바이오 프린팅이 확산될수록 바이오 잉크도 개발과 발전의 길을 걷게 될 것이다. 3D 바이오 프린터의 시초는 산업용 3D 프린팅이다. 3D 프린팅은 복잡한 구조체를 컴퓨터 프로그램 설계를 통해 정확히 구현하는 것을 목표로 한다. 3D 바이오 프린터는 이 기술을 생물학에 적용한 것이다. 인체는 어느 기기 못지않게 복잡한 구조의 조직과 기관으로 이루어져 있다. 연관성도 높지만 독자적인 개별성을 가지고 있다. 3D 바이오 프린팅은 각기 다른 환자의 치료에 필요한 개인맞춤 재료를 제공할 것으로 기대되는 분야이다.

바이오 프린터의 출력 방식

필라멘트 익스투르더

합성고분자
PCL(폴리카프로작톤)
PLGA(폴리 락티드 코글리코산)
PLLA(폴이 락티드산)

기계식 시린지 디스펜서

바이오 잉크
세포가 담지된 하이드로젤

천연고분자분말혈재료
수산화인회석·키토산

하이드로젤
콜라겐·젤라틴·피브린·
히알루론산·알질산염

HOT-MELT 공압 디스펜서

펠렛, 파우더 & 페이스트
PCL, PLGA, PLA, 수산화인회석 등

    현재 전 세계적으로 가장 많이 사용되는 3D 프린팅의 형태는 압출 기반 프로세스이다. 공기압 또는 기계적 힘을 이용해 주사기 안에 있는 바이오 잉크를 가는 실 모양으로 압출해 구조체를 만든다. 이전에는 일반 프린터와 비슷하게 잉크젯 기반 프로세스와 레이저 기반 프로세스도 있었지만 3D 구조체를 만드는 데는 압출 기반이 적합한 것으로 판명이 났다. 잉크젯 기반은 바이오 잉크를 작은 물방울로 분사한다. 바이오 잉크가 낮은 점성을 지녀야 하는 단점이 있다. 레이저 기반은 노즐이 필요 없고 레이저로 패턴을 만들며 잉크를 굳혀 형상을 만드는 형태이다. 레이저가 출력물의 모양과 세트에 따라 다르게 움직인다. 만들 수 있는 구조체의 크기와 속도에 한계가 있다. 압출 기반 프로세스는 주사기 끝의 노즐 사이즈가 정밀도와 직결되기 때문에 나노 단위의 정밀구조를 만드는 데는 한계가 지적되고 있지만 기계적으로 좋은 구조를 만들 수 있고 경제적으로도 가장 효율적이며 높은 세포 생존율을 보인다. 쉽게 제작이 가능하다는 장점 때문에도 상업적으로 가장 많이 사용되고 있다.

    바이오 잉크는 3D 바이오 프린터에 사용되는 핵심 재료이다. 프린터 하드웨어와 컴퓨터 프로그래밍과 함께 주목받고 있다. 주요 연

플루로닉 바이오 잉크로 출력한 지지체 구조

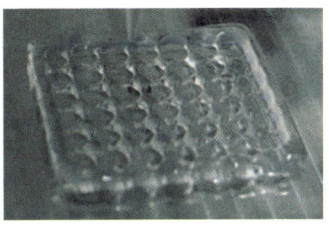

구자들은 조직 공학과 재생의학 관계자들이다. 바이오 잉크는 최종적으로는 세포를 담지하고 세포의 생존, 성장, 분화를 유도할 수 있는 물질(세포외기질, 성장인자, 신호전달물질)로 구성된 것이 특징이다. 대부분 일정의 경도와 점성을 가지는 반고체 형태이다. 살아 있는 세포의 생존과 활동을 지속적으로 지지할 수 있는 생체 재료를 사용해 잉크로 만들어야 하기 때문에 까다롭고 어려운 과정을 거쳐야 한다. 분자생물학, 유기화학, 재료공학, 조직 공학, 재생의학, 그리고 생물리학에 대한 포괄적인 이해가 필요하다.

바이오 잉크는 크게 4가지의 특성을 가져야 한다.

첫째, 인쇄적성이다. 3D 바이오 프린터에 넣어서 인쇄와 같은 형태로 출력물이 나올 수 있어야 한다. 3D 형태를 만들기 위해 적층을 해야 하는데 점성이 너무 약하면 할 수 없다. 또 바이오 잉크가 주사기 노즐을 통과할 때 압력 차이 때문에 발생하는 전단 증가shear thining 현상이 있다. 이때 잉크의 점성이 적절하지 않으면 담지된 세포는 높은 전단 강도shear stress에 노출돼 세포 생존력이 급격히 떨어질 수 있다.

둘째, 세포적합성이다. 바이오 잉크는 세포를 담지할 때 사용하는 것이므로 세포가 바이오 잉크 안에서 그저 생존하는 것이 아니라 성장하고 분열할 수 있게 해야 한다. 바이오 잉크 자체를 세포가 활용할 수 있도록 세포적합성이 있어야 한다.

셋째, 생분해성이다. 어떤 출력물은 생명체에 넣었을 때 일정 기간만 구조를 유지하고 사라져야 한다. 그러려면 생분해성을 갖춰야 한다. 이때 중요한 점은 생분해 시 만들어지는 분해 산물이 염반응이나 세포독성을 띠지 않아야 한다는 점이다. 흔히 피부과에서 사용하는 리프팅용 실과 필러도 생분해성을 갖는다.

인비보젤을 이용한 시험관 내 혈관 생성

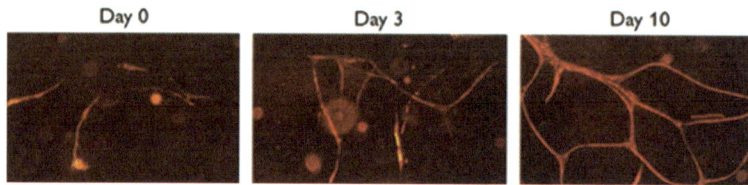

넷째, 젤화 특성과 기계적 물성이다. 앞서 언급한 대로 출력물은 형태를 유지해야 하므로 출력 후에도 흐르는 물처럼 액체여서는 안 된다. 따라서 바이오 잉크는 경화 과정을 거쳐 응고돼 기계적 물성을 지닐 수 있어야 하고 재현하고자 하는 조직의 기계적 특성을 모사할 수 있어야 한다.

바이오 잉크의 원료는 크게 천연재료(천연고분자), 합성재료(합성고분자), 조직유래(세포)로 구분해볼 수 있다. 천연고분자로서 콜라겐, 실크, 알긴산, 덱스트란, 젤라틴, 피브린, 아가로스, 키토산, 젤란 검, 히알루론산, 탈세포화된 세포외기질 등이 있다. 대부분의 원료는 생체적합성과 생리학적 특성만이 우수한 원료가 있거나 기계적 물성은 우수하지만 생체적합성은 약한 원료로 나누어진다. 원재료를 살펴보면 실크는 누에로부터 얻을 수 있고 콜라겐은 돼지 껍질에서 추

인비보젤에서 분화한 연골

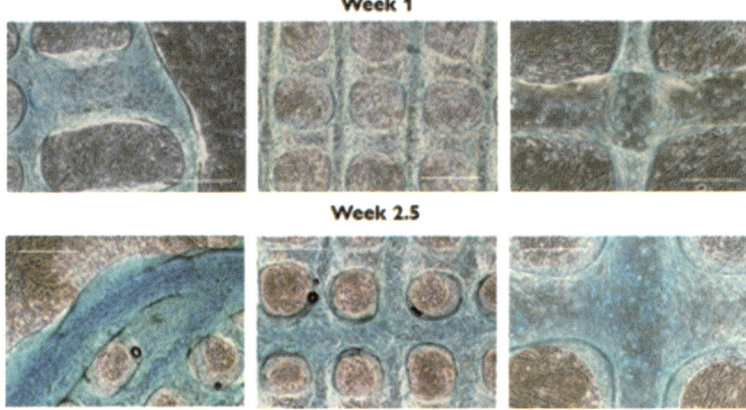

출이 가능하다. 이 밖에도 알긴산은 미역과 다시마와 같은 해조류에서 얻을 수 있고 키토산은 갑각류에서 얻을 수 있다.

합성고분자로는 폴리에틸렌글리콜, 폴리비닐피롤리돈, 폴리카프로락톤, 플루로닉 등이 있다. 합성고분자들은 물리 화학적 물성 조절이 쉬운 반면 생리활성 특성이 없는 경우가 많아서 생리활성 펩타이드나 천연고분자들과 함께 사용돼야 한다. 합성재료는 온도나 빛 또는 효소와 같은 특정 자극에 민감하게 반응하는 특성이 있다. 이를 활용해 바이오 잉크의 경화를 유도하는 경화제로 사용한다.

바이오 잉크에 사용되는 세포들은 기능성 일차세포들과 줄기세포들이 있다. 단일조직 프린팅에는 일차세포들이 주로 이용되며 복잡한 조직을 위한 프린팅에는 다양한 조직으로 분화할 수 있는 줄기세포들을 사용한다. 인체와 유사한 환경을 세포에 제공하기 위하여 인체 혹은 동물로부터 얻은 물질을 바이오 잉크로 활용한다.

많은 기업이 3D 바이오 프린터와 바이오 잉크 사업에 뛰어들면서 원료 연구도 많이 이루어지고 있다. 3D 바이오 프린터 기술에 기대하는 것 중 하나는 '인공장기'를 만드는 것이다. 그런데 인공장기가 실현되기 위해서는 세포가 조직 내에서 살아가는 환경인 생체조직인 세포외기질의 역할을 모사해야 한다. 물이 많이 함유된 고분자 지지체인 하이드로젤이 세포 부착, 증식, 분화에 참여해 재생될 조직의 기능과 구조를 제어할 수 있으므로 관련 연구가 행해지고 있다.

한편 불과 얼마 전까지 3D 바이오 프린터뿐만 아니라 다양한 실험에 쓰이는 하이드로젤은 다른 동식물에서 채취한 제품이 대세를 이루었다. 일례로 세포 증식에 쓰이는 가장 흔한 하이드로젤의 경우 쥐의 암조직에서 유래된 제품으로 체내 시험이 아예 불가능하다는 단점이 있었다. 그래서 인체 세포 연구에 최적화된 솔루션이 필요한 상황이었다.

우리는 2019년 3월 3차원 세포지지체 세포외기질을 제품화한 휴마틴HumaTein™을 론칭해 미국질병관리본부 산하 연구기관인 국가고등중개연구센터NCATS에 첫 수출을 하기도 했다. 휴마틴은 인간 체세포를 배양해 조직별로 특화된 세포외기질을 추출하고 정제해 세계 최초로 상용화된 제품이다. 타 생물체에서 취한 물질은 사용하지 않는 제노프리xeno-free 제품으로 기존의 동물유래 세포외기질과는 확실한 차별성을 갖는다. 3차원 배양이 가능하다는 특징도 있다. 또한 생체적합성 소재로 세포와 혼합 배양하는 간단한 방법으로 세포의 생존율을 향상시킨다. 오가노이드 배양, iPSC 줄기세포 기능 유지, 혈관 생성 기능성 연구도 마쳤다.

이러한 기술력은 로킷헬스케어의 바이오 잉크 제작과 연구에도 그대로 적용됐다. 대표적인 제품인 인비보젤 역시 세포를 보호해 생

휴마틴 코팅 위에서 자라는 줄기세포

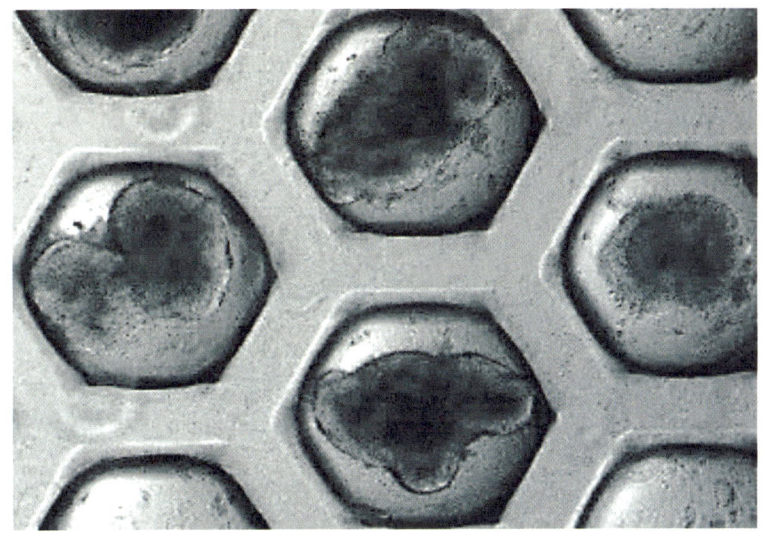

존 유지 환경을 제공한다. 현재는 재생 치료를 연구하는 연구실에서 주로 활용되지만 3D 바이오 프린팅 기술이 확대되면 임상에서도 사용이 가능할 것으로 기대하고 있다.

세포외기질은 세포를 자라게 하는 토양이다

앞서 여러 번 소개한 대로 로킷헬스케어는 세포외기질을 활용한 바이오 잉크 개발에 집중하고 있다. 역사적으로 세포외기질에 관한 연구들은 1850년대부터 시작됐지만 1930년대에 와서야 비로소 '세포외기질ECM, Extra Cellular matrix'이라는 용어가 공식적으로 쓰이기 시작했다. 그러나 100년 가까운 시간이 흘렀음에도 세포외기질은 어떠한 이유로 그러한 구성 성분을 가지는지, 세포와 어떠한 다이내믹하고 복잡한 상호관계가 있는지 등이 제대로 밝혀지지 않았다. 최근에 와서야 매트리솜Matrisome이라는 종별 장기별 세포외기질의 구성 성분을 분석하는 분야가 만들어졌다. 또한 단백질 분석기술의 급속한 발전과 빅데이터 분석이 가능해짐에 따라 세포외기질에 관한 정보가 빠른 속도로 밝혀지고 있다.

 단일 세포분석을 통해서 세포외기질과 세포의 상호작용에 관여하는 신호전달 체계의 복잡한 상호작용에 관한 연구가 10년 전에 비해 월등한 진보를 이루었다. 하지만 아직도 인간을 포함한 생명체 내의 수천 가지의 세포외기질이 어떻게 동시에 정상적인 기능을 가지고 화학적으로 복잡한 상호작용을 통해 각 조직의 기능을 유지해갈 수 있는지는 아직 많은 부분이 밝혀지지 않고 있다. 세포외기질에 대한 연구가 필요한 것은 당연한 일이다.

 우리 몸은 크게 보면 세포와 단백질로 이루어져 있다. 단백질이 세포외기질이다. 세포외기질의 조성은 장기마다 크게 차이가 있지 않지만 구성하는 요소들의 비율은 매우 다르다. 우리 각 장기를 이루는 세포의 종류가 다르듯 세포가 분비하는 세포외기질도 독특한 특징과 기능을 지니도록 유전적 설계가 존재한다.

 예를 들어 콜라겐1은 인간을 포함한 포유류에서는 70% 이상의 가장 많은 구성 비율을 차지하는 세포외기질이다. 그러나 장기별 콜라겐1의 구성 비율은 큰 차이를 보인다. 콜라겐은 총 28가지 타입이 존재하며 장기마다 존재 비율도 다르다. 세포외기질의 나머지 30%의 종류와 비율은 천차만별이다. 중요한 성분임에도 비중이 적은 것들도 상당히 많다. 세포 성장, 조직의 재생, 성숙에 영향을 미치는 성분들로 꼽히는 라미닌Laminin, 피브로넥틴Fibronectin, 프로티오글리칸 Proteoglycan 등은 각각 세포외기질의 1% 미만을 구성한다. 전문가들은 다양한 세포외기질 성분들의 구성 비율이 거시적으로 보이는 장기의 특성을 결정하는 것으로 해석한다.

또한 뼈도 부위별로 세포외기질의 구성 비율이 다르다. 허벅지의 뼈는 콜라겐1의 비율이 높고 무릎에 존재하는 연골과 갈비뼈의 연결 부분에 위치한 갈비연골은 콜라겐2와 콜라겐3이 주요 성분을 이룬다. 무릎뼈 사이에 위치한 반월상 연골판은 콜라겐2와 프로티오글리칸의 구성 비율이 여타 조직보다 매우 높다. 프로티오글리칸의 일부인 히알루론산은 자기 부피의 600배 이상의 물을 흡수해 붙들고 있을 수 있다. 그럼으로써 연골의 부피를 유지시키며 무게를 견디는 쿠션 역할을 감당하는 것으로 알려져 있다.

이러한 세포외기질 연구는 가장 먼저 의약품 제조에 활용되고 있다. 예전에는 피부에 상처가 생겼을 때 염증을 가라앉히거나 감염을 막는 약을 바르고 반창고를 붙였다. 요즘은 흉터가 생기는 것을 막고 상처를 더 빠르게 아물게 하는 바이오 드레싱 제품을 주로 사용한다. 이는 세포외기질 중에서도 콜라겐 함유 비율이 높은 제품이다. 일반 드레싱 제제보다 상처 치료 효과가 높다고 보고되고 있다. 창상이나 욕창 같은 심각한 피부 질환의 경우에는 더욱 전문화된 제품들도 존재한다. 콜라겐과 히알루론산 그리고 피부외피 세포의 성장을 돕는 것으로 알려진 표피생장인자EGF, Epithelial Growth Factor가 포함된 제품도 있고 기증받은 인체 피부를 사용해 인체와 유사한 세포외기질 비율을 가진 치료제도 있다.

그러나 아무리 좋은 제약사라고 해도 인간 스스로 만든 세포외기질보다 더 좋은 것을 만들기는 어려울 것이다. 인간의 세포외기질 제작 과정은 정교한 하모니를 들려주는 오케스트라의 연주와 같이 일사불란하다. 세포외기질은 우리 몸의 약 24%를 차지한다. 70킬로그램 성인 남성을 기준으로 하면 약 16.8킬로그램이 세포외기질인 셈이다. 이 많은 세포외기질을 만드는 것은 세포이다. 세포외기질은 세포 안에서 만들어진다. 세포핵 안에서 DNA 정보를 읽고 각각의 세포외기질들이 만들어져 세포 바깥으로 운반된다. 이 과정에서 실수가 일어나거나 사고가 발생하면 생명의 위협을 받을 정도로 치명적일 수도 있다.

  실제 단 하나의 세포외기질이라도 결함이 생기면 인체에는 심각한 문제가 일어난다. 유전적인 원인, 상처, 감염 등에 의해 세포외기질이 그 기능을 잃게 되면 질환이나 장애로 이어질 수도 있다. 대표적으로 창상은 비교적 짧은 시간에 조직의 일부, 즉 세포외기질 세포가 소실되는 현상이다. 크기가 작은 창상일 때 비교적 빠른 시간에 세포외기질이 만들어져서 재생이 된다. 하지만 큰 창상일 때는 세포외기질을 단시간에 만들 수 없다. 바이오 드레싱과 같은 형태로 세포외기질을 제공해주어야 한다. 그렇지 않으면 감염의 위험에 노출돼 치료까지 수개월의 시간이 걸린다. 흉터란 급하게 피부를 보호하기 위해 필요 이상의 콜라겐1을 분비해서 만들어지는 것이다. 세포외기질 부족이 만든 결과이다.

  근육위축증은 디스트로핀이라는 근육을 지탱해주는 세포외기질의 유전자 이상 때문에 생기는 희귀병이다. 디스트로핀은 세포외기질 구성 비율의 0.1%도 되지 않는다. 그러나 이것이 부족해지면 근육막이 약해지고 퇴화된다. 마찬가지로 이영향성 수포성 표피박리증도 세포외기질의 하나인 콜라겐7이 제기능을 할 수 없어서 생기는 질환이다. 외피와 진피 사이의 기저층이 약해져서 두 층이 분리되는 현상이 계속돼 환자는 매우 큰 고통을 겪게 된다.

세포외기질이 중요한 또 하나의 이유는 세포가 자라고 건강하게 유지되는 데 필요한 몇백 가지의 성장인자와 신호전달 물질을 저장하기 때문이다. 인체는 세포레벨에서 또는 조직레벨에서 신호전달 물질을 통해 커뮤니케이션하는데 이를 세포외기질에 저장했다가 꺼내 쓴다. 만일 세포외기질이 사라지면 성장과 신호전달이 되지 않아 세포 단위에서부터 문제가 생기고 질병과 장애로 나아가게 된다. 철골 구조만 갖춰진 집의 기초만 만들어진 상태의 집에서 정상적인 주거 생활이 힘든 것과 같이 세포외기질이 손실된 조직의 세포는 원활한 생명 활동을 할 수 없다.

그런데 여기서 우리는 재생의 중요한 힌트를 얻을 수 있다. 손실된 세포외기질을 채워주었을 때 몸은 어떻게 반응하겠는가? 질병이 있는 부위에 세포외기질을 적절히 넣어주면 세포는 자리잡고 성장인자들과 신호전달 물질들을 내보내 원상태로의 회복을 진행할 것이다. 실제 우리 몸은 세포외기질을 바이오 잉크로 활용해 재생 치료를 했을 때 알아서 재생 활동을 진행했다. 재생의학에서 세포외기질이 얼마나 중요한지를 수많은 임상 결과에서 잘 보여주고 있다.

타가가 아닌 자가 세포외기질로 바이오 잉크를 만든다

앞서 미세 재생 환경인 리제너레이션 니치를 설명했다. 미세 재생 환경이 갖추어지면 주변 조직에서 혈관과 세포들이 들어와 추가적인 세포 분열과 세포외기질 분비를 통해 조직을 재생하게 된다. 이론적으로 당장 생명을 위협하는 정도가 아니라면 외과적으로 죽은 조직을 깨끗이 제거하고 미세 재생 환경을 만들어주면 재생이 가능하다. 300여 가지의 세포외기질과 수백 가지 이상의 성장인자들 그리고 1,000여 가지의 신호전달 물질들이 조직 재생을 위한 최소한의 환경을 만들기 때문이다.

그러나 '부족한 세포외기질을 채워주는 것'은 말처럼 쉬운 일이 아니다. 세포외기질 중 한두 가지만 그것도 비율도 맞지 않은 상태로 넣어준들 기대한 재생 효과를 보기는 어렵다. 바이오 드레싱의 경우처럼 상처를 좀 더 빨리 낫게 하고 흉터를 줄이는 수준에 그치고 만다. 세포외기질의 모든 성분을 본연의 비율에 맞춰 필요한 부위에 채워주는 과정을 프로토콜화하는 것은 재생의학을 꿈꾸는 이들이 풀어야 할 숙제이다.

비교적 최근 제약회사들은 '세포외기질의 조성과 비율을 맞춘 의약품'을 생산하기 위해 애를 쓰고 있다. 이러한 과정 끝에 상용화된 제품도 여럿 있다. 돼지의 소장벽을 분리해 탈세포화 과정만 거친 후 가루로 만들어서 연구용과 치료용 세포외기질을 제작한 경우도 있다. 비록 동물 조직을 이용했지만 콜라겐이나 히알루론 등 한두 가지 세포외기질만 사용한 기존 제품과 비교해보면 획기적인 발상의 전환이라 할 수 있다. 실제 이 제품은 사용 결과에서도 놀라운 성과를 보여주었는데 동물 조직의 기본적인 구성 형태와 세포외기질 구성 요소를 보존했기 때문에 가능한 결과였다. 시장에는 50% 이상의 세포외기질을 응용한 제품들이 많이 나와 있다. 이러한 제품의 상용화

덕분에 현재는 더 많은 제약회사가 세포외기질의 구성요소를 보존한 제품을 출시하기 위해 연구에 매진하고 있다.

그러나 안타깝게도 이러한 방식에는 한계가 존재한다. 같은 동물이기는 하나 엄밀히 이종 생물의 세포외기질을 이용하는 경우 강력한 화학 처리 과정을 거쳐야 한다. 이종조직이기 때문에 면역 거부반응이나 질병의 전파 같은 위험이 있을 수 있다. 탈세포와 멸균과정을 거치며 위험 요소를 배제하게 된다. 이 과정에서 세포외기질의 '소실'이 발생할 수밖에 없다. 미세 재생 환경을 이루는 데는 필수적이지만 쉽게 파괴되는 세포외기질 요소들이 사라지게 된다.

"그렇다면 아무리 본연의 세포외기질을 포함한 바이오 잉크가 좋다고 해도 제품화하는 것은 불가능한 것 아닌가요?"

우리도 수년 전에 이러한 질문과 맞닥트리게 됐다. 세포외기질의 구성요소도 명확히 파악하지 못한 상태이다. 그런 기술 수준으로 수천에 달하는 세포외기질의 구성요소를 합성해 생산한다는 것은 불가능하다. 만일 이것이 가능하다 해도 실제 임상에 적용되기까지는 수많은 단계를 거쳐야 한다. 오랜 연구 기간과 막대한 비용이 필요한 일이다. 게다가 이를 인종적 특성에 맞는 장기별로 제작하고자 한다면 넘어야 할 산이 몇 개는 더 있을 것이다. 대표적으로 황인종, 백인종, 흑인종의 피부는 각기 다른 특성이 있다. 백인은 피부 탄력이 적어서 수술 후 봉합하면 흉터가 황인종과 흑인종보다 훨씬 적다.

세포별 세포외기질 생산을 통해서는 12가지 이상의 섬유아세포 타입도 확인해야 한다. 부연하자면 인간의 피부는 부위별로 같은 섬유아세포군이라 할지라도 세포의 특성이 차이가 난다. 이러한 타입과 비율을 통해 개인마다 미묘하게 다른 세포외기질의 조합이 만들어진다. 이런 상황에서 개개인의 특성에 맞춘한 세포외기질을 대량 공정을 통해 제작한다는 것은 당연히 불가능한 일로 보인다.

이러한 여러 문제를 일소할 수 있는 해결책으로 '자가 세포외기질의 활용'을 떠올리게 됐다. 자신의 것을 활용해 자신의 몸을 치료한다면 시간과 비용의 문제를 모두 해결할 수 있다. 수 세기 전부터 최근까지 창상 치료에서 기준이 되는 치료법은 자가 피부 이식이었다. 수백 년간의 임상경험을 통해 자가 조직은 면역 거부반응이 없고 이식 성공 확률이 높다는 것이 밝혀졌다. 세포가 포함된 조직을 이식하기 때문에 이식된 피부조직에 혈관이 연결되고 주변 조직과 융화되어 내 몸의 일부가 되기 쉽다.

그러나 모든 경우에서 피부 이식이 성공하는 것은 아니다. 대표적으로 당뇨를 오래 앓았을 때 피부 이식은 매우 조심스럽다. 조직 이식의 성패는 이식 후 며칠 내로 주변 조직의 혈관이 이식된 조직과 연결돼서 영양분과 산소를 공급하는 것이다. 당뇨는 몸 전체의 혈관이 그러한 역할을 하기 어려운 상황이다. 잘못하면 이식된 조직이 괴사되면 떨어져 나올 수도 있다. 피부 이식보다 세포외기질의 이식이 나은 대안이 될 수 있다. 세포외기질에 포함된 각종 요소는 몸이 스스로 몸을 치료할 수 있도록 유도해 '이식 실패' 같은 상황도 방지할 수 있다. 남은 문제는 어디에서 최적의 세포외기질을 채취할 것인가이다.

과거의 연구자들은 지방은 그저 몸의 체온을 유지하고 과도하게 남은 영양분을 저장하는 곳으로만 생각했다. 그러나 의학이 발달하면서 지방의 새로운 면모가 나타났다. 지방은 많은 줄기세포를 포함하고 있으며 조직의 재생에 필요한 세포외기질과 여러 물질도 포함하고 있다. 에너지를 저장하는 것뿐만 아니라 위기 사태를 대비한 보관창고로 재해석됐다.

실제 세포외기질은 부피로 치면 전체 지방의 10%에도 못 미치지만 그 구성 성분을 살펴보면 조직을 재구성할 수 있는 맞춤화된 재료였다. 문헌을 살펴보면 지방의 세포외기질은 피부 진피를 구성하는 세포외기질의 조성과 90% 이상 동일하고 연골을 구성하는 세포외기질과는 60% 이상 동일하다고 한다. 지방의 세포외기질을 추출해 바이오 잉크로 사용하면 재생 효과가 있으리라 예상할 수 있는 근거 자료가 됐다.

로킷헬스케어 연구팀들은 물리적 고통과 상처를 일으킬 문제를 차단하면서 세포외기질을 획득하는 가장 탁월한 방법으로 '세포외기질 채취'를 선택하고 실제 환자에게 적용하는 임상을 진행했다. 수년에 걸쳐 그리고 수백 명의 환자에게 세포외기질을 바이오 잉크로 활용한 치료가 진행됐고 그 결과는 예상했던 것 이상으로 '높은 재생 치료 효과'로 나타났다.

그리고 이러한 결과는 각국 식약청의 승인으로 재생의학의 현실화에까지 이르게 됐다. 유럽의약품청은 로킷헬스케어의 '자가지방 유래 세포외기질을 이용한 개인맞춤 피부 질환 치료법'을 세포 치료제에 해당하지 않는 자가 조직이식 치료인 Non-ATMP로 허가했다. 미국식품의약청에서는 자가지방유래 세포외기질을 이용한 키트를 의료 장비로 승인했다. 지금도 자가 세포외기질을 바이오 잉크로 활용한 다양한 재생 치료가 전 세계에서 행해지고 있다.

4

탈세포화와 재세포화를 거쳐
기증 장기로 새로운 장기를 만든다

왜 장기이식은 가깝고도 먼 이야기인가

 2022년 1월 심부전으로 시한부 인생을 살던 50대 미국 남성이 세계 최초로 유전자를 조작한 돼지 심장을 이식받아 화제가 됐다. 이종장기이식이었음에도 수일 동안 환자는 면역 거부반응을 나타내지 않았다. 미국 메릴랜드대학교 의료센터UMMC의 의료진과 환자는 '장기이식의 새로운 장'을 연 것을 매우 감격스럽게 생각했다. 전 세계 언론에서 보도했고 장기이식을 고대하는 많은 환자에게 새로운 희망이 찾아오는 듯했다.

 그러나 약 2개월 후인 3월 9일 이식환자가 돌연 사망하며 분위기는 급반전했다. 의료진은 당장은 환자의 사망 원인을 명확히 확인하

신부전증 발생과 회복 과정

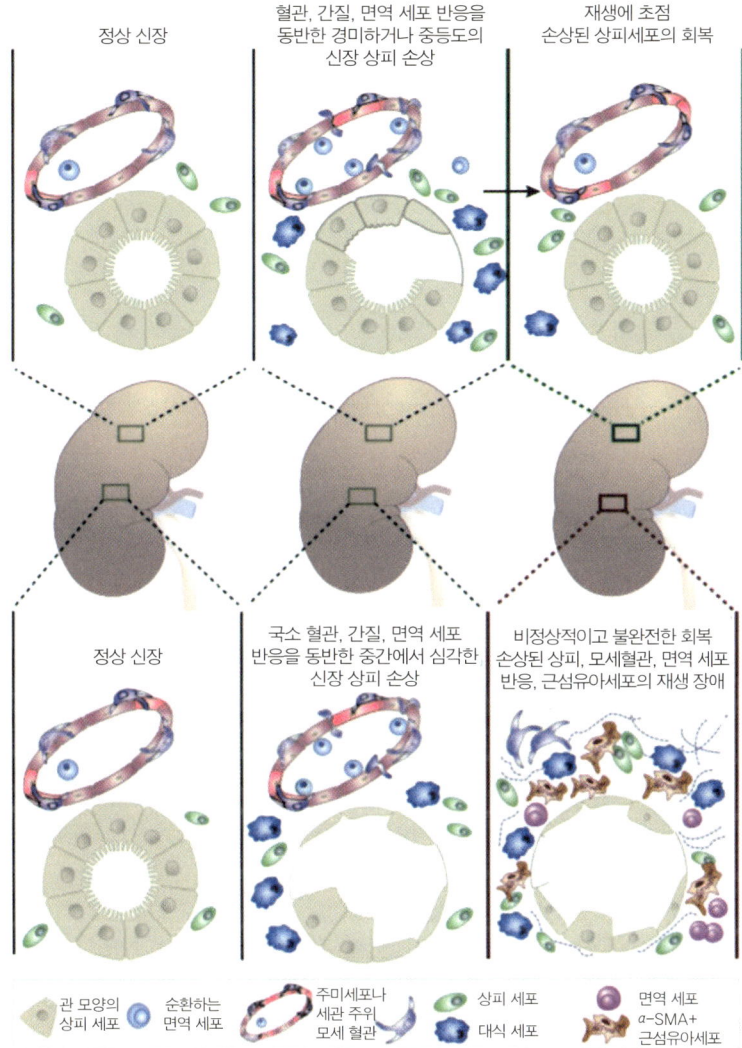

(출처: Kumar, S. et al. Kidney international. 2018; 93(1): 27-40)

기 어렵다고 밝혔으나 이종 장기이식이 실패로 끝난 것은 확실했다. 이식을 기다리던 많은 환자가 실의에 빠졌다.

고령화나 각종 질병 증가로 장기가 손상돼 이식이 필요한 사람들이 늘고 있다. 2021년 말 기준으로 우리나라의 장기이식 대기자는 4만 1,000명이 넘었다. 그러나 2021년 한 해 동안 뇌사자 장기이식은 442명에 그쳤다. 우리나라의 사후 시신 기증은 연간 500건 미만으로 대부분은 가족 간 이식을 차지한다. 뇌사, 사후, 생존 모든 경우를 포함한 장기 기증 건수도 6,000건을 넘지 못한다. 장기이식학회에 따르면 장기 기증을 받지 못해 사망한 사례가 하루 5.9명에 이른다. 이러한 장기이식의 악조건은 선진국이라고 다르지 않다. 미국은 약 11만 명이 장기이식을 기다리고 있다. 그중 6,000여 명이 장기이식 전 사망한다. 매일 17명이 장기이식을 기다리다 사망하고 있다.

그럼에도 세계보건기구에서 발표한 자료에 따르면 절대적인 장기이식의 건수는 꾸준히 증가하고 있다. 국내만 해도 2016년 3,565건에서 2019년 4,299건으로 늘었고 미국, 스페인, 캐나다, 프랑스 선진국에서 그 수가 늘고 있다. 절대적 숫자만으로 보면 장기이식의 활성화가 보인다. 문제는 장기이식 대기자의 빠른 증가이다. 2020년 기준 전 세계 노령인구 수가 10억 명을 넘겼다. 이는 전 세계 인구의 13.5%에 달하는 숫자다. 질병뿐만 아니라 노화로 인해 장기는 그 기능을 다할 수밖에 없다.

대체 장기의 필요에 따라 다양한 방면으로 그 해법을 찾고 있다. 다른 종에서 유래한 장기나 조직을 사람에게 이식하는 이종장기이식술, 장기의 대체 혹은 보조를 위해 의료기기를 사용하는 전자기기 인공장기이식술, 이식 시 면역 거부반응을 최소화하는 세포 기반 인공장기술 등이 대표적인 대안들이다. 그러나 아직 이런 대안들은 큰 성과를 거두지 못하고 있다.

이종장기이식의 경우 주로 인간 장기의 사이즈와 유사한 침팬지, 원숭이, 돼지, 염소 등의 장기를 공여 대상으로 하는 방법을 취하고 있다. 과학자들은 최적의 이종 장기로 미니 돼지를 꼽고 있다. 돼지의 3분의 1에 불과한 몸무게인 데다가 심장 크기도 사람과 94% 유사하며 해부학적 구조도 흡사하기 때문이다. 그러나 이종장기를 이용한 이식은 동물을 매개로 한 새로운 바이러스성 전염병 발생의 위험이 있고 인간에게 면역반응을 일으켜 이용에 제한이 많다. 강력한 면역억제제를 투여하는 방법이 시도되고 있다. 앞서 소개한 돼지 심장을 이식받은 환자는 면역 억제반응을 최소화하기 위해 '유전자 교정'이라는 과정을 거쳤다. 유전자 가위로 면역 거부반응이 일어나지 않도록 유전자 4개를 차단하고 6개를 추가했다. 유전자 10개를 교정한 돼지 배아를 복제해 착상시켜 유전자 변형 돼지를 출산시킨 후 환자에게 이식할 정도로 심장이 자랄 때까지 면역억제 신약도 투여했다. 앞으로도 유전자 교정과 복제를 활용해 면역 거부반응을 해결해나갈 것으로 보인다.

전자기기 인공장기는 상용화 사례도 늘고 안전성 문제도 해결해가는 중이다. 1950년대부터 시작된 인공심장은 1882년 최초로 사람에게 이식됐는데 당시 무게는 무려 170킬로그램에 달했다. 이를 사용하는 환자는 이동이 불가능했고 기기의 불완전성으로 생존 일자도 2년을 넘기지 못했다. 기술의 발달로 현재의 인공심장은 무게가 약 6킬로그램으로 줄었다. 상용화에 성공해 휴대용 인공심장과 함께 10년 이상 살아온 환자도 보고되고 있다. 인공폐도 거대한 크기와 무게에서 점차 작아지는 추세를 보이고 있다. 1950년 340킬로그램에 달했던 무게는 30킬로그램까지 줄었다. 그러나 아직 편의성과 안전성 측면에서 장기이식을 대체하기는 어려워 보인다. 기기 장기의 가장 근본적인 한계는 '비교적 짧은 수명'이다. 고장과 전원 꺼짐의 문제도 남는다. 인공심장의 경우 약 1억 5,000만 원으로 금액 부담도 상당하다. 인간의 생체 정보와 상호작용을 하는 착용형(이식형) 장치 개발이 숙제로 남아 있다.

마지막으로 세포 기반 인공장기는 종류가 다양하다. 줄기세포를 이용한 바이오 장비와 3D 바이오 프린팅 기술을 이용한 오가노이드 등이다. 이들 세포 기반 인공장기는 궁극적으로 신체의 주요 장기를 개인맞춤으로 생산하는 것을 목표로 한다. 현재는 피부, 근육, 혈관 등의 일부 조직을 구현하는 데 그치고 있다. 줄기세포를 이용한 장기의 개발은 오가노이드 연구로 진행되는데 빠르고 정교하게 장기의 미세 조직까지 구현해내기에는 무리가 있어 보인다. 3D 바이오 프린팅 역시 비임상 연구 단계에 머물러 있다. 인체에 바로 적용하기까지는 상당한 시일이 필요할 것으로 보인다.

탈세포화와 재세포화로 장기이식을 활성화하다

앞서 인공장기의 현재 기술과 여러 문제점을 살펴보았다. 기증 장기가 대기자와 비교해 턱없이 부족한 것이 가장 큰 문제이다. 그리고 그 이유 중 하나는 기증된 모든 장기가 이식에 사용되지 못하고 버려지는 것이다. 생각보다 많은 장기가 이식까지 가지 못하고 폐기되는 것은 안타까운 현실이다.

현실적으로 기증 장기가 폐기되는 데는 여러 가지 이유가 있다. 장기의 기능이 떨어졌거나 다른 병변이 있거나 공여자와 혈액형 및 조직적합항원HLA이 맞는 수혜자를 찾지 못해 이식 가능 시간을 초과하는 경우 기증 장기는 그대로 폐기된다. 장기의 보관시간은 심장과 폐는 4~6시간, 간은 8~12시간, 신장은 24~36시간으로 길지 않다. 미국이나 유럽의 경우 지역 간 이송 시간과 국가 간 이송 시간이 길다 보니 폐기율이 낮지 않다. 적출 신장의 20% 내외, 적출 간의 10% 내외, 적출 췌장의 25% 내외, 적출 심장의 1~2%가 폐기된다고 보고되고 있다. 특히 신장은 해마다 약 4,000개 이상이 사용되지 못하고 버려지고 있다. 해결할 방법이 절실해 보인다.

탈세포화와 재세포화는 버려지는 장기를 다시 사용할 수 있도록 하는 대표적인 기술이다. 기증받은 장기의 세포를 모두 제거해 세포외기질만을 남긴 후 이식받는 환자의 세포를 이식한다. 탈세포화 및 재세포화 기술은 2가지 면에서 장기이식 활성화에 매우 큰 장점이 있다. 첫째는 세포를 제거해 장기를 보관할 수 있는 시간을 매우 길게 한다. 둘째는 장기이식 수혜자라면 당연히 평생 복용해야 하는 면역억제제를 복용할 필요가 없어진다. 앞서 언급한 대로 기증된 장기는 생체 밖 보존 시간이 짧아 일정 시간 내 사용하지 못하면 폐기된다. 그러나 세포를 제거하면 세포외기질만 남기 때문에 세포의 부패에 따른 문제가 발생하지 않아 보존 시간을 연장할 수 있다. 또한 기증자의 세포와 수혜자의 세포가 맞지 않아 생기는 면역 억제반응도 차단할 수 있다. 이러한 장점 때문에 오래전부터 탈세포화와 재세포화 연구가 진행됐으나 여러 가지 이유로 진척을 보이지 못하고 있다.

닥터 인비보 니치 리젠을 이용한 장기의 탈세포화

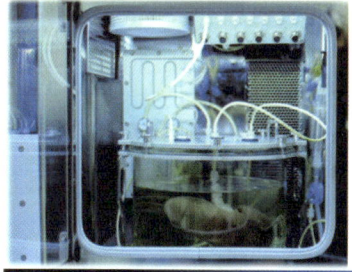 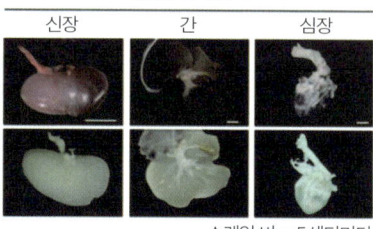

대동물 장기(돼지) / 신장 / 간 / 심장 / 스케일 바 = 5센티미터

    기존의 탈세포화는 펌프를 이용해 혈관으로 계면활성제를 관류시켜 세포를 제거했다. 계면활성제는 혈관으로 들어가 세포의 부착력을 약하게 만들어 장기에서 모두 빠져나오게 만든다. 그러나 이때 자칫하면 모세혈관이 망가질 수 있다. 따라서 최적화된 계면활성제의 농도와 관류 속도를 찾는 과정이 필요하다. 만약 모세혈관을 유지하지 못하면 장기를 이식했을 때 혈전이 생겨 색전증, 패혈증, 혈전증이 쉽게 일어날 수 있다. 또한 재세포화 과정에서 이식된 세포가 세포외기질에 잘 붙어 있도록 하는 기술도 보강돼야 한다. 현재 재세포화는 환자의 세포를 배양해 탈세포화된 장기에 넣어주는 방법을 쓴다. 이때 유속을 천천히 하면 이식된 장기들이 안착된 것이 확인된다. 하지만 막상 생체에 이식했을 때 빠른 속도로 혈액을 흘려주면 세포들이 떨어져나간다.

    세포외기질에 세포들을 단단하게 결합시키는 기술이 개발되지 않으면 재세포화는 불가능하다. 수많은 연구에서 세포외기질과 세포를 결합시키기 위해 콜라겐 코팅과 항체 결합 등이 시도됐다. 하지만 이식에 성공한 케이스는 없다. 로킷헬스케어 신장 재생연구팀은 혈액의 70% 이상을 차지하는 알부민을 이용해 세포외기질에 세포접착력 효율을 높였다. 특히 재세포화 후 이식 시 나타날 수 있는 혈전 문제를 알부민 코팅으로 해결했다.

차츰 이러한 문제들이 해결된다면 장기이식은 새로운 분수령을 맞게 될 것이다. 일단 기증 장기가 버려지는 것을 막을 수 있고 면역 문제로 인해 사용이 꺼려지는 이종 장기의 이식도 가능해진다. 유전자 조작으로 해결하고자 했던 각종 문제도 걱정할 필요가 없어진다. 로킷헬스케어에서는 아직 가야 할 길이 많이 남아 있지만 탈세포화와 재세포화를 적용한 장기이식 기술을 끊임없이 찾아가고 있다.

최신 기술들이 장기이식의 허들을 낮추고 있다

탈세포화와 재세포화를 임상에서 적용하려면 '장비'가 필요하다. 이론적 배경에도 불구하고 현실에서 관련 연구가 어려운 것은 전 과정이 수작업으로 진행되고 이를 구현할 장비가 부실하거나 아예 없기 때문이다. 과거의 많은 과학자가 탈세포화와 재세포화 기술의 임상적용을 위해 노력해왔으나 기술적 한계에 부딪혔던 것 역시 바로 장비였다. 장기이식 연구자들은 탈세포화와 재세포화를 하나의 장비에서 해결하지 못하고 적게는 3~4개 많게는 8~9개의 장비로 나눠서 연구를 진행하고 있다. 이러한 현실적 장애물을 해결하는 것이 시급했다.

로킷헬스케어는 먼저 탈세포화와 재세포화를 가능하게 하는 장비 개발에 주력했다. 기존 3D 바이오 프린터를 개발해본 경험이 큰 도움이 됐다. 우선 3D 바이오 프린터에 여러 기능을 조합해낸 것처럼 탈세포화와 재세포화를 하나의 장비에서 실현할 수 있는 방법을 모색했다. 필요한 기능 리스트를 만든 후 이를 하나의 기기에 장착하며 벌어지는 문제를 해결해나갔다. 수많은 시운전을 거친 2022년 2월 '닥터 인비보 니치 리젠Dr. INVIVO Niche Regen'을 론칭하게 됐다.

  개발 과정을 잠깐 소개하겠다. 로킷헬스케어는 직접 연구실에서 관련 연구를 하는 과학자들에게 필요한 기능에 대한 상세한 기능적인 스펙을 확인했다. 그 후 기존 장비들이 가진 다양한 한계점을 극복할 수 있는 지점들을 찾아냈고 각종 기능의 바로미터를 세우는 데는 미국 웨이크포레스트 의과대학 교수진의 자문을 받았다. 기존 기기의 한계점을 극복해 장기재생 실현을 앞당길 수 있으리라는 기대도 품게 됐다.

  닥터 인비보 니치 리젠은 장기를 탈세포화해 3D 바이오 프린팅이나 오가노이드 기술이 구현할 수 없는 조직구조를 그대로 살려낸다. 탈세포화한 장기에는 조직의 골격을 이루는 세포외기질만 남는다. 그 장기가 본래 가지고 있던 세포와 DNA가 제거됐기 때문에 면역 반응이 생기지 않는다. 이론적으로는 탈세포화된 장기에 환자의 세포를 넣어 생착시키면 환자에게 면역 거부반응이 없는 맞춤형 장기재생이 이루어진다.

  닥터 인비보 니치 리젠은 내부 공간Cabin을 생체환경과 가장 유사한 조건으로 만들었으며 세포배양장비인 롤러 보틀roller bottle 시스템을 구현해 재세포화의 효율을 극대화할 수 있다. 연구원들이 구상한 프로토콜을 입력하면 그에 맞춰 작동한다. 실험자는 외부에서도 모든 작업의 모니터링이 가능하다. 내부에는 카메라가 내장돼 있는데 원격으로도 진행 상황을 알 수 있다. 보통 탈세포화와 재세포화에 각각 1~3일, 7~14일이 걸린다. 기존 연구실에서는 이 기간 내내 연구원들이 용액교체나 세포배양을 위해 자리를 지켜야 했지만 닥터 인비보 니치 리젠을 사용하면 그럴 필요가 없다. 모든 과정이 자동화돼 연구의 효율성을 높일 수 있다. 또한 자칫 외부 환경에 노출돼 재현성이 나오지 않아 실패하는 경우도 원천적으로 차단했다. 연구 과정에 이상이 생기면 알려주는 알람기능도 탑재돼 있다. 모든 프로세스는 올인원 시스템으로 자동화됐다.

로킷헬스케어가 이러한 장비를 개발하는 것은 중장기 기술 로드맵과도 관련이 깊다. 피부와 연골과 장기재생은 하나의 재생의학 로드맵으로 연결돼 있다. 현재는 피부와 연골을 마치고 장기 중 가장 어렵다는 신장의 재생 치료에 집중하고 있다. 탈세포화와 재세포화 기술은 일단 완성되면 신장뿐 아니라 다양한 장기의 재생(이식)을 가능하게 할 것이다. 재생 치료의 중요 변곡점이 될 것이다.

로킷헬스케어의 가장 큰 목표는 환자의 삶의 질을 개선하는 다양한 기술을 개발해 상용화하는 것이다. 신장 재생은 앞서 오멘텀 패치를 부착해 신부전의 치료 효과를 보인 정상적인 연구성과를 발표했다. 오멘텀 패치는 신장의 기능을 회복시켜 '투석'이라는 불편한 치료 과정으로 가는 시간을 지연시킨다. 그러나 정상적인 신장으로까지는 되돌리지 못한다. 탈세포화와 재세포화는 수명을 다한 신장을 문제가 없는 신장으로 대체하는 과정에서 꼭 필요한 기술이다.

기존 장기의 조직구조인 세포외기질 스캐폴드는 그대로 두고 이식받는 사람의 세포를 넣어 재생시킨다. 재세포화된 장기를 이식받으면 '내 장기'처럼 사용할 수 있다. 면역억제제를 먹지 않아도 되고 장기의 수명도 제약을 받지 않는다. 닥터 인비보 니치 리젠은 우선 탈세포화와 재세포화 연구의 활성화를 위해 만들어졌다. 많은 연구자가 탈세포화와 재세포화를 실현해 장기이식의 활성화를 앞당기기를 기대해본다.

5
초개인화 시대의 장기재생 핵심원리를 파악한다

질병은 인체의 항상성이 깨지는 것이다

 유전학적으로 모든 인체는 다르고 다른 외부물질이 들어왔을 때는 면역 반응이 작용한다. 그럼에도 최적화 상태로 유지하는 항상성Homeostasis을 지킨다. 대부분의 생물현상은 '유지'를 위해 일어난다. 호르몬과 자율신경 등을 통해 체온, 혈압, 혈당 등을 일정하게 유지한다. 질병이 발생하는 핵심적인 원리 중 하나는 바로 이 항상성이 깨지는 것이다. 항상성이 깨진 상태를 우리는 "면역력이 떨어졌다."라고 이야기한다. 항상성이 영구히 깨져서 돌이킬 수 없게 되는 것을 죽음으로 정의하기도 한다.
 당뇨병 상태를 항상성 개념으로 정의해 보자. 인체가 혈당 조절 능력을 상실하면 당뇨병이 생길 수 있다. 일반적인 당뇨병은 인슐린은 적절히 분비되나 인슐린 저항성으로 인해 혈당 조절 능력을 상실한 경우다. 호르몬 분비에 이상이 생겨 아예 인슐린 분비가 되지 않는 경우를 1형 당뇨병이라 한다. 모두 인슐린으로 작동하는 혈당 조절 기작에 문제가 생겨 인체의 항상성이 깨지는 것이다. 여기에 자가면역질환까지 겹치면 1A형 당뇨병이 된다.

당뇨발 피부를 재생시키려면 먼저 당뇨병이 인체에 어떤 악영향을 끼쳐 항상성을 깨트리는지 이해해야 한다. 로킷헬스케어는 당뇨병에 대한 수많은 연구와 해외 공동연구 그리고 전문가들의 조언을 참조해 왜 당뇨병이 '불치에 가까운 난치병'이 되었는지 확인했다. 이를 바탕으로 왜 당뇨발을 재생 치료하지 못하는지 알아냈다. 실제 전 세계 당뇨병 환자들은 낫지 않는 당뇨발 문제로 28초에 한 명씩 족부를 절단하고 있다. 그중 50%는 5년 내 사망한다. 로킷헬스케어는 당뇨발 문제를 해결하기 위해 새로운 접근에 나섰다.

당뇨발 피부재생의 기본전략은 무엇인가

당뇨발 치료에 나서면서 당뇨발 피부재생에 영향을 미치는 여러 조건들을 확인했다.

첫째, 당뇨와 같은 질환은 인체 줄기세포의 원천인 골수Bone Marrow 구조와 기능을 악화시키고 혈액 내 줄기세포Stem cell와 미성숙 세포의 이동을 차단하여 인체의 재생능력을 악화시킨다. 이는 당뇨병 환자의 피부재생의 악화 요인이 단순히 혈당의 문제가 아니라는

줄기세포와 세포외기질의 상호작용

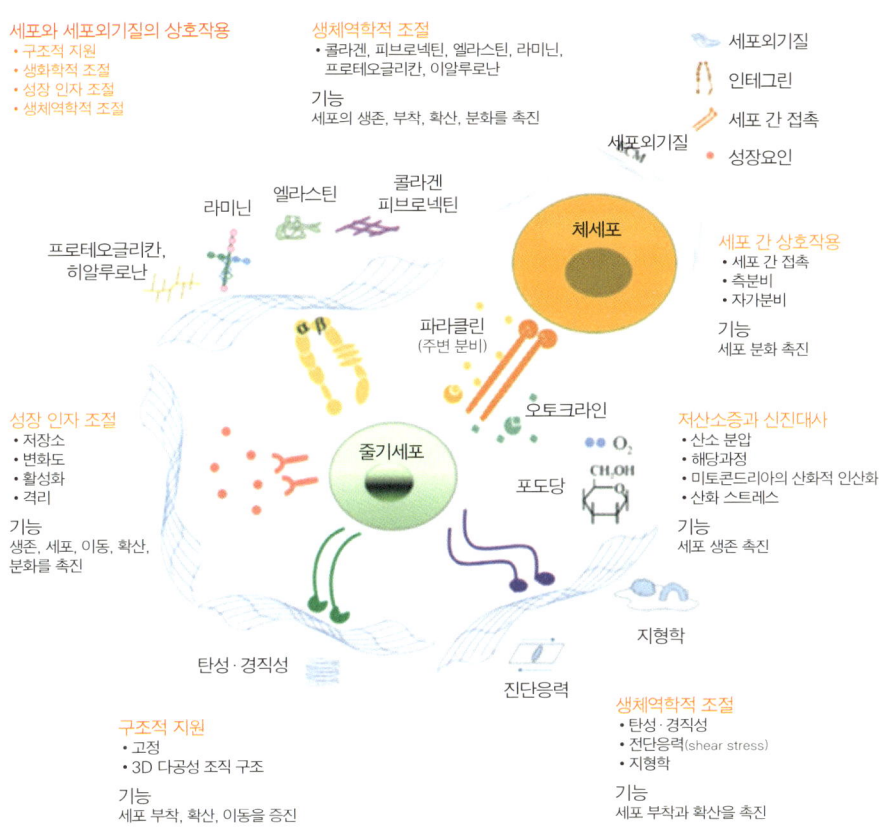

(출처: Zhe, M. et al. Materials. 2023;16(8): 3197)

것을 보여준다. 모세혈관 및 신경 파괴로 인한 눈, 발, 신장 등의 합병증의 문제만도 아니다. 당뇨와 같은 질환은 피부재생에 가장 큰 영향을 미치는 지방 줄기세포의 재생능력과 혈관 재생능력을 차단하여 근본적으로 인체의 재생능력이 작동하지 못하도록 한다. 따라서 당뇨발을 재생시키려면 인체에 장착된 고속도로(줄기세포 이동 경로)

를 건너뛰어 어떻게든 괴사된 부위에 재생능력이 있는 조직을 이동시켜주어야 한다는 것이다. 로킷헬스케어는 이를 '피부재생 특수부대 상륙 작전'에 비유하고 있다.

둘째, 당뇨환자는 만성염증으로 많아진 대식세포Macrophage M1가 재생능력을 파괴시켜 피부재생능력이 낮아진다. 대식세포는 면역세포의 핵심 인자이다. 당뇨발의 경우 외부의 균이 인체를 공격하는 것이 아니라 대식세포가 피부 내 세포외기질의 재생능력을 파괴시켜 당뇨발 피부의 재생능력을 저하시킨다. 즉 외부로부터 인체를 보호해야 할 면역세포가 족부조직을 공격하고 재생능력까지 망가트리는 것이다. 따라서 염증 대신 재생반응이 발휘되기 위해서는 초기에는 면역세포를 감소시키고 대식세포가 재생기전으로 발현되도록 환경을 조성해주어야 한다.

셋째, 당뇨발 표준치료 중 하나인 자가세포이식법(자기피부세포를 떼어서 환부에 이식하는 시술)이 실패하는 것은 재생능력의 한계 때문이다. 자가세포이식법은 당뇨발 치료법으로 일반화된 치료법이다. 그러나 대부분 환부가 재생되지 않고 다시 괴사하여 당뇨발이 재발되고 만다. 그 이유에 대해 많은 연구가 진행됐고 이식한 자가세포에 재생에 필요한 성분이 없기 때문으로 밝혀졌다. 피부재생에 필수적인 요소인 콜라겐은 27종이 있다. 당뇨발이 많이 발병하는 50대 이상은 피부 노령화가 진행돼 27종의 콜라겐이 모두 있지 않다. 딱딱한 피부껍질에 해당되는 콜라겐1 타입이 대부분을 차지한다. 이런 조직을 당뇨발 피부에 이식해봐야 재생 효과가 거의 나타나지 않는 것이다. 50대 이상의 당뇨발 환자의 피부재생을 위해서는 콜라겐2 타입과 콜라겐3 타입이 제일 먼저 필요하다. 또 신생아 피부는 콜라겐2

와 3이 70% 이상으로 부드럽다. 이와 같이 당뇨발 환자에게도 콜라겐2와 3이 많이 필요하다.

반대로 콜라겐1은 최소화하는 것이 낫다. 노령화돼 재생능력이 없는 피부껍질을 이식하는 것으로 온전한 치료 결과를 기대하기 어렵다. 재발율만 높이게 된다. 로킷헬스케어는 '리젠$_{Regen}$ 바이오 잉크' 생성 기술을 통해 환자의 지방 조직에 있는 콜라겐의 타입별 함량과 비율을 피부재생 초기 조건에 맞게 최적화했다. 기존 지방 조직 콜라겐의 약 40%를 차지하던 콜라겐1의 비율을 10% 이하로 낮추고, 나머지 콜라겐2와 3의의 구성 비율을 피부재생에 맞게 최적화해 '재생 니치'를 만들었다. 이 기술은 재생 능력이 없는 만성질환 환자로부터 추출한 세포외기질을 재생 능력이 있는 '리젠 바이오 잉크'로 리모델링하는 방식이다. 재생 능력을 가진 리젠 바이오 잉크는 3D 바이오 프린터를 이용하여 '재생 니치'로 만들어져 환자의 만성질환의 치료에 활용한다. 이러한 모든 기술은 수년간의 연구개발을 통해 확립됐으며 전 세계 환자들의 임상을 통해 검증됐다.

넷째, 생체 전자의학$_{Bioelectronic\ medicine}$은 생체 내에서 발생하는 미세한 전기를 이용해 세포의 움직임과 성장을 조절하는 것으로 최근 난치성 만성질환 치료에 효과적인 것으로 알려졌다. 당뇨발 피부재생에서도 이러한 외인성 전기장을 적용하면 기저층의 빠른 형성을 촉진하고 상피화를 진행시킬 수 있다. 세포 내부와 외부 사이의 전기적 차이를 생체막전위라고 한다. 생명체의 생체막전위는 동물과 식물이 발달하는 동안 세포, 조직, 기관 수준의 패턴화와 행동을 조절한다. 생체 내 플러스(+), 마이너스(-) 전위가 균형을 이루지 않으면 세포 간 신호전달에 문제가 생겨 세포 호흡, 줄기세포 분화, 호르

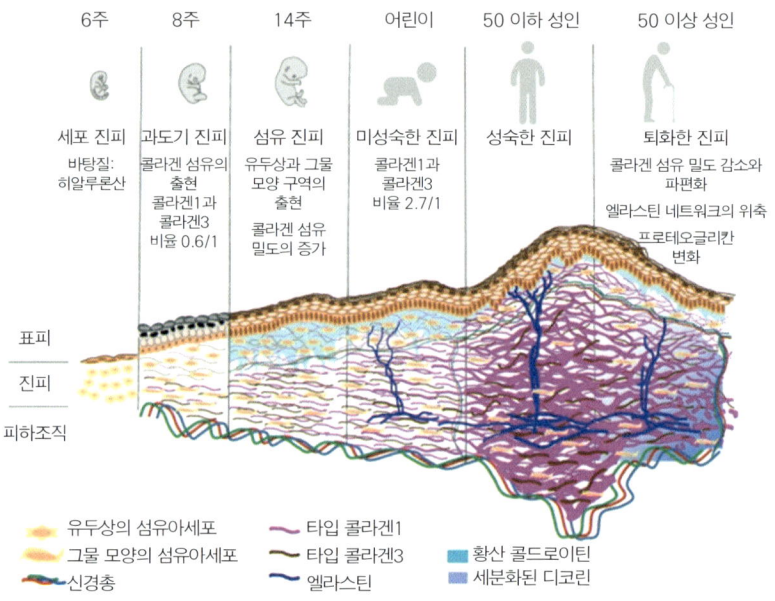

(출처: Haydont, V. et al. Mech. Ageing Dev. 2019; 177:150-15)

몸 이동, 뇌파 등의 기능에 장애가 발생할 수 있다. 일례로 모든 유형의 세포와 조직은 이온 흐름을 이용해 전기적으로 통신한다. 일반적으로 상처가 생기면 정상적인 피부 아래에서 양(+)이온을 가진 생체전위가 상처 부위(0밀리볼트)에 전기장을 형성하여 세포들이 상처로 이동하게 된다. 그러나 만성 상처에서는 이러한 전위차가 제대로 형성되지 않아 피부가 재생되는 능력이 저하된다. 로킷헬스케어의 치료법은 지방조직에서 추출한 '재생 니치'를 사용하여 만성 상처에 음(-)이온의 생체전위를 형성한다. 이로 인해 세포들이 상처부위로 빠르게 이동해 만성 상처를 재생시킨다. 이런 생체전위의 기본 원리를 이해하지 못하고 환부의 빈 공간에 인공물질을 투입하거나 전하가

상처로 인한 전류의 생성

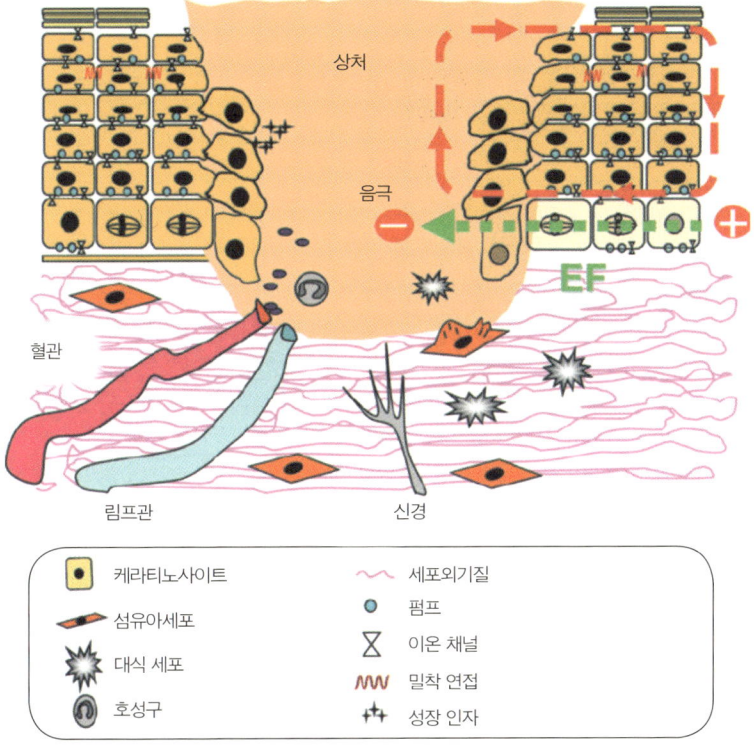

(출처: Martin-Granados, C. et al. Advances in Wound Care. 2014; 3(2))

맞지 않는 물질을 삽입하면 재생을 기대하기 어렵다.

다섯째, 피부재생을 위해서는 상처 가장자리에 적절한 재생 환경을 조성하는 것이 중요하다. 피부는 크게 외피와 그 아래에 위치한 진피로 나뉜다. 그런데 진피가 재생이 되지 않으면 외피가 자라고 싶어도 연결된 구조가 없어서 자라지 못한다. 대신 물이 댐에 막혀서 고이듯 외피가 상처 경계면에 쌓여 볼록하게 솟아오르게 된다. 이 현상을 상처 가장자리, 즉 에피볼Epibole라고 부른다. 에피볼은 주로 만

상처 가장자리에 생긴 에피볼

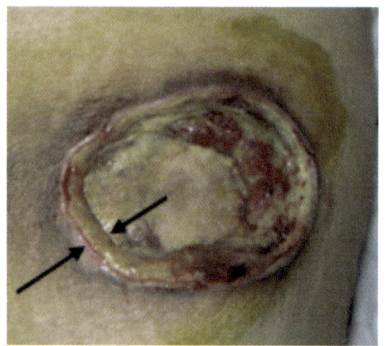

(출처: Ecampusontario.pressbooks.pub)

성 상처에서 나타나며 줄기세포와 다른 세포들의 이동을 방해하는 장애물이 된다. 따라서 상처를 제대로 재생시키기 위해서는 죽은 세포와 상처 가장자리를 제거하고 상처가 다시 아물 수 있도록 가장자리에 적절한 재생 환경을 만들어주는 것이 중요하다. 로킷헬스케어는 인공지능과 3D 프린팅 기술을 이용하여 상처와 정확히 맞는 크기의 '재생 니치'를 제작하여 상처 가장자리에서부터 재생을 이룰 수 있도록 했다.

여섯째, 재생을 위해 각 조직에 알맞은 물리적 강도를 맞추어주는 것이 필요하다. 너무 딱딱하거나 부드러우면 줄기세포가 각 조직에 맞는 세포로 분화되지 못하므로 주의가 필요하다. 일반적으로 피부는 약 1~10킬로파스칼의 강도를 가진다. 로킷헬스케어의 '재생 니치'는 적절한 조성물의 조합을 통해 피부 강도와 유사한 강도로 제작된다. 사람이 산을 오를 때 울퉁불퉁한 산악지형을 만나면 이동이 어렵듯 재생패치도 요철모양을 띠면 재생이 잘 이루어지지 않는다. 이왕이면 세포가 이동하기 편한 평평한 고속도로 모양이거나 삼투압 작용

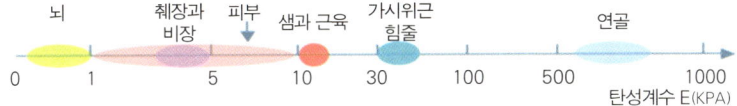

(출처: Liu, J. *et al*. Int. J. Mol. Sci. 2015; 16: 15997-16016)

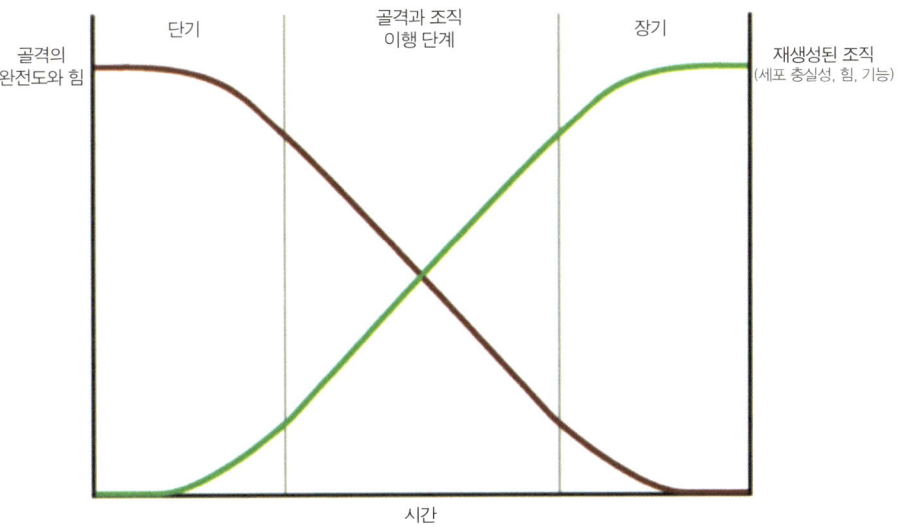

(출처: Koch, Thomas & Berg, Lise & Betts, Dean, Current and future regenerative medicine-Principles, concepts, and therapeutic use of stem cell therapy and tissue engineering in equine medicine
The Canadian veterinary journal. Vol. 50, La revue v?t?rin인공지능re canadienne , 2009, 155.)

이 이뤄지기 쉬운 점점 좁아지는 형태를 활용할 것을 권한다. 더불어 재생 구조체의 생분해 속도도 재생에 중요한 영향을 미친다. 바이오 잉크의 최적의 조합을 통해 만들어진 '재생 니치'는 통기성을 확보한 3밀리미터 두께를 가지며 재생이 진행되는 최소 2~3주 동안 강도와 형상을 유지한다. 재생이 완료되는 4~5주 이후부터는 완벽히 생분해 된다. 로킷헬스케어는 세포 밀도, 잉크의 출력성, 조직 재생 시트의 생분해성 요소를 고려해 최적의 조건을 맞추었다. 그 결과 '바이오 잉크 조성물을 이용한 맞춤형 진피 재생 시트' 기술을 개발했다. 이는 '재생 니치'가 효과적으로 치료를 할 수 있게 하는 비결이다.

한편 장기재생 플랫폼이 연골재생 및 신장 재생으로 확대 적용되면 영향을 받는 조건은 훨씬 더 많아질 것이다. 따라서 장기재생에 있어 바이오 시스템적 접근이 필요하다. 지난 수십 년간 수많은 의료진이 당뇨발 치료에 매달렸지만 20~30%의 치료율밖에 달성하지 못했다. 이는 장기재생을 한두 가지 치료제나 단번의 수술로 고칠 수 있다는 편협한 사고 때문이었다. 낮은 치료율로 28초마다 발을 절단하는 당뇨발 환자가 생기고 있으며 이들 중 절반은 5년 이내 사망에 이른다.

인체는 30조 개의 세포로 이루어져 있다. 그야말로 소우주라 할 만하다. 복잡한 바이오 시스템이 제대로 운영되기 위해서는 질병 발생을 근본적으로 이해하고 재생 전략을 짜야 한다. 또한 인체 빅데이터를 단 시간 내 분석할 수 있는 인공지능, 초개인맞춤 장기를 만들 수 있는 4D 바이오 프린팅 혹은 로보틱스, 장기별로 특화된 바이오 잉크도 필요하다. 이러한 수술을 빠르게 실현할 수 있는 플랫폼도 필요하다. 적시운영시스템 또한 최소한의 필수 요소라 하겠다.

4장

블리츠 앤 심플로 진정한 퍼스트 무버가 되다

1
행동원칙은 블리츠 앤 심플이다

도전은 '블리츠 앤 심플'처럼 그냥 시작하는 것이다.
그리고 융합하는 것이다.

청년들의 일자리 창출을 위해 창업했다

　로킷헬스케어는 대한민국 청년들에게 일자리를 제공하기 위해 만들어졌다. 특별히 자신의 기량을 마음껏 발휘하고 성과를 통해 성장하길 바라는 청년들을 위한 일터이다.

　나는 셀트리온헬스케어에서 6년간 사장직을 수행한 바 있다. 대한민국을 대표하는 바이오 시밀러 회사 관계사로 전 세계 의사들과 의료 관계자들을 만나 임상과 관련된 문제들을 해결하고 제품을 판매했다. 그러나 장기간 열정을 바쳐 일한 결과 나의 신체는 매우 약해졌다. 결국 건강상의 문제로 셀트리온헬스케어 사장직에서 내려오게 됐다.

대학시절 산악반을 했던 나는 산을 좋아해 매주 3번 이상 등산을 했다. 그 저력 덕분인지 6개월 후 병원에 갔더니 200이 넘던 간수치가 어린아이와 같이 건강한 상태로 회복됐다. 의사는 "90세까지는 사실 수 있겠습니다."라는 덕담을 해주었다. 내 나이 55세 때 일이다.

다시 일을 시작한 나는 서울의 한 대학에서 국제경영학을 가르치며 경영 컨설팅을 하고 있었다. 대학에서 만난 많은 청년이 학문보다 취업을 걱정하고 있었다. 우리나라 청년들은 열정이 넘치고 똑똑했다. 의사들도 전 세계에서 만난 어떤 의사들보다 우수했다. 그런 그들이 취업 걱정을 하는 것이 안타깝고 답답했다. 그래서 직접 일자리를 만들기 위해 로킷헬스케어를 창업했다.

우리가 개발한 기술로 청년들에게 일할 곳을 만들어주고 이들과 함께 대한민국에서 영감 받은 기술로 전 세계로 나가 유익을 주고 싶었다. 2012년 1월 31일 로킷헬스케어가 출항에 나섰다. 당시에 나는 지난 100년간 제약 바이오 산업에서 주류를 이뤘던 대량생산과 대량치료의 패러다임이 초개인맞춤 정밀의학으로 변화하고 발전하리라는 확신이 들었다. 향후 10년이 주요 고비가 될 거라 예상했다.

이러한 확신은 셀트리온헬스케어 사장으로 근무하던 당시 만들어졌다. 전 세계 80여 국가에서 '바이오 산업이 직면한 3가지 난제'를 확인하고 해결할 '파괴적인 솔루션'이 필요하다는 인식을 하게 됐다. 한국의 고도화된 하드웨어 및 소프트웨어, 인공지능, 바이오, 디지털 기술을 융합하여 파괴적인 초개인맞춤 장기재생 플랫폼을 만들면 퍼스트 무버가 되리라 예상했다. 일자리 창출뿐 아니라 몇 십조 원 규모의 바이오 기업으로 성장할 수 있으리라 기대했다. 이에 대한 방증으로 사명도 'Republic Of Korea's Inspired Technology(대한민

로켓헬스케어 본사

국의 영감 받은 기술)'이라는 의미를 담아 로킷ROKIT으로 명명했다.

로킷헬스케어는 '신속함과 단순함을 유지하라Keep Blitz & Simple' 라는 행동원칙을 갖고 있다. '신속하고 단순하게 해결하라.' 문제해결을 위해 본질에 집중하고 신속한 행동을 취하자는 의미이다. 속도야말로 빠르게 변화하는 세상에서 경쟁력의 원천이다. 따라서 해결책은 언제나 간단하다는 신념을 갖고 복잡한 절차나 관료주의를 탈피해야 한다. 또한 문제를 해결하기 위해서는 임전무퇴의 자세로 주도면밀하게 계획하고 기본과 원칙을 지키며 자율과 책임을 다하는 자세가 필요하다. 이런 마음으로 번개같이 문제를 해결해나간다는 이상을 공유하고 있다. 직원들은 문제에 부딪힐 때마다 기존의 패턴이나 관행에 사로잡히지 않고 과감하고 창의적인 방식으로 접근해야 한다. 그렇게 해서 지금껏 단순하고 빠르게 많은 해결책을 만들어냈다.

로킷헬스케어의 비전과 미션

로킷헬스케어

비전

"노화는 질병이다."
조직 재생과 헬스케어 플랫폼을 통해
수명을 연장하고 삶의 질을 높여라.

미션

"신속하고 단순하게 해결하라."
다른 이들이 간과한 질병 문제와
장기 노화 문제를 해결하라.

이 장에서는 지난 10여 년간 로킷헬스케어의 성장을 견인했던 요소들을 소개하려 한다. 대한민국의 성장을 이끌고 싶은 스타트업들과 열정을 쏟을 곳을 찾아 헤매는 이 땅의 청년들이 새로운 조직문화와 새로운 가능성을 확인하길 기대한다.

로킷의 리더십은 5E에 기반한다

로킷헬스케어에서는 개척정신과 도전의식으로 무장한 인재들이 3D 바이오 프린팅과 재생의학 등 아직 보편화되지 않은 신기술을 세계무대에 내보이며 심기일전하고 있다. 이들이 낯선 영역에서도 용기 있게 도전한 결과 미국을 포함하여 18개국에 제품을 수출하는 성과를 거뒀다.

로킷헬스케어의 인재들이 준수하는 업무 프로세스는 G2M3(Goal2 Month3)이다. 목표를 2배로 세우고 3개월 앞서 준비한다. 이를 통해 높은 목표를 빠르게 달성하기 위해 노력한다. 자율을 중시하는 수평적 조직에서 개개인이 능동적으로 역량을 발휘하는 방법이다. 또한 로킷헬스케어의 인재들이 염두에 두는 핵심 가치는 열정과 도전정신이다. 이러한 가치를 무기 삼아 혁신기술에 대한 자부심을 키우며 세계무대에서 당당히 활약하고 있다. 이들이 만들고 준수하는 조직 문화에 대해 간략히 소개해보고자 한다.

리더는 본질적으로 상사나 보스와는 다르다. 비전, 미션, 목표에 집중하며 옳은 일을 하려는 사람이다. 따라서 리더십은 책임감과 더불어 공포심이 따른다. 전략사업단위Strategic Business Unit의 리더들은 각 사업단위 매출과 손익 및 현금흐름을 책임진다. 매출이 취소되거나 자금이 부족할 때 공포와 스트레스가 생겨난다. 두려움을 극복하는 가장 단순한 방법은 실패했을 때 모든 것을 잃을 수 있다는 것을 이해하고 마음의 준비를 하는 것이다. 마음을 비우고 밑바닥까지 내려가는 준비를 하면 편해진다. 또한 리더는 이기심을 버려야 한다. 자존심을 유지하며 타인과 사회를 위한 높은 이상과 비전을 유지하면 작은 이기심은 사라진다.

최선의 리더십은 조직의 현재 보유능력, 달성 목표치의 용이성, 팀원들의 참여의지나 자질, 현재 상황을 파악한 뒤 그 상황에 맞는 리더십을 펼치는 것이다. 빠르게 변화하는 세계 시장에 발맞춰 신속하게 판단하고 행동할 수 있는 역량이 중요하다.

리더는 나이와 경험을 막론하고 실천하는 모습으로 평가받는다. 5E인 비전 제시Envision, 모범 보이기Example, 능력 부여Enable, 격려

로킷의 5E 리더십

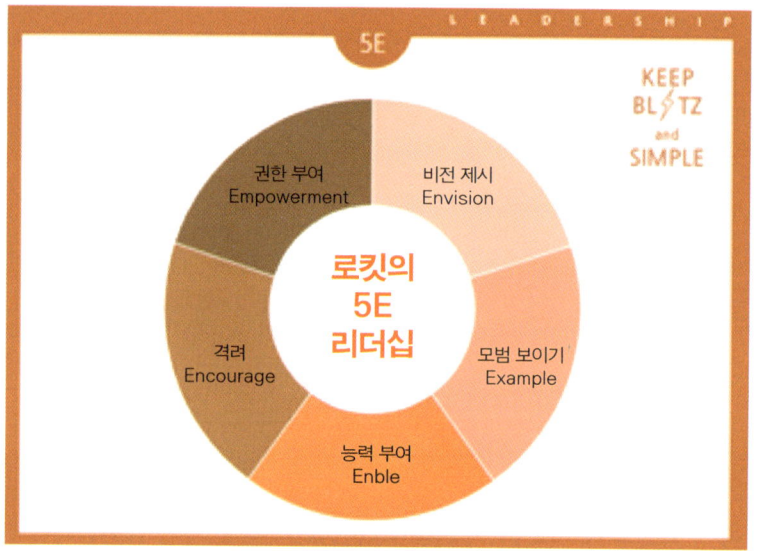

Encourage, 권한 부여Empowerment에 따라 목표를 설정하고 실천하며, 동료들과 팀워크를 이루는 것을 중시한다. 로킷헬스케어에서는 공동의 목표를 달성하기 위해 '5E 리더십' 모델을 채택하고 있다. '5E 리더십'은 비전을 설정하고, 모범을 보이고, 팀원들을 지원하고, 격려하고, 마지막으로 권한을 부여하는 것을 포함한다. 이로써 조직문화를 형성하고 지속적인 성장을 유도한다.

1. 비전 제시

로킷헬스케어의 비전은 '노화는 질병이다.'이며 조직 재생 및 건강관리를 통해 인류의 수명을 연장하고자 한다. 비전은 단순한 목표 이상의 의미를 갖는다. 로킷헬스케어의 리더는 매년 초에 개최하는 사업계획 미팅에서 비전과 사업계획의 중점사항을 확인하고 모든 구성원들이 이를 명확히 이해해 동기를 부여받을 수 있도록 한다. 이러한 과정을 통해 구성원 각자가 조직의 더 큰 그림에 어떻게 기여할 수 있는지를 이해하도록 한다.

2. 모범 보이기

리더는 긍정적인 모범을 보여주는 사람이다. 개인적으로 새로운 치료법의 시험적 적용을 감독하고 결과를 팀과 공유하는 활동 등을 한다. 로킷헬스케어의 리더는 신장 재생을 위한 돼지 실험이나 심장 세포 프린팅과 닥터 인비보의 동결건조 기능 개발 실험에서 직접 새로운 기술 개발에 참여한다. 또한 현장에서 어떻게 혁신이 이루어지는지를 구성원들에게 보여준다.

3. 능력 부여

능력은 교육과 자원의 제공을 통해 이루어진다. 로킷헬스케어는 정기적인 워크숍과 BD 칼리지 등의 교육과정 그리고 외부 인사들을 초청한 메디컬 세미나 등을 통해 직원들의 기술과 지식을 향상시키고 있다. 또한 직접 멘토링을 통해 구성원들이 직면한 기술적 문제나 연구개발과 사업개발의 문제들을 해결할 수 있도록 지원한다. 이로서 팀원들은 자신감을 가지고 도전적인 프로젝트에 임할 수 있다.

4. 격려

격려는 리더십의 중요한 자질이다. 팀원들이 실패를 배움의 기회로 삼을 수 있도록 격려한다. 로킷헬스케어는 실험에서 예상치 못한 결과가 도출됐을 때 실패를 비난하기보다 그 결과를 통해 무엇을 배울 수 있는지 논의하는 시간을 갖는다. 또한 리더는 해외로 출장 중인 직원들에게 개인별 통화를 하며 활동을 격려하고 필요한 조언을 한다. 각 사업부의 사장들은 구성원들이 실패를 두려워하지 않고 도전적인 상황에서도 성장할 수 있도록 격려하며 조직을 이끌고 있다.

5. 권한 부여

권한 부여는 조직에 자율성을 부여해 성장을 유도하는 요건이다. 각 사업부의 리더들이나 팀원들이 스스로 결정을 내릴 수 있도록 권한 부여하고 업무에 대한 책임을 질 수 있도록 돕는다. 이는 팀원들이 자신감을 갖고 자신의 역할을 수행할 수 있도록 하기 위함이다. 최근에는 프로젝트 리더가 팀원에게 새로운 연구 개발 프로젝트의 책임을 전적으로 맡기는 일도 시연해보고 있다. 그 결과 팀원은 높은 수준의 독립성과 창의성을 발휘해 프로젝트를 성공적으로 이끌었다.

조직의 근간을 형성하는 로킷헬스케어의 '5E 리더십'은 각 개인의 잠재력을 최대한 발휘하고 전체 팀이 하나의 목표를 향해 나아가도록 동기를 부여한다. 단순한 업무 수행 방식이 아니라 우리가 누구인지, 우리가 어떻게 함께 일하는지에 대한 깊은 이해를 제공하며 역동성과 '블리츠 앤 심플'을 구현하는 원동력으로 작용한다.

로킷프시케로 조직문화를 이끈다

인류는 수많은 '혁신'을 거쳐 오늘에 이르렀다. 불편을 해소하기 위한 노력이 쌓여 오늘의 편리를 가져왔다. 하지만 새로운 것을 만들어내는 과정은 고되고 도전적이다. 기존의 관행과 시스템을 뒤집어 새로운 길을 가야 한다. 때론 걱정과 두려움이 밀려오기도 한다. 결국 혁신의 길이란 당장의 안전과 안주를 택하는 쪽이 쉬워 보이지만 어려움을 선택하고 변화를 만들어낸 것이다.

로킷헬스케어는 이러한 혁신의 과정에 공감하며 '저위험 고수익 Low Risk, High Return'을 추구하는 대다수와 다른 길을 선택했다. 실패할 위험이 높지만 성공한다면 인류에 더 큰 가치를 가져다줄 '고위험 고수익High Risk, High Return'의 길을 택한 것이다. 혁신의 길은 인류의 편의를 증진시키고 더 나은 삶의 질을 누리게 해주는 길이다. 새로운 개념을 만들어내고 그것을 시장에 구현해내는 수월하지 않은 여정이다. 그러나 로킷헬스케어는 어려운 도전 끝에 퍼스트 무버로서 진정한 혁신을 실현했다.

그러한 과정에서 지난 2020년 로킷헬스케어는 조직문화 정의의 필요를 느꼈다. 고심 끝에 로킷헬스케어의 조직문화를 '로킷프시케Psyche'로 명명했다. 프시케는 고대 그리스어로 본래 '숨'을 뜻하는 단어였지만, 마음과 영혼의 의미도 지니고 있다. 프시케는 마음과 영혼의 여신이자 에로스의 아내였다. 한편 아리스토텔레스는 프시케를 신진대사와 사고 활동 전반의 생명현상 그 자체로 설명하려 했다. 영양 섭취, 생식, 감각, 욕구, 이동, 표상, 이성 등 모든 생명작용을 프시케라고 보았다. 『신약 성경』에서도 프시케는 생명, 영혼, 심혼 등 다양한 의미로 사용됐다.

종합해 보면 프시케는 인간의 마음과 영혼과 생명력 자체를 상징하는 단어이다. '로킷프시케' 또한 이러한 의미를 담고 있다. 혁신적인 제품을 만드는 데 원동력이 되는 인적 자원을 뜻한다. 풀어서 설명하면 직원들의 생명력, 열정, 그리고 혁신을 향한 영혼을 이끌어내는 정신적 원동력을 말한다. 직원들이 기존의 한계와 관습을 뛰어넘어 새로운 가치를 창출할 수 있도록 이끌어준다.

로킷프시케는 위험을 두려워하지 않고 모험과 도전을 추구한다. 또한 글로벌 바이오 사업에서 혁신적인 제품을 만들기 위한 인적 자원을 육성한다. 앞으로도 직원들의 행동과 성과를 결정짓는 관습과 가치관을 형성하는 중요 원동력이 될 것이다.

구체적으로 로킷헬스케어는 기존의 방식과는 다른 방식을 고려함으로써 큰 성장을 통한 시장 선점을 선택했다. 시장을 만들고 그 시장에서 최고가 되는 방식이다. '초개인맞춤 장기재생'이라는 존재하지 않던 시장을 만들고, 융합기술로 만든 제품을 출시하고, 그 시장에서 퍼스트 무버가 됐다.

로킷프시케는 이러한 성공을 가능하게 한 원동력이다. 따라서 로킷헬스케어에서는 "어떻게 하면 빠르고 효율적으로 혁신을 완수할 수 있는가?"라는 질문의 답으로 다음과 같은 로킷프시케 7을 소개하고자 한다.

1. 신속하고 간결하게 BLITZ and SIMPLE: 혁신과 가치창출을 위한 신속함과 간결함을 강조한다.
2. 호기심을 갖고 금기를 깨라 Break Taboo with Curiosity: 호기심을 갖고 기존의 금기나 정설을 깨뜨리는 것을 중요시한다.
3. 선교하는 마음으로 일하기 Work as a Missionary: 선교하는 마음가짐으로 일을 수행한다.

로킷프시케 7

1. 신속하고 간결하게
- 일단 목표가 설정되면 최단시간 내에 시작하고 시장을 선점 및 확대해야 합니다.
- 절벽에서 뛰어내려 비행기를 조립해서 이륙한다는 마음을 갖고 실수는 언제나 발생하니 시행해가면서 고쳐야 합니다.
- 전략은 상황마다 시장마다 다르니 글로벌하게 생각하고 지역적으로 행동하는 원칙을 시행해야 합니다.

7. 역으로 계획해 실행하라
- 고객이 원하는 제품을 시장에 판매한 후 이에 맞도록 제품을 개발하는 순서파괴가 정답입니다.
- 경쟁자나 내부역량에 집중하기보다 고객이 원하는 것이 무엇인지를 철저히 분석하고 끊임없이 제공해야 합니다.
- 좋은 제품이 팔리는 것이 아니라 팔리는 제품이 좋은 것입니다.

2. 호기심을 갖고 금기를 깨라
- 세상은 우리가 생각한 것보다 10배 이상 빠르게 움직이기 때문에 호기심을 갖고 금기를 깨야 합니다.
- 호기심과 새로운 지식을 통해 우리는 남들이 가지 않는 길과 통행이 금지된 길을 가며 금기를 깨야 합니다.

6. 고객가치 기준 크게 생각하라
- 크게 생각하고 세계시장을 보고 고객에게 무엇이 중요한지 파악해야 합니다.
- 가장 좋고 가장 경쟁력 있게 실천하고 고객에게 어떤 가치를 전달할지를 생각해야 합니다.
- 내용 없는 화려한 피피티와 안 되는 이유를 분석하기보다는 몇 페이지로 핵심을 요약합니다. 안 되는 핑계를 대기보다 되게 하는 세부 전략과 문제해결 아이디어에 집중해야 합니다.

로킷 프시케 7

3. 선교하는 마음으로 일하기
- 용병이 아닌 선교사로서 일해야 합니다.
- 왜 이 일을 하는지 이해하고 고객을 위한 이타적 마음과 가슴으로 일하는 선교사가 일하는 회사는 반드시 성공합니다.
- 실행력이 없는 좋은 머리와 높은 점수만으로는 회사가 성공할 수 없습니다.

5. 운영을 우수하게 하라
- 월드 클래스 관리자에게는 업무우수성, 책임감, 컴플라이언스가 필요합니다.
- 주인의식을 갖고 자율적이고 주체적으로 일해야 합니다.
- G2M3(Goal2 Month3) 원칙에 따라 성과를 내야 합니다.
- 2배의 목표를 설정하고 일일 3회 고객과 직접 소통하고 3개월 앞서 준비하십시오.

4. 최고를 추구하라
- 실패하더라도 최고에 도전하십시오.
- 진정한 최고의 길은 로킷처럼 무에서 유를 창조하는 것이며 최고를 추구하는 것이 가장 도덕적입니다.
- 적당주의가 아닌 자신만의 최고의 차리를 추구하며 만든 최고의 성취가 최고의 감동을 일으킵니다.

---

4. 최고를 추구하라 Respect the Best: 최고를 존중하고 인정하는 문화를 갖는다.

5. 운영을 우수하게 하라 Operation Excellence: 운영의 우수성을 강조한다.

6. 고객가치 기준 크게 생각하라 Think Big with Customer's Value: 고객가치를 최우선으로 하여 크게 생각한다.

7. 역으로 계획해 실행하라 Work Backward: 결과를 염두에 두고 역으로 계획하여 실행하는 방식을 실천한다.

다음에 자세히 소개할 로킷프시케는 로킷헬스케어의 철학과 원칙이다. 로킷헬스케어의 가치와 사명을 반영하고 있으며 조직의 방향성을 제시하는 명확한 기준이다.

블리츠와 심플은 혁신의 두 원칙이다

로킷헬스케어는 기술의 진보가 인간의 건강과 행복에 기여해야 한다고 믿으며 연구개발에 지속적으로 투자해왔다. 혁신적인 의료 솔루션을 통해 인류의 삶의 질을 향상시키는 것을 목표로 한다.

프시케1 '블리츠 앤 심플Blitz & Simple'은 일하는 원칙에서 속도와 간결함을 중시한다는 것을 보여준다. 작업 방식뿐만 아니라 세상을 바라보는 관점과 가치를 반영하는 것으로 로킷헬스케어 내에서 미션과 비전을 구현하는 데 핵심적인 역할을 해왔다.

'블리츠'는 우리의 빠른 움직임이고 '심플'은 복잡함을 단순화하는 로킷헬스케어의 능력을 의미한다. 두 가지 원칙은 모든 결정과 행동의 기준이 되며 시장에서 빠르게 성장하고 혁신을 주도하는 데 결정적인 역할을 했다. 복잡한 문제 앞에서도 핵심에 집중하고 가장 효과적이며 직관적인 해결책을 찾아내는 데 기여했다. 새로운 기술을 개발하고 시장에 빠르게 도입하는 데 중요한 역할을 하기도 했다.

좀 더 쉽게 풀어보자면 블리츠Blitz는 '번개'라는 뜻으로도 쓰이는데 매우 기습적인 행동을 의미한다. 빠르고 민첩한 행동력을 강조한다. 절벽에서 비행기 부품을 가지고 뛰어내리며 조립하여 날아오르는 것을 뜻하기도 한다. 조립에 실패하면 생존할 수 없으므로 빠르게 조립하여 비행기에 올라타야 한다. 블리츠는 때로는 성공하고 때로는 실패한다.

블리츠를 선택하게 된 것은 제2차 세계대전 당시 등장한 독일의 '전격전Blitzkrieg' 이론에서 영감을 얻었기 때문이다. 전격전은 당시 새로운 혁명적인 군사전술로 등장했다. 이전까지 부대는 병참선을 넘어서지 않고 통제된 속도로만 이동했다. 하지만 전격전 이론에서는 필수품만 가지고 매우 빠르게 공격할 것을 주창한다. 기업 역시 병참선에 구애받지 않고 독립적으로 움직이며 적을 빠르게 기습할 수 있어야 한다.

세상은 변화무쌍하여 때로 기업은 혼란과 불확실성에 휩싸이기도 한다. 기존의 시스템과 관행에 속박되지 않고 선제적으로 결단을 내리며 발 빠른 추진력을 발휘해야 한다. 로킷헬스케어도 이와 같은 자세를 갖춘 인재가 필요하다. 부족한 인력, 시간, 자원이라는 한계를 가진 스타트업이 성장할 수 있는 방법은 단 하나다. 불확실한 상황 속에서도 번개처럼 기습적인 속도로 단순화한 의사결정을 통해 추진력을 갖고 성장을 만들어내는 것이다. 로킷헬스케어에서 선택한 블리츠는 일단 목표가 정해졌을 때 빠르고 신속한 의사결정을 통해 위험을 감수하고 목표를 향해 전진하는 것을 뜻한다.

하지만 블리츠만으로는 부족하다. 아무리 빠르게 움직인다고 해도 잘못된 방향으로 간다면 아무런 의미가 없다. 그래서 반드시 '심플'이 필요하다. 단순화하는 능력을 의미한다. 심플은 블리츠를 가능하게 한다. 물리학에서는 엔트로피(무질서)가 증가한다고 정의한다. 세상은 계속해서 무질서해질 것이다. 이때 개인이 생존하는 방법은 더 심플해지는 것이다. 스티브 잡스 역시 "단순함은 궁극적 정교함이다. 복잡한 것을 만들기는 쉽지만 단순하게 만드는 것은 어렵다."라고 말했다. 불필요한 요소들을 과감히 제거하면서도 꼭 필요한 부분은 남기는 균형 잡힌 태도가 요구된다.

좋은 제품이 기술적으로는 복잡할 수 있지만 사람들이 진정으로 원하는 것은 고객이 제품을 접할 때 느끼는 '단순함'이다. 복잡하고 혼란스러운 상황들 속에서 그 본질을 파악하고 핵심을 꿰뚫어보아야 한다. 그리고 그것을 쉽고 단순한 해결책으로 옮겨가는 노력이 필요하다. 물론 결코 쉬운 일이 아니다.

로킷헬스케어는 '심플'을 추구하기 위해 단순한 사고구조와 의사결정 체계를 만들었다. 일례로 심플을 구현하기 위한 업무 환경으로 로킷헬스케어의 사무실은 스마트 오피스로 운영된다. 사무실 전체가 오픈 스페이스이며 회의실벽도 투명한 유리로 되어 있다. 심플하고 투명한 소통이 가능하다. 회의실 벽면은 전기변색유리를 사용한다. 전압이 가해질 때 유리 내부의 필름의 색상이 변하여 빛을 차단하고 유리가 불투명하게 보인다. 전원이 꺼지면 필름의 투명도가 복원된다. 보안이 필요한 회의를 진행할 때는 리모컨 스위치로 조정하여 불투명으로 변환한다. 이렇게 하면 불투명한 유리가 외부와 차단되는 벽면의 역할을 하고 평소에는 투명한 유리로 개방감을 줄 수 있다. 충분한 공간을 확보할 수 없는 벤처기업의 회의실을 개방감과 보안 두 가지 용도에 모두 충족하도록 했다.

또한 임원과 직원들이 사용하는 데스크는 고정 좌석을 없애고 그날그날 근무할 자리를 바꿔서 쓸 수 있도록 했다. 다른 부서원들과도 자연스럽게 소통하며 업무를 할 수 있게 했다. 개인 물품은 개인 사물함에 보관한다. 이러한 열린 소통과 슬림한 절차는 구성원 모두가 자율적으로 복잡한 문제들을 효과적으로 다룰 수 있도록 해주었다.

한편 속도Blitz는 경쟁력에 영향을 미친다. 빠르게 변화하는 세계 시장의 동향과 변화에 신속하게 대응할 수 있는 직원들의 역량이 필요하다. 그 근간에는 구성원들이 자율적으로 책임을 가지고 일하는 것이 포함된다. 단순한 의사결정 체계와 절차가 이를 가능하게 한다. 물론 이러한 시스템은 단순한 말로 이뤄지는 것이 아니다.

로킷헬스케어는 애자일 플랫폼인 '리서치 앤 비즈니스 디벨로프먼트R&BD,Research & Business Development'를 구현해 '블리츠 앤 심플'이 가능하도록 하고 있다. 연구 개발자들이 세계 각국 시장에 맞게 기술을 개발하고 사업화하기 위해 직접 임상을 실시하며 규제를 해결해 나간다. 회사 내 기능별 인력들과 유기적이고 수평적인 협력을 이루며 전 세계의 고객들에게 최고 수준의 맞춤형 서비스를 제공한다. 연구자는 애자일 플랫폼 조직을 통해 개발한 제품을 직접 판매하는 사업가로 성장해간다. 로킷헬스케어는 이 시스템을 리서치 앤 비즈니스 디벨로프먼트R&BD라고 부른다.

로킷헬스케어에서는 해외 사업을 진행할 때 영어를 못하는 직원들을 우선 파견한다. 비행기를 타고 가는 동안 해당 국가의 주요 단어 100개를 공부하면 충분하다는 것이 경영자의 생각이다. 직접 해외에 가서 부딪히다 보면 영어는 도구로 작동하고 리서치 앤 비즈니스 디벨로프먼트 역량도 갖출 수 있다. 이처럼 로킷의 리더들은 작은 기적을 만들어내고 실천함으로써 스스로 문제를 발견하고 해결해내는 '극한의 오너십'을 보여준다.

블리츠 앤 심플은 완성된 체계나 시스템이 아닌 혁신의 철학이자 마음가짐이며 혁신의 길을 안내하는 방침이다. 이러한 자세와 태도를 갖출 때 더 큰 도전과 혁신을 이룰 수 있다고 믿는다. 앞으로도 로킷헬스케어는 함께 블리츠 앤 심플을 실현할 것이며 더 나은 내일을 만들어갈 것이다. 블리츠 앤 심플은 불가능을 가능으로 만들어내는 힘이며 법칙이다. 번개같이 행동하되 본질을 놓치지 않고 복잡한 상황들을 간단명료하게 단순화하라! 거기서 혁신이 시작된다!

임상 결과를 성공적으로 발표하다

로킷헬스케어는 2018년 10월 31일부터 5일간 마이애미에서 열린 국제미용성형외과학회ISAPS에서 흉터, 화상, 만성 창상 치료를 위한 자가 세포 이용 3D 바이오 프린팅 피부재생 성공사례를 발표했다. 그해 10월 10일 로킷에서 로킷헬스케어로 사명을 변경하고 맞춤형 재생의학 헬스케어 기업으로 세계 재생의학 시장에 첫발을 내디뎠다.

400여 명의 해외 전문의가 참여한 이 학회에서 로킷헬스케어는 자가 세포와 3D 바이오 프린터를 사용한 방식과 함께 실제 피부재생이 효과적으로 이루어지는 생물학적 메커니즘을 발표했다. 이는 국내 기업 최초로 자가 세포와 3D 바이오 프린팅을 이용하여 흉터 피부를 재생한 사례다. 이 방식은 환자에게서 추출한 자가 지방조직을 사용해 자기 재생력으로 흉터 없이 피부를 재생한 것으로 주목을 받았다. 이 치료법은 당시까지 특별한 해결책이 없어 고생하는 만성적 욕창 환자와 당뇨발 환자에까지 확대 적용할 가능성이 있으며 국내 특허출원을 완료한 상태였다. 이것은 로킷헬스케어의 장기재생 플랫폼을 세계에 알리는 데뷔 무대였다.

프시케2는 '호기심을 갖고 금기를 깨라.'이다.

전임상 단계에서 피부재생 플랫폼 방법에 대해 확인한 치료 효과는 매우 좋았다. 여러 번의 동물 임상에서 짧게는 일주일도 안 됐고 길어도 한 달을 넘기지 않아 거의 원래대로 피부가 재생되는 것을 확인했다. 피부재생기술은 전임상 단계의 연구결과를 바탕으로 임상시험에서 역시 성공률이 높을 것이라 자신했다.

9월 초에 사람을 대상으로 임상을 하기로 결정했다. 9월 20일 국제미용성형학회 참가를 신청했다. 임상 결과를 가지고 성형외과의 의사, 바이오의공학 박사, 마케팅직원으로 구성된 블리츠 앤 심플 기습공격 특공대는 마이애미로 향했다. 발표결과는 대성공이었다. 전 세계에 페이스북으로 생중계를 했고 세션에 모였던 의료관계자들의 관심을 모았다. 이곳에 참가했던 의사 중 한 명이 인도 하이케어 당뇨발센터의 라제시 케자반 박사였다. 그는 이후 로킷의 당뇨발 재생 플랫폼의 첫 임상을 실시한 의사가 됐다. 이렇게 로킷의 '초개인맞춤 장기재생'의 서막이 시작됐다.

2
로킷프시케는 로킷의 여정을 안내하는 나침반이다

모든 여정이 도전과 혁신의 연속이었다

당뇨발 재생 플랫폼은 지난 3년간 유럽식약청과 미국식품의약청을 비롯한 세계 55개국에서 판매가 가능한 의료기기로 인증을 받았다. 또한 173개의 특허를 출원하고 55개 특허도 등록했다. 모든 것이 블리츠 앤 심플의 행동원칙이 있었기에 가능했던 결과이다.

우리는 기존의 경계를 넘어서 새로운 가능성을 모색했다. 이 과정에서 블리츠 앤 심플은 우리가 직면하는 모든 도전을 극복하는 데 가장 강력한 무기가 됐다. 블리츠 앤 심플을 실천함으로써 불가능해 보이는 목표도 달성할 수 있음을 입증했다. 또한 블리츠 앤 심플은 로킷헬스케어를 의료 기술 분야의 퍼스트 무버로 만들었다. 조직 문화, 팀워크, 그리고 개인의 성장과 발전에서도 놀라운 결과를 만들어 냈다.

인간의 발전사를 돌이켜보면 호기심은 언제나 새로운 지평을 연 가장 강력한 원동력이었다. '호기심으로 금기를 깨다 Break Taboo with Curiosity.'는 로킷헬스케어의 핵심 원칙 중 하나이다. 금기를 넘어서는 호기심으로 혁신을 이루라는 지침을 준다. 고정관념을 깨고 불가능하다고 여겨지는 것에 도전하고 미지의 영역으로 내딛으라고 강조한다.

갈릴레오 갈릴레이의 천동설에 대한 도전은 과학사에서 중요한 분기점이 됐다. 교회와 사회의 금기를 넘어 우주에 대한 새로운 이해를 제시했다. 이는 현대 과학 발전의 기틀을 마련했다. 마찬가지로 로킷헬스케어는 '호기심으로 금기를 깨다.'라는 원칙을 고수하며 과학과 의료계에 새로운 지평을 열고자 한다.

중요한 것은 호기심을 가진 개인과 조직이 기존의 지식과 방법에 의문을 제기하고 당연하게 받아들여지는 가정들에 도전하는 것이다. 로킷헬스케어는 이를 통해 새로운 치료법을 개발하고 의료 기술의 한계를 뛰어넘으려 한다.

모든 과정이 금기를 깨는 도전이었다

로킷헬스케어에서 진행한 당뇨발 재생 플랫폼의 개발은 기존의 치료 방법에 만족하지 않고 더 나은 해결책을 모색한 결과이다. 당뇨병성 족부 궤양은 전통적으로 절단이라는 극단적인 해결책에 의존

해왔다. 하지만 로킷헬스케어는 이러한 현실에 도전했다. 3D 바이오 프린팅 기술을 이용해 손상된 조직을 재생하는 새로운 방법을 탐구했다. 그 결과 90% 치료율을 달성했고 의료비는 4분의 1로 줄었다. 치료기간도 단축됐다. 이는 신약에 버금가는 치료법이었다.

신장 재생을 위한 오멘텀 패치 연구도 터부 깨기의 일환이었다. 신장 재생은 접근하기 어려운 난치성 만성질환이며 신장 투석과 이식 말고는 특별한 치료책이 없었다. 그러나 자가 오멘텀을 활용하면 면역 거부반응 없이 신장 사구체의 여과기능을 회복할 수 있다. 만성질환 신장염 환우들에게 건강한 삶을 되돌려주고 싶은 열망과 더 나은 치료법을 향한 호기심이 만들어낸 빅 솔루션이다.

금기를 깨고 혁신으로 나아가기 위하여 몇 가지 당부의 말을 덧붙인다. 금기Taboo는 사회적 규범이나 관습에 의해 금지된 행위나 사고방식을 의미한다. 금기는 종종 우리의 사고를 제한하고 새로운 가능성을 막는 역할을 한다. 하지만 혁신과 변화를 위해서는 때로는 금기를 깨고 새로운 길을 모색해야 한다.

호기심은 인간의 근본적인 욕구이며 금기를 깨는 열쇠다. 우리는 태어날 때부터 세상에 대한 호기심으로 가득 차 있다. 우리는 호기심을 통해 익숙한 것에 의문을 제기하고 새로운 가능성을 탐색할 수 있다. 남들이 가지 않는 길이나 통행이 금지된 길을 가며 세상을 새로운 시각으로 바라볼 수 있다. 호기심은 우리로 하여금 새로운 것을 탐험하고 질문하고 답을 찾도록 이끌어준다.

역사적으로 많은 발견과 발명은 금기를 깨는 호기심에서 비롯됐다. 호기심을 충족시키는 가장 좋은 방법은 새로운 지식을 배우는 것이다. 책을 읽고 강의를 듣고 다양한 사람들과 이야기를 나누는 등 다양한 방법으로 지식을 쌓을 수 있다. 새로운 지식은 우리에게 세상을 바라보는 새로운 관점을 제공한다. 기존의 사고방식을 깨고 새로운 가능성을 생각할 수 있도록 도와준다. 또한 새로운 지식은 문제해결 능력을 향상시키고 더 나은 의사결정을 내릴 수 있도록 도와준다.

개인적으로는 대우자동차에서 상용차를 런칭할 때도, 2만 명이 근무하는 폴란드 국영 자동차 회사를 인수하여 유럽 생산법인을 운영할 때도, TYCO에서 아시아퍼시픽 총괄 대표 Vice President직으로 소방 방재 산업을 이끌 때도, 셀트리온헬스케어에서 바이오시밀러의 해외 판매와 해외 임상을 담당할 때도 이러한 호기심과 학습을 통해 해당 분야의 전문성을 만들어왔다.

로킷헬스케어에서 3D프린터를 시작할 때도 호기심과 학습이 시발점이 됐다. 유전체 분석과 싱글셀 RNA 시퀀싱, 바이오 프린터, 인공피부, 피부재생, 당뇨발 재생, 연골재생에서 신장 재생에 이르기까지 새로운 분야를 학습하는 과정을 거쳤다.

사업을 할 때는 정상에 다다르기 전 수많은 '깔딱 고개'들을 견뎌야만 한다. 물이 끓어서 기체가 되려면 100도가 돼야 한다. 내 경험상 변곡점에 이르기까지 깔딱 고개를 적어도 세 번은 넘어야 했다. 멘탈과 체력과 모든 면에서 엄청난 레벨 업이 이루어진다. 이것이 진정한 성장이다.

금기를 깨는 것은 쉽지 않다. 주변 사람들의 비난이나 반발에 직면할 수도 있고 실패에 대한 두려움을 느낄 수도 있다. 이는 근본적인 변화를 요구하며 때로는 큰 저항에 직면하기도 한다. 하지만 진정한 성장을 위해서는 이러한 두려움을 극복하고 용기를 갖는 것이 중요하다. 이를 통해 기존의 질서를 넘어서는 발전을 이룰 수 있었다.

로킷헬스케어 역시 새로운 의료의 미래를 만들기 위해 담대하게 나아가는 중이다. 이를 위해 끊임없이 금기를 깨며 도전할 것이다. 먼저 자신의 호기심에 솔직해지고 그것을 탐구하려 열정을 가질 것이다. 다음으로 비판과 실패를 두려워하지 않고 새로운 도전을 시도하는 용기를 가질 것이다. 마지막으로 주변 사람들의 편견과 획일적인 사고방식에 휩쓸리지 않고 자신의 생각을 지켜나갈 것이다. 이를 통해 우리의 비전이 완성되리라 굳게 믿는다.

선교하는 마음으로 일하라

로킷헬스케어는 초개인맞춤 장기재생 분야에서 혁신을 이끌며 이를 통해 인류의 삶을 개선하려는 깊은 열망을 가지고 있다. 혁신적인 의료 솔루션을 제공하는 것을 넘어 진정한 변화를 추구하고 있다.

'선교하는 마음으로 일하기' 원칙은 의료 분야에서 전례 없는 도전을 계속하게 하는 원동력이다. 투철한 사명감을 고수하여 모든 솔루션과 서비스에 핵심 가치와 철학을 반영하고 완벽한 성과를 이루려 할 것이다.

로킷헬스케어는 기술 혁신을 통해 의료 분야에서 불가능해 보이는 목표에 도전해왔다. 3D 바이오 프린팅 기술과 재생의학 연구에 집중해 개인맞춤 장기재생의 꿈을 현실로 만들어왔다. 이 과정에서 기존의 의료 패러다임을 전환시키고 새로운 표준을 설정하려는 노력을 지속해 왔다. 기술적 성공을 넘어 환자들의 삶에 긍정적인 영향을 미치는 결과를 창출하기 위해서였다.

"낙관적으로 구상하고, 비관적으로 계획하고, 퀀텀점프로 실행한다."라는 혁신적인 아이디어를 현실로 만들기 위해 잊지 말아야 할 모토이다. "사람은 자신이 한 약속을 지킬 만한 좋은 기억력을 가져야 한다."라는 우스갯소리가 있다. 선교하는 마음이 있다면 결코 자신의 약속을 잊지 않을 것이다. 로킷헬스케어는 전 직원과 소통하는 자리에서 이를 강조하는 내용을 수시로 공유하고 있다.

"혁신적인 새로운 사업의 시작은 영리하고 머리 좋은 사람과 하면 실패한다! 신사업의 시작은 경험 없고 덜렁거리는 사람들과 해야 성공 가능성이 높다! 기존의 틀을 깨고 새로운 가능성에 도전하며 용기와 인내를 바탕으로 새로운 혁신을 추구한다. 가장 중요한 것은 실행이다. 실행 없는 비전은 일장춘몽이고 비전 없는 진행은 악몽이다."

로킷헬스케어는 선교하는 마음으로 일하기 원칙을 고수하고 더 나은 미래를 위한 길을 개척하고 사람들의 삶에 긍정적인 변화를 만들고자 한다. 제품이나 서비스를 넘어서 인류에게 진정한 가치를 제공하는 목표를 실현할 것이다.

닥터 인비보는 최고를 추구한 결과다

진정한 최고의 길은 무에서 유를 창조하는 것이다. 이러한 추구는 도덕적인 행위로 간주된다. 로킷헬스케어가 고수하는 '최고를 추구한다.'라는 원칙 또한 단순한 목표 달성 이상을 요구한다. 실패를 두려워하지 않고 항상 최상을 목표로 하는 태도를 가지라고 다그친다.

어려움과 도전 속에서도 끊임없이 혁신하고 성장하라며 스스로를 발전의 길로 이끈다.

따라서 로킷헬스케어의 일하는 방식은 단순히 효율성이나 생산성에만 초점을 맞추지 않는다. 각자가 최고의 가치를 추구하며 만들어낸 성취를 통해 진정한 감동을 일으킬 수 있도록 격려한다. 더불어 창의적 사고와 혁신을 촉진하며 적당주의를 배제한다.

2016년 로킷헬스케어는 새로운 바이오 프린팅 기술을 구현할 수 있는 3D 바이오 프린터 닥터 인비보의 개발에 성공했다. 이 프로젝트는 많은 실패와 재도전을 거쳐야 했다. 하지만 팀은 수많은 실험 끝에 업계에서 가장 정교하고 효율적인 프린터를 개발하는 데 성공했다. 연구실에서는 높은 실용성과 함께 미적 완성도를 높이기 위해 난이도 높은 문제를 해결해야 했다. 대표적으로 원형의 프린터를 만들기 위해 도어 닫힘 문제를 해결해야 했다. 또한 고온과 저온에 대한 저항을 테스트하기 위해 프린터를 들고 100도의 찜질방 안에서 실험을 실시하기도 했다. 팀원들은 자신의 한계를 시험하고 기존의 기술적 제약을 극복했다. 최고를 향한 이러한 노력은 닥터 인비보가 장기를 재생하는 메디컬 3D 프린터로 성공하는 길을 열어주었다. 더불어 인공지능 바이오 프린팅이라는 새로운 시장을 만드는 기적을 이루었다.

실패를 통한 학습과 성장은 늘 있는 일이다. 로킷헬스케어는 실패를 성장의 발판으로 삼아왔다. 덕분에 실패를 통해 배운 교훈은 종종 가장 가치 있는 통찰로 이어졌다. 내부적으로 모든 실패 경험을 공유하고 이를 통해 얻은 지식을 조직 전체와 공유해 비슷한 오류가 반복되지 않도록 했다. 이러한 과정은 구성원들에게 실패에 대한 두려움을 줄이고 실험적이고 혁신적인 아이디어를 자유롭게 탐구하도록 도왔다.

해외시장 개척을 위한 전시회도 하나의 도전과제였다. 단순히 부스 참가만이 아니라 가급적 발표세션을 가지도록 독려했다. 영어에 자신이 없는 신입사원들도 출장 전 연습을 통해 직접 발표할 수 있도록 했다. 인도 첫 임상에 참여했던 한 신입사원은 화학공학을 전공해 바이오 분야에 자신감을 갖기 어려웠지만 도전정신으로 힘든 과정을 극복했다. 인도의 임상현장에 투입되면서 임상실험심사위원회 및 임상실험윤리위원회 신청, 의료진과의 협업, 임상지원 등 3개월간 바이오 분야 전문성을 키웠고 첫 당뇨발 임상에도 참여할 수 있게 됐다.

"최고를 추구하기" 문화는 로킷헬스케어의 지속적인 성공과 리더십을 유지하는 데 핵심적인 역할을 하고 있다. 로킷헬스케어는 이를 지속적으로 강화하고 발전시켜 나가면서 모든 직원이 자신의 최고의 잠재력을 발휘할 수 있는 환경을 제공해왔다. 앞으로도 창의력 발휘와 혁신을 통해 업계를 선도해나갈 것이다.

우수한 운영이 혁신을 만든다

노화는 더 이상 불가피한 질병이 아니다. 많은 바이오 기업이 혁신적인 접근과 과학적 발견을 통해 노화를 통제하고 건강한 삶을 연장하는 방법을 찾아가고 있다. 이러한 패러다임의 변화에 발맞춰 로킷헬스케어는 단순히 건강한 삶을 연장하는 것이 아니라 삶의 질을 혁신적으로 향상시키는 노력을 해오고 있다.

특히 초개인맞춤 장기재생 치료 기술을 넘어서 진단과 예방에 이르기까지 건강관리의 모든 분야에서 혁신을 이루고 있다. 비전의 구체적 실현을 위해 로킷아메리카에서는 생물학적 보충제인 바이오 안티에이징 영양보충제Bio Anti-aging Supplement를 개발하여 시장에 선보였고, 로킷제노믹스에서는 차세대 염기서열분석Next Generation Sequencing 기술을 활용하여 관련 사업을 진행하고 있다.

로킷헬스케어는 이 밖의 다양한 노력을 통해 안티에이징 시장을 선도하고 전 세계적으로 인정받는 헬스케어 기업으로 자리매김하고 있다. 그 과정에서 로킷헬스케어의 약속인 '우수한 운영Operation Excellence'도 실현하고 있다.

NMN과 피세틴 개발을 하다

전통적으로 노화는 막을 수 없는 자연 현상이었다. 그러나 로킷헬스케어는 '노화는 질병이다.'라는 관점으로 문제를 해결하고 있다. 그리고 노화를 치료하는 과정에서 NMN(니코틴아미드 모노뉴클레오티드)과 피세틴에 주목하게 됐다.

NMN은 세포의 에너지 생산을 촉진하고 DNA 복구를 지원해 노화의 과정을 늦추는 중요한 역할을 한다. 로킷헬스케어는 글랜노화생물학연구센터의 데이비드 A. 싱클레어 공동소장과 함께 NMN에 대한 연구를 진행해 1년 반의 개발 끝에 제품을 시장에 출시했다. 피세틴은 순서상 두 번째 개발 상품이다. 피세틴은 좀비 세포를 제거하여 조직의 노화를 방지하고 세포 기능을 유지하는 데 도움을 준다고 밝혀져 있다. 건강 수명을 연장하는 데 기여할 것을 기대하며 역시 제품 개발과 출시를 완료했다.

로킷헬스케어는 글로벌 시장에서의 위치를 공고히 하기 위해 끊임없이 혁신하고 있다. NMN과 피세틴 외에도 개인의 건강 수명을 연장하고 삶의 질을 향상시키는 다양한 생물학적 안티에이징 제품을 개발하고 있으며 세계 여러 나라에서의 승인을 받아 시장 출시를 준비를 하고 있다. 이 과정에서 로킷헬스케어의 '운영을 우수하게' 원칙은 대단히 정교하게 고수됐다. 단순히 경영활동의 효율성을 추구하는 데 그치지 않고 조직문화와 구성원들의 일하는 방식 자체에 영향을 미치는 핵심 가치로 존중받고 있다. 일례로 NMN 건강기능식품 사업을 추진하며 이를 담당했던 구성원들은 현장에서 도전과 응전을 거듭했다. 운영을 우수하게 한다는 원칙을 지키기 위해 회피하지 않고 난관을 뚫고 나갔다. 현장 중심의 학습과 고민, 토론과 실행을 거듭하며 문제들을 해결하게 도왔다.

그 과정에서 재미있는 사례로 NMN을 개발했던 한 직원의 글을 소개하려 한다.

로킷의 건강기능식품 사업의 시작

2019년 다른 사업을 담당하던 중 7월 9일 화요일에 NAD+ 건강식품 사업이 시작됐다. 처음에는 '평생을 문과생으로 살아온 내가 할 수 있을까?'라는 두려움과 부담감이 앞섰지만 새로운 도전을 해볼 수 있기에 감사한 마음으로 열정적으로 임했다. 그리고 함께 담당해주신 사장님께서 의사여서 더 할 수 있다는 용기를 얻었던 것 같다. NAD+ 공부를 접하면서 이 아이디어를 어떻

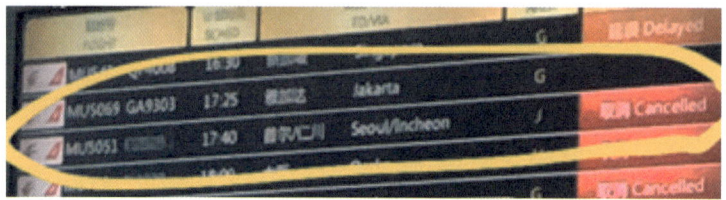

한국 행 운항 취소 안내

게 제품과 사업에 적용시킬 수 있을지 생각해보기 시작했다.

우선 담당 제품을 만들기 위해 필요한 파트너를 찾기 위해 무작정 컨택하여 밤낮을 가리지 않고 미팅을 진행했다. 관련 종사자들과 많은 대화를 나누면서 제조과정과 부자재 관련 생산 스케줄 등 알게 된 부분이 많았다. 이 과정에서 미팅을 통해 많은 인사이트를 얻을 수 있다는 것을 알게 돼 이후 업체를 컨택할 때 부담을 덜 가지기 시작했다.

한국에서 준비할 수 있는 부분을 완료한 뒤 미국 현지에서 해결해야 하는 일로 출장을 가게 됐다. 출장 중 신기하고 기억에 남는 에피소드들이 많았다. 지금 생각해보면 다 추억이지만 그 순간에는 당황스럽고 절망스러웠던 기억이기도 하다.

품질관리 중 확인한 기포가 껴 있는 라벨

원래 비위가 약해 순대도 잘 못 먹는데 파트너사에서 대접한다고 훠궈(중국식 샤브샤브)를 먹으러 갔다. 먹는 중에 갑자기 내 접시 위로 개구리 다리를 올려줘서 맛있는 척하면서 먹었던 기억이 난다. 중국에서 출장 일정을 마치고 한국으로 가려고 하는데 태풍으로 인해 모든 비행기 운항이 취소돼 일주일간 호텔에 갇혀 있었다. 몇 시간 동안 공항에서 기다리다가 갑자기 머무를 호텔을 찾아보고 비가 엄청 오는데 택시도 잡히지 않아 엄청 고생했던 기억이 있다.

제품 품질관리QC를 위해 미국 출장을 갔는데 품질관리를 하는 중에 제품 패키징이 원하던 대로 나오지 않았다. 그때 너무 속상한 마음에 눈물이 났다. 품질관리 이후 바로 점심시간이었는데 밥도 제대로 먹지 못하고 부장님과 계속 해결방법만 생각했다. 디자인에 큰 공을 들여 수차례의 오류 하나하나를 고쳤다. 다행히 며칠 후에 확인해보니 기포 없이 다 붙어 있는 것을 확인하고 너무 기뻐했다.

NMN 생산 때 말고도 재미있고 정말 살 떨리는 에피소드들이 많았다. 제품을 담당하면서 정말 많은 부분을 배울 수 있었는데 한 문장으로 정리하자면 "내가 계획한 대로 되는 일도 없지만, 해결되지 않는 일 또한 없다."이다.

여러 난관에 부딪혔을 때 정말 절망스러웠다. 하나 예시를 들자면 처음 NMN을 출시했을 때 몇 달 동안 판매 건수가 거의 없었다. 로킷 임직원 판매 건 말고는 정말 손에 꼽을 정도로 없었다. 2020년 4월에는 한 달간 판매 수량이 4병이었다. 정말 혼신을 쏟아 만든 제품이 한 달에 4병 판매된다는 사실에 잠도 못 자고 매 순간 초조해 있던 것으로 기억된다. 이때 팀원들과 함께 머리를 맞대고 아이디어 회의를 진행했다. 다 같이 간절한 마음으로 자신의 사업이라 생각하며 함께 노력한 덕분에 지금은 이전 매출의 250배까지 성장할 수 있었던 것 같다. NMN 사업을 통해 간절한 마음으로 꾸준하게 팀원들과 성과를 일궈온 덕분에 문제가 생겨도 해결할 수 있다는 용기와 믿음이 생겼다.

고객 가치로 크게 생각하라

성공한 사람들은 남에게 돈을 벌게 해주는 사람들이다. 따라서 성공하고 싶다면 남에게 도움을 주어야 한다. 남에게 도움을 주고 남의 성공을 도와주면 결국 자신도 성공할 수 있다.

'고객 가치로 크게 생각하기'는 고객에게 무엇이 좋은지, 고객에게 어떤 가치를 전달할지를 생각하고 가장 크게 실천하라는 말이다. 고객의 가치를 최우선으로 큰 그림을 그리고 미래를 설계하라고 강조한다.

로킷헬스케어는 이러한 원칙을 바탕으로 고객에게 진정한 가치를 제공하기 위해 끊임없이 혁신하고 새로운 가능성을 모색하고 있다. 단순히 제품이나 서비스를 판매하는 것이 아닌, 고객의 삶을 개선하고 더 나은 미래를 제공하는 것이 궁극적인 로킷헬스케어의 목표이다.

비전은 지속적으로 도전하게 하고 다른 이들이 망설이는 곳으로 나아가게 한다. 알려지지 않은 것, 시도되지 않은 것, 상상할 수 없는 것을 끊임없이 추구함으로써 진정한 혁신을 이루도록 독려한다. 크게 생각하기의 핵심은 고객에게 비교할 수 없는 수준의 가치를 제공하는 것이다. 그러기 위해서는 고객의 가장 깊은 요구를 이해해야 한다. 그리고 단순히 요구를 충족시키는 것이 아니라 초과하는 해결책을 만들어야 한다. 애플이나 아마존이 고객 경험을 중심으로 전체 산업을 재상상하여 세계를 변화시킨 것을 예로 들 수 있다.

고객 만족을 위한 로킷헬스케어 탐험은 이익을 넘어선 더 높은 목표로 나아가도록 독려한다. 조직원들은 내부의 잠재력을 활용하고 최고의 아이디어와 결합하여 달성 가능한 새로운 목표를 제시한다. 이를 반복해 파트너, 협력자, 비전가들과 힘을 합쳐 꿈에서만 존재했던 미래를 실현해나간다. 다음은 고객 만족을 위한 로킷헬스케어의 행동지침들이다.

혁신적 사고	기존의 틀을 깨고 고객이 진정으로 필요로 하는 것이 무엇인지를 파악하기 위해 끊임없이 혁신적인 사고방식을 유지한다.
기술 활용	최신 기술을 적극적으로 활용하여 고객에게 차별화된 가치를 제공한다. 이를 통해 고객의 문제를 해결하고 삶의 질을 향상시키는 솔루션을 제공한다.
고객과의 소통 강화	고객의 의견을 적극적으로 수렴하고 제품과 서비스 개선에 반영하여 고객 만족도를 높인다.
지속가능한 가치 창출	단기적 이익을 추구하기보다는 지속가능한 가치를 창출함으로써 고객과의 장기적인 관계를 구축한다.

워크 백워드로 고객 중심의 혁신 전략을 펼쳐라

미래의 변화를 예측하고 이를 기반으로 혁신적인 솔루션을 개발하여 시장을 선도하는 '워크 백워드' 원칙은 고객의 니즈를 충족시키며 미래를 대비하도록 한다.

특히 로킷헬스케어의 '워크 백워드'는 '좋은 제품이 팔리는 것이 아니라 팔리는 제품이 좋은 것이다.'라는 철학에서 출발한다. 순수하게 고객 중심의 혁신적인 접근 방식이다. 제품의 우수성이 시장의 요구를 충족시켜야 한다는 점을 강조하고, 경쟁자의 움직임이나 내부의 제한된 역량에 매몰되지 않고, 고객이 진정으로 원하는 것이 무엇인지를 파악하고 충족시키는 데 집중하도록 한다.

로킷헬스케어는 의료 기업이 단순히 의료 제품을 개발하는 곳이라 생각하지 않는다. 환자가 건강하고 행복한 삶을 누릴 수 있도록 지원하는 모든 제품을 개발하는 데 중점을 둔다. 그러기 위해 환자의 의도를 정확히 이해하고 환자 중심의 제품 개발을 시도한다. 이들 제품을 통해 이상적인 건강한 삶이 실현되도록 돕는다.

당뇨발 재생 치료 플랫폼을 워크 백워드로 개발하다

2019년 5월 인도 첸나이에 위치한 하이케어병원에서 당뇨발 환자와 의료진의 이상적인 치료 방법을 조사하기 시작했다. 우리는 이 방문을 통해 당뇨발 재생 치료의 필요성을 확인하고 당뇨발 환자들이 건강하게 삶을 회복할 수 있는 길을 찾았다. 그리고 마이애미 창상학회에서 발표된 피부재생 플랫폼을 기반으로 당뇨발 재생 치료에 특화된 기술을 개발하게 됐다.

2019년 8월에 인도에서 시작한 당뇨발 임상은 좋은 결과를 내고 있었다. 아직 임상 결과를 논문으로 발표하지는 않은 상태였지만 이

임상을 주도했던 우리 연구진뿐 아니라 인도에서 수많은 당뇨발 환자를 치료한 경험을 가진 인도 의사들 모두 한결같이 "믿기 어려운 일"이라며 "기적 같은 일"이 일어났다고 입을 모았다.

로킷헬스케어 스태프들은 치료술이 난치병 만성질환인 당뇨발 치료에서 신약에 견줄 만한 세계 최초의 성공적인 당뇨발 재생 치료술이 되리라 확신했다. 그리고 결과를 대대적으로 발표해야 한다고 뜻을 모았다. 2019년 10월 31일을 발표일로 정하고 장소는 서울 인터콘티넨탈 코엑스호텔 그랜드볼룸으로 정했다. 런칭 행사에서 '당뇨발 재생 플랫폼 DFU 리젠'뿐 아니라, 로킷아메리카 NMN, 닥터 인비보 4D6 등의 신제품도 소개했다. 전날 인도에서 막 귀국한 우리는 인도 첸나이의 하이케어병원 의료진과 함께한 임상 결과를 발표했다. 10주 차 때 환부가 재생 치료된 결과를 보여주는 사진과 관찰결과가 제공됐다. 청중들의 반응은 대단했다. 행사장에 참석했던 800명의 의료관계자, 언론, 투자자는 로킷헬스케어의 당뇨발 재생 치료 연구에 찬사를 보냈다.

이날 인도에서 진행된 당뇨발 재생 치료의 성공적인 임상 결과를 발표한 후, 이듬해에는 하버드대학교 부속 매사추세츠종합병원에서 연골재생 프로그램을 진행한다는 소식도 전했다. 찰스 박사와 함께 진행했던 비글견 동물임상이 완료되면 인체 연골재생 임상도 시도할 계획이라고 소개했다.

이 밖에도 독일 프라운호퍼연구소로부터 확보한 심장세포를 로킷기술연구소 연구원이 닥터 인비보 3D 바이오 프린터로 프린팅한 후 배양하여 심장세포 박동이 가능한지도 연구하고 있었다. 앞서 소개한 미국 매사추세츠종합병원과의 연골재생 전임상 등 글로벌 과학

2019년 코엑스 인터콘티넨탈 호텔에서 개최한 로킷헬스케어 벽면 광고물

자문단들과 함께 다양한 장기재생 연구를 진행하고 있었다.

또한 안티에이징을 위한 로킷아메리카의 NMN과 아쿠아드폴리 신제품, 6축 장기재생을 위한 바이오 프린터 닥터 인비보 4D6, 로킷 제노믹스의 싱글셀 RNA 서비스를 출시했다. DNA 분석서비스와 인체유래 ECM 휴마틴 등의 신제품 발표도 함께했다. 이날 소개했던 신제품 중 NMN과 싱글셀 RNA 시퀀싱 서비스와 휴마틴 등 생체재료 및 닥터 인비보 4D6는 4년이 지난 지금 로킷의 주요 제품과 서비스로 자리매김해 시장을 리드하고 있다.

로킷헬스케어의 '워크 백워드'는 고객의 진정한 필요와 요구에서 출발한다. 고객 만족을 실현시킬 수 있는 혁신적인 제품과 솔루션을 개발하는 데 중점을 두고 있다. 이 접근 방식은 환자와 의료진 각각의 목소리에 귀기울이고, 만성질환 및 난치병 환자의 고통을 이해하고 공감하고, 이를 기반으로 제품 개발을 시작하자는 우리의 업무 철

심장세포 박동 사진

학이기도 하다. 덕분에 로킷헬스케어는 글로벌 시장에서 지속가능한 성장과 혁신을 이루고 있다.

　한국에서 대학을 나오는 것은 세계 75억 명 중 상위 1~2%에 속하는 인재라는 이야기라고 한다. 뛰어난 능력과 잠재력을 지닌 인재라는 뜻이다. 그러나 능력과 잠재력은 '가능성'일 뿐이다. 진짜 성공하기 위해서는 능력을 발휘하고 미래를 대비하는 능력이 필요하다.

두 가지 원칙으로 미래를 준비해나간다

　로킷헬스케어에서 강조하는 미래 준비는 크게 두 가지이다. 첫째는 미래의 변화를 예측하고 100일 전에 준비하는 것이다. 둘째는 남들이 하지 않는 일을 하겠다는 의지를 가지고 꾸준히 노력하는 것이다. 이 두 가지 방법은 개인적 경험에 의해 만들어졌다. TYCO에서 아시아 태평양 총괄 부사장을 맡을 당시 미래 준비에 대한 많은 경험을 했다. 당시 내가 맡은 지역은 항상 목표를 크게 넘어 대륙별 경쟁에서 1등을 차지했다. 3개월 뒤에 일어날 일을 정확히 예측하고 미리 움직여 선점했기 때문이다. 당시 나는 100일의 중요성을 확인했다. 100일 동안 열심히 노력하면 목표의 90% 이상을 달성할 수 있다는 것을 확인했다.

다음으로 미래를 준비하려면 뉴스 속의 정보보다는 자신의 직관과 상식을 믿는 것이 중요하다는 것을 깨달았다. 두 번째 방법인 '남들이 하지 않은 일을 하기'도 직관과 상식에 의존한 결정인 경우가 많다. 나는 아침 일찍 일어나 명상을 하며 생각을 한다. 상식 수준에서 무슨 일이 일어날 것 같다는 생각이 들면 그것을 토대로 나만의 결론을 도출한다. 이런 방식으로 자신만의 길을 찾아가면 편견을 넘어서는 데 도움이 된다. 남들이 하지 않는 일을 시도하려면 강한 의지가 필요하다. 그런데 다른 사람들이 피하는 일을 시도하는 강한 의지를 살릴 수 있다면 성공 가능성도 높아진다.

한편 미래의 변화를 예측하기 위해서는 사회, 경제, 기술, 문화 등 다양한 분야에서 장기적으로 지속될 추세를 말하는 메가트렌드를 파악하는 것이 중요하다. 예를 들어 인구 고령화로 인해 인구가 점점 늙어가면 헬스케어 비용은 증가하고 일자리는 줄어든다. 이로 인해 정부의 세수는 줄어들 것이다. 그 결과 바이오 기술의 중요성은 커지며 저렴한 의료비로 다수의 건강을 지켜줄 수 있는 기술이 필요할 것이다. 이는 현재진행형의 이야기다. 로킷헬스케어는 이러한 메가트렌드 분석을 통해 초개인맞춤형 장기재생 인공지능 바이오 프린팅 기술을 개발해 성공에 이르렀다.

하지만 메가트렌드를 안다고 해서 모두 미래를 예측하고 준비하는 것이 가능한 것은 아니다. 모든 가능성에 대비하기 위해 플랜 A뿐 아니라 B, C, D도 고려해야 한다. 항상 성공하는 플랜은 없기 때문이다. 로킷을 창업하고 '3D 프린터'를 초기 제품으로 선택하고 '초개인맞춤 장기재생 인공지능 바이오 프린팅'을 개발할 수 있었던 것도 같은 맥락에서였다. 다른 사람들이 "하면 망할 것"이라고 예상하는 말들을 무시하고 메가트렌드와 나의 직관을 믿고 도전한 결과였다.

이 도전은 두 가지 목표가 있었다. 우선 청년들이 가슴 뛰며 일할 수 있는 새로운 일자리를 창출하는 것. 둘째 낮은 의료비와 높은 치료율을 실현해 의료경제학의 혁신을 이끌어내는 것. 나는 TYCO와 셀트리온헬스케어의 경험을 통해 우리나라에서 시장의 일부를 차지하는 것보다 세계 시장을 먼저 점유하는 것이 낫다는 생각을 했다. 그래서 로킷헬스케어 설립 초기부터 한국뿐 아니라 세계 시장을 무대로 활동했다.

이처럼 다른 사람들이 피하거나 무시하는 일에 도전하는 것은 매우 중요한 일이다. 이러한 접근 방식은 로킷헬스케어를 장기재생 시장에서 퍼스트 무버의 위치에 올려놓았다. 미래를 예측하고 준비하는 경쟁력 있는 방식이 성공의 열쇠로 작동했다고 믿는다. 로킷헬스케어는 앞으로도 계속해서 혁신적인 방법으로 미래를 내다보고 준비하고 실행할 것이다. 현재에 만족하지 않고 지속적으로 발전하겠다는 나와 로킷헬스케어의 약속을 지켜갈 것이다. 나에게 한 번 세운 비전은 갚지 않은 빚이다.

에필로그

현대 의학의 한계를 극복하고 개척한다

로킷헬스케어의 선구자들은 향후 10년간, 지난 100년간 제약 바이오 산업의 패러다임이었던 '대량생산 대량치료'가 '초개인맞춤 정밀의학'으로 진화하고 발전할 것으로 확신하고 있다. 이 확신은 '바이오 산업이 직면한 세 가지 난제'와 이를 해결할 '파괴적인 빅 솔루션'이 필요하다는 인식에서 비롯됐다.

이를 바탕으로 로킷헬스케어는 현재 두 가지 빅 솔루션에 집중하고 있다. 첫째, 초개인맞춤 장기재생을 통해 현재 30~50% 이하인 난치성 질환과 불치성 질환의 재생 치료율을 90% 이상으로 향상시키는 것. 둘째, '인공지능 초개인맞춤 장기재생'으로 중진국과 선진국의 노령화 및 의료보험 자금 고갈 문제를 경제적으로 해결하는 것.

두 가지 빅 솔루션을 해결하면 로킷헬스케어의 인공지능 초개인맞춤 장기재생 플랫폼이 더욱 활성화될 것이다. 현재까지 로킷헬스케어는 ① 초개인맞춤 진단 ② 초개인맞춤 질병 예방 ③ 초개인맞춤 재생 실현의 3단계로 이루어지는 인공지능 초개인맞춤 장기재생 플랫폼을 만들어 운영하고 있다. 로킷헬스케어와 관계사들은 각 단계에 맞는 충분한 역할을 해내고 있다.

간단히 소개하면 첫 번째 진단 단계를 위해 단일세포 RNA 유전자 분석 전문기업 로킷제노믹스를 설립해 운영하고 있다. 로킷제노믹스는 초개인맞춤 진단을 실현하고 있다. 두 번째 질병 예방을 위해서는 로킷아메리카(100% 자회사)가 활약하고 있다. 로킷아메리카는 바이오 역노화 물질인 NMN과 좀비세포 제거제 피세틴 등을 개발해 장기 역노화를 가능케 하고 있다. 마지막으로 재생 실현을 위해서는 로킷헬스케어가 장기재생을 상용화하는 사업을 펼치고 있다. 로킷헬스케어는 피부, 연골, 신장 등에서 난치성 질환과 불치성 질환이 발생했을 때 인공지능 초개인맞춤 장기재생 플랫폼을 활용해 직접적인 치료를 제공하고 있다.

로킷의 '인공지능 초개인맞춤 장기재생 플랫폼'은 환자 개별 맞춤형 재생 치료를 가능하게 하는 기술로 ① 인공지능 환부 모델링 기술 ② 의료용 3D 바이오 프린팅 기술 ③ 의료용 일회용 재생 키트 ④ 환자의 재생 능력을 발현시켜주는 '재생 니치' 바이오 잉크 생성 기술 이렇게 4개의 핵심 기술이 융합돼 탄생했다. 초개인맞춤 장기재생 플랫폼의 모든 하드웨어와 소프트웨어는 100% 직접 개발하고 생산 중인 기술이다. 주요 시장인 피부재생, 연골재생, 신장재생의 전 세계 추정 마켓은 약 62조 원이다. 이는 약 17억 2,000만 명의 환자들을 대상으로 한다. 4분의 1로 줄어든 의료비로 90%의 재생 결과를 보여주어 새로운 희망이 되고 있다.

한편 로킷헬스케어는 장기재생의 글로벌 퍼스트 무버로서 경쟁자가 없는 제로 컴피티션 Zero Competition 상황이다. 로킷헬스케어의 장기재생 플랫폼은 15개의 전임상과 임상논문과 43편의 기술 활용 논문을 통해 안전성, 효율성, 우수성이 입증됐다. 기술에 필요한 모든 의료기기(의료용 일회용 키트, 리젠 바이오 잉크 생성기술, 재생 니치 생성 기술, 인공지능, 의료용 3D 바이오 프린터 등)에 대해서도 2024년 기준 미국식품의약청 유럽 의료기기 규정CE MDR 등 총 43개국(미국, 유럽연합, 한국, 중동, 남미, 아시아 등)에서 의료기기 허가를 취득했으며 추가로 10개국에서 허가 취득 절차를 진행하고 있다. 허가 취득 국가와 진행 중인 국가수를 합하면 총 53개국에 달한다. 이러한 로킷헬스케어의 우수한 기술력과 상업성은 두 곳의 기술평가 심사기관(한국발명진흥회, 한국평가데이터)으로부터 A, A라는 우수한 평가결과로 입증됐다. 또한 로킷헬스케어는 피부재생 플랫폼으로 전 세계 44개국을 대상으로 한 독자적인 자체 판매망을 구축했으며 연골과 신장 재생에도 확대 적용을 전망하고 있다.

현재 로킷헬스케어는 초개인맞춤 장기재생 플랫폼 산업에서 대한민국을 대표하는 바이오 기업으로 세계 시장에서 활약하고 있다. 앞으로도 고유의 기술과 자체 판매망을 바탕으로 글로벌 시장에서 괄목할 만한 성과들을 만들 예정이다. 많은 청년의 활약이 기대되는 바이오 분야의 퍼스트 무버로서 로킷헬스케어가 일궈온 혁신의 성과들이 전 세계적으로 공유되기를 기대해본다.

헬스케어 초개인맞춤 장기재생 플랫폼 사업 구조

인공지능 초개인맞춤 장기재생 플랫폼

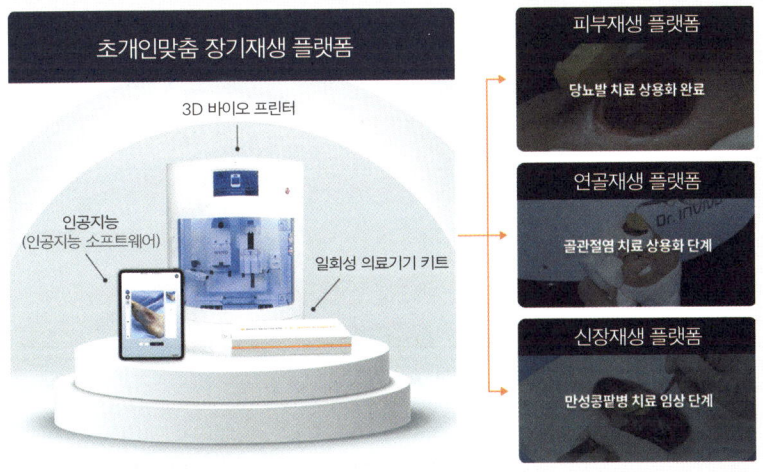

AI 초개인맞춤 장기재생 혁명

현대의학의 한계를 극복하고 개척한다!

초판 1쇄 인쇄 2025년 5월 7일
초판 1쇄 발행 2025년 5월 14일

지은이 유석환
펴낸이 안현주

기획 류재운 **편집** 안선영 김재열 **브랜드마케팅** 이민규 **영업** 안현영
디자인 표지 정태성 본문 장덕종

펴낸곳 클라우드나인 **출판등록** 2013년 12월 12일(제2013-101호)
주소 우) 03993 서울시 마포구 월드컵북로 4길 82(동교동) 신흥빌딩 3층
전화 02-332-8939 **팩스** 02-6008-8938
이메일 c9book@naver.com

값 20,000원
ISBN 979-11-94534-16-7 03320

* 잘못 만들어진 책은 구입하신 곳에서 교환해드립니다.
* 이 책의 전부 또는 일부 내용을 재사용하려면 사전에 저작권자와 클라우드나인의 동의를 받아야 합니다.
* 클라우드나인에서는 독자 여러분의 원고를 기다리고 있습니다. 출간을 원하시는 분은 원고를 bookmuseum@naver.com으로 보내주세요.
* 클라우드나인은 구름 중 가장 높은 구름인 9번 구름을 뜻합니다. 새들이 깃털로 하늘을 나는 것처럼 인간은 깃펜으로 쓴 글자에 의해 천상에 오를 것입니다.